W0255620

Xpert.press

Die Reihe **Xpert.press** vermittelt Professionals in den Bereichen Softwareentwicklung, Internettechnologie und IT-Management aktuell und kompetent relevantes Fachwissen über Technologien und Produkte zur Entwicklung und Anwendung moderner Informationstechnologien.

Andreas Breiter · Arne Fischer

Implementierung von IT Service-Management

Erfolgsfaktoren aus nationalen und internationalen Fallstudien

Springer

Andreas Breiter
ifib an der Universität Bremen
Am Fallturm 1
28359 Bremen
Deutschland
abreiter@ifib.de

Arne Fischer
ITSM Consulting AG
Fahrenheitstraße 15
28359 Bremen
Deutschland
Arne.Fischer@itsm-consulting.de

ISSN 1439-5428
ISBN 978-3-642-18476-5 e-ISBN 978-3-642-18477-2
DOI 10.1007/978-3-642-18477-2
Springer Heidelberg Dordrecht London New York

Die Deutsche Nationalbibliothek verzeichnet diese Publikation in der Deutschen Nationalbibliografie; detaillierte bibliografische Daten sind im Internet über http://dnb.d-nb.de abrufbar.

Einbandentwurf: KünkelLopka GmbH, Heidelberg

Gedruckt auf säurefreiem Papier

Springer ist Teil der Fachverlagsgruppe Springer Science+Business Media (www.springer.com)

Inhaltsverzeichnis

Abbildungsverzeichnis

Tabellenverzeichnis

Autoreninformationen

Prof. Dr. Andreas Breiter, seit 2004 Professor für Angewandte Informatik an der Universität Bremen mit dem Schwerpunkt „Informations- und Wissensmanagement“. Leitungsmitglied des Instituts für Informationsmanagement Bremen GmbH (ifib), einem gemeinnützigen Forschungs- und Beratungsinstitut an der Universität Bremen (www.ifib.de). Promotion 2000 zum Thema „IT-Management in Schulen“. Davor wissenschaftlicher Assistent an der Universität Bremen und Wissenschaftler am Fraunhofer Institut für System- und Innovationsforschung in Karlsruhe. Studium der Soziologie, Informatik und Rechtswissenschaft an der J.W.-Goethe-Universität in Frankfurt/Main und an der University of Southampton.

Arbeitsschwerpunkte: IT-Management, Wissensmanagement und Organisationsentwicklung in Schulen und Hochschulen und deren Verwaltungen

Dipl.-Inf. Arne Fischer ist Consultant bei der ITSM Consulting AG und beratend in Projekten zum Schwerpunkt IT Service Management in öffentlichen und privatwirtschaftlichen Organisationen tätig. Bis 2010 sieben Jahre Wissenschaftler am Institut für Informationsmanagement Bremen GmbH (ifib) und zuvor am Institut für angewandte Systemtechnik Bremen (ATB). Studium der Informatik (Diplom) an der Universität Bremen und der Betriebswirtschaft (Fernuniversität Hagen).

Arbeitsschwerpunkte: IT Service Management, Organisations- und Prozessanalysen, Optimierung und Konzeption von Prozessen, Unterstützung der Implementierungsphasen, Projektmanagement.

Kapitel 1
Ausgangslage und Hintergrund

Die Justizverwaltung des Landes Niedersachsen hat im Rahmen des Projekts mit@justiz eine Zentralisierung ihrer IT-Services vorgenommen und in diesem Zusammenhang auch die Anzahl der eingesetzten Fachverfahren reduziert sowie die weitere Migration auf künftige Produkte der Firma Microsoft (Windows Vista, Office 2007, Longhorn-Server) vorbereitet. Vom Projekt mit@justiz sind insgesamt 180 Justizbehörden mit ca. 15.000 Bildschirmarbeitsplätzen betroffen. In der neuen Struktur ist der Zentrale IT-Betrieb (ZIB) begründet worden. Der ZIB umfasst die Organisationseinheiten der Leitung und Verwaltung, der IT-Koordination, des Technischen Betriebszentrums (TBZ), des Service Desk, der IT-Aus- und Fortbildung, der Gruppen zur Betreuung von Fachverfahren sowie die separate und damit nicht im ZIB beheimatete Organisationseinheit des IT-Sicherheitsbeauftragten.

Zu Beginn des Projektes mit@justiz führte die niedersächsische Justiz mit externer Unterstützung eine ITIL-Reifegraduntersuchung für den damaligen dezentral organisierten IT-Betrieb durch. Im Laufe des Projektes mit@justiz sind die standardisierten Prozesse für den Bereich des Service Support sowie des Service-Level-Managements in einzelnen Betriebsführungskonzepten beschrieben worden. Die Prozessimplementierung ist in unterschiedlicher Qualität und Nachhaltigkeit in den Jahren 2006 bis 2008 erfolgt.

Der Logik des kontinuierlichen Verbesserungsprozesses folgend, liegt eine Untersuchung des Reifegrades der umgesetzten Prozesse nahe. Diese Untersuchung würde sich darüber hinaus auch zur Erfolgskontrolle der bisherigen Implementierung eignen. Daraus ließen sich zudem Erkenntnisse für die weitere Prozessoptimierung gewinnen, die im Folgenden operativ umgesetzt und zu einer direkten Verbesserung führen könnten.

In der zurückliegenden Arbeit des Projektes mit@justiz ist deutlich geworden, dass zwar viele Verwaltungen in Deutschland an der Konsolidierung ihres IT-Betriebs und damit zusammenhängender Serviceprozesse arbeiten und diese sukzessive nach ITIL ausrichten. Es fehlt jedoch an einer systematischen Aufbereitung der dabei gesammelten Erfahrungen („lessons learned").

Das vorliegende Buch fasst die Fallstudien über fünf nationale und internationale Verwaltungsorganisationen zusammen und gibt einen Überblick zu den übergreifenden Erfolgsfaktoren, die sich bei der Einführung von IT-Service-Prozessen in der öffentlichen Verwaltung identifizieren lassen. Mit dieser Art von öffentlichem Benchmarking betritt das Justizministerium des Landes Niedersachsen zusammen

A. Breiter, A. Fischer, *Implementierung von IT Service-Management*, Xpert.press,
DOI 10.1007/978-3-642-18477-2_1, © Springer-Verlag Berlin Heidelberg 2011

mit dem zentralen IT-Betrieb der niedersächsischen Justiz Neuland. Die Fallstudien wurden 2009 und 2010 durch qualitative Interviews vor Ort durchgeführt. Da sich auch öffentliche Verwaltungen in einem kontinuierlichen Veränderungsprozess befinden, sind die vorliegenden Ergebnisse eine Momentaufnahme zum Zeitpunkt der Erhebung.

Die Durchführung von Fallstudien mit zahlreichen Interviews in verschiedenen öffentlichen Institutionen erforderte eine intensive Unterstützung vor Ort. Mit hohem Engagement haben alle Beteiligten mitgewirkt. Besonderer Dank gilt den Interviewpartnerinnen und Interviewpartnern, die sich für die intensiven Fallstudien zur Verfügung gestellt haben.

Zentraler IT-Betrieb der niedersächsischen Justiz	Jens-Michael Alfers (CIO) Jobst Pönighausen
Kreisverwaltungsreferat München	Leo Beck (Leiter der Abteilung) Annette Kolb
Hessische Zentrale für Datenverarbeitung	Susanne Alberts Jutta Flieger Barbara Götzhaber Norbert Lang Christian Lund Ivanka Pernovsek Matthias Rösch Holger Schermann Alexander Wöhrle
Eidgenössische Technische Hochschule Zürich	Dr. Andreas Dudler (Leiter zentrale Informatikdienste) Dr. Beat Müller (Direktion zentrale Informatikdienste) Andreas Kirstein (Bibliothek) Maja Werfeli (Prozess- und Projektbüro Bibliothek) Luca Previtali (Departement Informatik)
Gemeenschappelijk Dienstencentrum ICT der niederländischen Justiz	Bob van Graft (Direktor) Marion Volk (Service Level Manager)

An der intensiven Vorbereitung, der Durchführung und Aufbereitung der Fallstudien hat Anna Braun während ihrer Zeit als Wissenschaftlerin am Institut für Informationsmanagement Bremen einen wesentlichen Anteil gehabt. Aufgrund der engen Kooperation mit dem Projektpartner ITSM Consulting AG bei der Beratung und Begleitung der ITIL-Implementierung beim zentralen IT-Betrieb der niedersächsischen Justiz möchten wir Andrea Braun und Frank Zielke für ihre Unterstützung herzlich danken.

Zudem haben zahlreiche studentische Hilfskräfte und Anne Bausch als Korrekturleserin mit großer Sorgfalt an der Bewältigung der umfangreichen Arbeiten mitgewirkt. Ihnen allen sei an dieser Stelle ausdrücklich gedankt.

Kapitel 2
Theoretischer Bezugsrahmen

Bei den Implementierungsprojekten in Bezug auf IT-Service-Management-Prozesse in der öffentlichen Verwaltung handelt es sich um ein bisher in der Forschung eher vernachlässigtes Feld. Entsprechend wenig verlässliche Quellen sind verfügbar. So wurde in diesem Jahr vom IT Service Management Forum e.V. ein praxisorientiertes Werk zur Einführung von Service Level Management (Bayer et al., 2010) herausgegeben. Dieses basiert auf früheren Publikationen zum IT-Service-Management in der öffentlichen Verwaltung, die jeweils Kurzbeschreibungen von Fallbeispielen enthalten und eher den Charakter von Erfahrungsberichten haben (ITSMF, 2007, 2010). In der deutschsprachigen Forschungsliteratur finden sich hingegen nur punktuelle Arbeiten, die meist gekoppelt sind an die allgemeine Diskussion um E-Government und sich daher nicht spezifisch auf das Forschungsfeld IT-Service-Management beziehen. So haben Hochstein et al. (2004) in ihrer Studie zur Einführung des Service Desk in der Stadtverwaltung Köln auf die Verbesserungen hinsichtlich der Call-Bearbeitung in Störungsfällen hingewiesen (Hochstein, Zarnekow, & Märzhäuser, 2004). Bei Breiter, Fischer, and Stolpmann (2006) findet sich eine spezifische Analyse der Situation bei öffentlichen Schulträgern (Breiter et al., 2006).

Im englischsprachigen Ausland lassen sich ebenfalls erste Fallstudien-orientierte Forschungsansätze zur Implementierung von IT-Service-Management finden. Cater-Steel (2009) hat sich dem Thema aus der australischen Perspektive gewidmet. Dabei fokussierte sie in erster Linie die Anwendung von Zertifizierungsverfahren im Umfeld der ISO 20000 mit einem knappen Exkurs zu öffentlichen Verwaltungen (Cater-Steel, 2009). Janssen und Joha (2006) reflektieren die unterschiedlichen Motivation zur Schaffung von „Shared Service Center (SSC)“ in der öffentlichen Verwaltung als Auslagerungsstrategie von IT-Dienstleistungen am Beispiel der Niederlande (Janssen & Joha, 2006).

Insofern stellt das Forschungsprojekt in Zusammenarbeit mit dem niedersächsischen Justizministerium und dessen IT-Dienstleister eine Herausforderung im doppelten Sinne dar: Zum einen ist ein theoretischer Bezugsrahmen zu entwickeln, der eine empirische Untersuchung überhaupt erst ermöglicht, und zum anderen sind die Fälle so auszuwählen, dass sie vergleichbar sind, um verallgemeinerbare Schlüsse ziehen zu können.

A. Breiter, A. Fischer, *Implementierung von IT Service-Management*, Xpert.press,
DOI 10.1007/978-3-642-18477-2_2,

2.1 IT Infrastructure Library

Ende der 80er Jahre hat die „Central Computer and Telecommunications Agency" der britischen Regierung (CCTA; heute: Office of Government Commerce, OGC) erstmals Empfehlungen für das IT-Service-Management in Form der IT Infrastructure Library (ITIL) veröffentlicht. ITIL ist ein Gesamtkonzept für Service und Support, das sich insbesondere für große Anwendungsorganisationen eignet. ITIL wurde und wird kontinuierlich weiterentwickelt und dient heute als ein anerkanntes prozessorientiertes Vorgehensmodell für das Management von IT-Dienstleistungen mit dem besonderen Fokus auf die Kundenerwartungen. Mit ITIL verbunden sind umfangreiche Trainings- und Zertifizierungsangebote.

Ende 2007 wurde die aktuelle Version 3 veröffentlicht. In den Fallstudien wird sich zumeist noch an der Version 2 orientiert. Die operativen Kernprozesse in ITIL V3 sind jedoch zu großen Teilen gleich geblieben bzw. weisen nur geringe Abweichungen gegenüber denen in der Version 2 auf, so dass die Unterschiede für den Untersuchungsgegenstand nicht wesentlich sind. Im Rahmen dieses Buches wird auf eine umfassende Darstellung des Rahmenwerks verzichtet, da es hierzu neben den Originalpublikationen des OGC mittlerweile zahlreiche Sekundärwerke gibt. ITIL besteht in der Version 3 aus fünf Hauptbereichen, die jeweils eine Sammlung von Beispielen guter Praxis enthalten und in enger Beziehung zueinander stehen:

- Service Strategy: Beschreibung von Aktivitäten zur strategischen Ausrichtung der IT auf das Kerngeschäft im Sinne des IT-Business-Alignment (Serviceportfolio-, Demand- und Financial-Management) (OGC, 2007d)
- Service Design: Modelle zur Gestaltung von IT-Dienstleistungen und Sourcing-Optionen, die Prozesse beschreiben das Vorgehen zur Entwicklung neuer Services (insgesamt sieben Prozesse, u.a. Service-Level- und Service-Catalogue-Management) (OGC, 2007b)
- Service Transition: dieser Teil beschreibt Prozessaktivitäten für den Übergang von neuen oder veränderten Services in den Bereich der produktiven Businessumgebung und zeigt, wie die Anforderungen der „Service Strategy" (eingebettet in „Service Design") unter Berücksichtigung der Risiken in "Service Operation" umgesetzt werden (sieben Prozesse, u.a. Change-, Release-and-Deployment- und Service-Asset-and-Configuration-Management) (OGC, 2007e)
- Service Operation: in diesem Bereich wird die operative Umsetzung im Tagesgeschäft beschrieben. Bei vielen ITIL-Implementationen wurde häufig mit diesen operativen Prozessen begonnen, da hier die Anwender mit der IT-Organisation in Kontakt kommen und deren Leistungsfähigkeit spüren. Hier werden die Bereiche „Strategy", „Design", „Transition" und „Improvement" im täglichen Geschäft gelebt (fünf Prozesse, u.a. Incident- und Problem-Management, und 4 Funktionen, u.a. Service Desk als zentraler Kontaktpunkt zwischen IT-Organisation und Anwender) (OGC, 2007c)
- Continual Service Improvement: Beschreibung von Verfahren für den kontinuierlichen Verbesserungsprozess (KVP), wodurch die Servicefokussierung mit der

konsequenten Ausrichtung auf eine stete Qualitätsverbesserung zum Ausdruck kommt (OGC, 2007a).

ITIL ist prozessorientiert und skalierbar. Dadurch ist ITIL auf die Gesamtorganisation ebenso anwendbar wie auf einzelne Abteilungen oder organisationsübergreifende Dienstleistungen. ITIL betrachtet fünf unterschiedliche Akteure und definiert ihre Rollen und Verantwortlichkeiten in Bezug auf jeden Prozess (nach Victor & Günther, 2004, S. 21). Diese spielen in den betrachteten Fallstudien eine wichtige Rolle:

- Kunde (Customer): Empfänger eines IT-Services (einer Leistung), der dafür bezahlt. Dies ist im Allgemeinen nicht die Endanwenderin bzw. der Endanwender.
- Anbieter (Provider): zuständig für die Erbringung eines IT-Services.
- Lieferanten: Liefert oder unterstützt Teilkomponenten von IT-Services.
- IT-Endanwender/innen (User): Person(en), die den IT-Service im Rahmen der täglichen Arbeit nutzen.
- Manager: Person(en), die Prozesse überwachen, koordinieren, bewerten und kontrollieren und Entscheidungen darüber treffen.
- Process-Owner: Person(en), die dafür zuständig sind, dass der von ihnen verantwortete Prozess bestmöglich ausgeführt wird, indem der Prozessablauf sowie die Mechanismen zum Prozess-Controlling gestaltet und laufend verbessert werden.

2.2 Operationalisiertes Modell

Im Grundsatz handelt es sich bei der Einführung von IT-Service-Management um einen tiefgreifenden Organisationsentwicklungsprozess, der traditionelle Verfahrensweisen und organisationskulturelle Gegebenheiten in Frage stellt. Der Ausgangspunkt für einen solchen Veränderungsprozess kann im Sinne der neoinstitutionalistischen Organisationstheorie auf unterschiedliche Arten erfolgen. DiMaggio und Powell (1983, 1991) haben die These der „institutionellen Isomorphie“ entwickelt. Aufgrund von Marktbedingungen und anderen externen Einflüssen vollziehen sich Prozesse der strukturellen Annäherung von Organisationen über drei Mechanismen: Zwang, normativer Druck und Mimese (DiMaggio & Powell, 1983; Powell & DiMaggio, 1991). Auch die öffentlichen IT-Dienstleister finden sich aufgrund der staatlichen Vorgaben, der gesellschaftlichen Erwartungen und der zum Teil „verheißungsvollen“ Prognosen der Fachkollegen wechselseitig mehr und mehr unter Beobachtungsdruck. Normativer Druck kann dadurch entstehen, dass durch Stellungnahmen von Interessenvereinigungen oder Professionsvertretern sowie empirischen Forschungsergebnissen (z. B. zum Erfolg von ITIL) auf die Entwicklung eingewirkt wird. Der Begriff der Mimese wurde aus der Biologie entlehnt und beschreibt einen Angleichungsmechanismus aufgrund der wechselseitigen Beobachtung von Organisationen. In der Regel findet eine Mimese, d. h. das Kopieren anderenorts eingesetzter Problemlösungsmuster, bei hoher Unsicherheit statt. Bei March und Olsen (1986) wurde dies als Organisationshandeln unter mehrdeutigen Rahmenbedingungen („Ambiguity") beschrieben (March, Olsen, & Christensen, 1986). Insbesondere der Prozess der Mimese findet sich im bisher noch unzureichend analysierten Feld des IT-Service-Managements in den öffentlichen Verwaltungen wieder bzw. bereits bestehende Strukturentwicklungen werden hierdurch erst sichtbar. Um diesen Wandel zu rekonstruieren, wurde für die Strukturierung der Fallstudien ein Mehrebenenmodell entwickelt, das die Kernaspekte der Implementierung von IT-bezogenen Veränderungsprozessen operationalisiert (siehe Abbildung 2.1)

Im Kern des Modells steht die Implementierung der IT-Service-Prozesse, die auch der zentrale Gegenstand der Untersuchung war. Aus der Forschung zur Wechselwirkung zwischen IT-Entwicklung und Organisationsstrukturen (z. B. Orlikowski & Barley, 2001) ist bekannt, dass die Implementierung von verschiedenen Faktoren abhängt. Die Perspektiven der IT-Dienstleistungen aufgrund der zunehmenden Industrialisierung der IT wurde von Carr (2003) sehr provokativ unter dem Titel „IT Doesn't matter" formuliert (Carr, 2003, 2004). Darin empfiehlt der Autor den IT-Managern, dass sie (1) weniger in IT investieren; (2) den neuen Entwicklungen eher abwartend gegenüberstehen und (3) eher auf die Schwachstellen denn auf die Verheißungen der IT-Innovationen reagieren sollten. In der Folge der umfangreichen Diskussionen über die Thesen von Carr wurden verschiedene Ansätze für IT-Dienstleistungen als Produktionsmanagement in der deutschsprachigen Literatur eingeführt (vgl. Zarnekow, 2007).

Somit stellen offensichtlich die **Vorerfahrungen** der Organisation bei Veränderungsprozessen eine wichtige Voraussetzung für den Umgang mit Innovationen dar. Je länger bereits mit Organisationsveränderungen jeglicher Art (vom

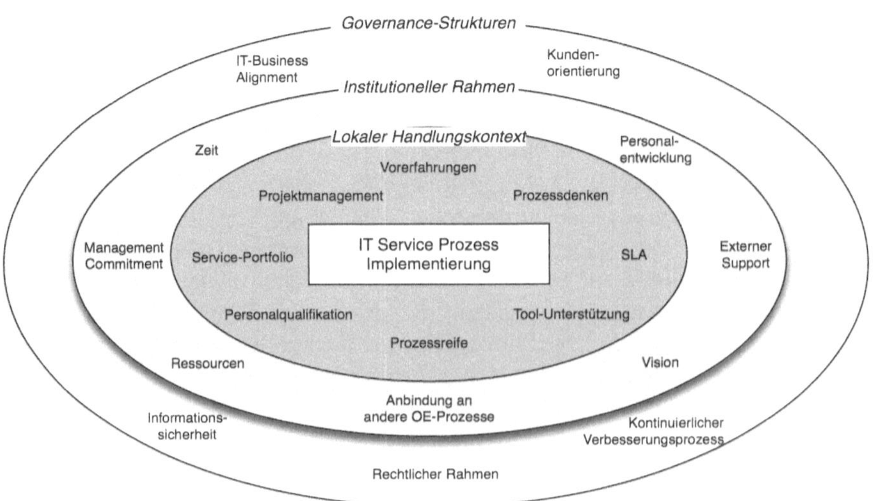

Abb. 2.1 Theoretischer Bezugsrahmen

Qualitätsmanagement bis zum Audit zur Informationssicherheit) gearbeitet wurde, insbesondere bei einer Prozessorientierung, desto größer war die Bereitschaft, sich einer Neuorganisation des IT-Managements zu stellen. Dies betrifft das **Prozessdenken** bzw. die Prozessorientierung, also die Bereitschaft und das Interesse, ggf. die Vorerfahrung, in Prozessen zu denken und damit eine Ablösung von der traditionellen Aufgabenorientierung zu erzielen (Böhmann & Krcmar, 2004). Das Denken in Prozessen erfordert eine Neuorientierung der IT, weg von aufgabenbezogenen voneinander isolierten Bereichen, die bislang vor allem hierarchisch definiert sind. Durch eine aufgabenbezogene Spezialisierung mag es zwar gelingen, punktuelle Vorteile durch hochqualifizierte Mitarbeiterinnen und Mitarbeiter zu erzielen. Diese Organisationsform gewährleistet jedoch nur teilweise die Lieferung von Ergebnissen, die am Ende von den Kunden gefordert werden, da sie für ihre Arbeitsprozesse notwendig sind und so zu ihrer Zufriedenheit beitragen. Mit einer Verstärkung des **Prozessdenkens** innerhalb einer IT-Organisation kann die Leistungserstellung aus der Perspektive von funktionsübergreifenden Zusammenhängen und Abhängigkeiten gesehen werden, d. h. es steht die Frage im Vordergrund, was und wie die einzelnen Funktionsbereiche zum Gesamtergebnis beitragen können. Die Prozessorientierung gewährleistet somit, dass die Erwartungen der Kunden und die ihnen zugesicherten Dienstleistungen zuverlässig erbracht werden.

Daher spielt neben der organisationalen Vorerfahrung auch die **Qualifikation der Mitarbeiterinnen und Mitarbeiter** eine wichtige Rolle, die bspw. im Rahmen von Zertifikaten nachgewiesen werden kann. Auf der lokalen Handlungsebene lässt sich anhand der Planung, Durchführung und Kontrolle des Einführungsprozesses die Verankerung in die Organisationskultur ableiten. Die Erkenntnis, dass eine Prozesseinführung ein komplexer Organisationsentwicklungsprozess ist, der mit entsprechenden professionellen Instrumenten des **Projektmanagements** durchgeführt werden muss, lässt sich als kritischer Erfolgsfaktor bestimmen (z. B. Besner & Hobbs, 2006). Ausgangspunkt für den Einstieg in das IT-Service-Management ist oftmals eine bevorstehende Entscheidung für ein technisches **Tool zur Unterstützung** (insbesondere Ticketsystem für den Service Desk). Dies ist ohne Frage zu kurz gegriffen, lässt sich aber auch nicht losgelöst von einer Organisationsveränderung betrachten. Die Relevanz der umzusetzenden Serviceprozesse leitet sich bestenfalls aus einem existierenden **Serviceportfolio** ab. Erst unter Verwendung eines abgestimmten Katalogs an Basisprozessen lassen sich dann entsprechende Vereinbarungen (**Service Level Agreements, SLA**) treffen, die langfristig zu einem „nachhaltigen IT-Servicemanagement" (vgl. Zarnekow & Erek, 2008) führen können. In den betrachteten IT-Organisationen finden sich unterschiedliche Niveaus der Prozessimplementierung wieder. Diese können auf Basis interner oder externer Bewertungsverfahren in Form von so genannten **Prozessreifegraden** gemessen werden.

Auf der zweiten Betrachtungsebene wird der institutionelle Rahmen für den lokalen Handlungskontext gebildet. Veränderungsprozesse sind untrennbar mit **Personalentwicklungsmaßnahmen** verbunden, oftmals sind sie sogar der Kerngegenstand des Prozesses. Ein besonderes Merkmal lernender Organisationen (z. B. Senge, 1996) ist die **Anbindung an Organisationsentwicklungsprozesse**.

Institutionen, die auch andere Prozessoptimierungen bzw. Qualitätsmanagementmaßnahmen durchführen, können einfacher IT-Service-Prozesse einführen – dies entspricht der individuellen Vorerfahrung im lokalen Handlungskontext. Wie für alle Innovationen sind die Bereitstellung von **Zeit, Ressourcen** und Unterstützungsleistungen (v.a. **externer Support**) zentrale Erfolgsfaktoren. Auch die Einführung von IT-Service-Prozessen muss sich einer Wirtschaftlichkeitsbetrachtung unterziehen (vgl. Bender, 2004). Komplexe Organisationsveränderungen lassen sich nicht aus dem Alltagsbetrieb heraus gestalten. Für die Einwerbung der entsprechenden Freiräume ist eine Unterstützung und Selbstverpflichtung des Top-Level-Management bzw. im Fall der Verwaltungseinrichtungen der Amtsleitung erforderlich (**Management Commitment**) (z. B. Krcmar, 2009; Schein, 2004), die mit einer kommunizierbaren und kommunizierten **Vision** in das Projekt eintritt.

Die dritte Ebene rekurriert auf die Governance-Strukturen. Hierzu existieren im Bereich der IT-Governance aus dem Unternehmensbereich zahlreiche Publikationen (z. B. M. Meyer, Zarnekow, & Kolbe, 2003; Rüter, Schröder, & Göldner, 2006; Sambamurthy & Zmud, 1999; Van Grembergen, 2003). Die zentrale Bedeutung von IT-Governance bezieht sich auf die ganzheitliche Betrachtung von Prozessorientierung, Dienstleistungs- bzw. Serviceorientierung sowie Risikomanagement (vgl. N. D. Meyer, 2004; Peterson, 2004). Dazu zählen insbesondere Aspekte der **Rechtsbefolgung** (Compliance) gemäß nationaler und internationaler Rechtssysteme. Als Rahmenwerk hat in den letzten Jahren CobiT (Control Objectives for Information and Related Technology, vgl. Goltsche, 2006; van Bon, 2005) an Bedeutung gewonnen, das als Bindeglied zwischen IT-spezifischen Modellen (insbesondere ITIL) eine Verknüpfung zur Steuerung auf der Unternehmensebene herstellt (**IT Business Alignment**, vgl. Henderson & Venkatraman, 1999; Krcmar, 2009; Melville, Kraemer, & Gurbaxani, 2004). Für die öffentliche Verwaltung gewinnt das Thema erst langsam an Bedeutung. So wurde das Thema von Schwabe und Majer (2006) im Kontext einer IT-Strategie behandelt (Schwabe & Majer, 2006). Schwertsik u.a. (2010) haben in ihrer Fallstudie die Entscheidungsstruktur in öffentlichen Verwaltungen auf Basis der Typologie von Weill und Ross (2004) untersucht (Schwertsik, Wolf, & Krcmar, 2010). Bei Schwabe (2008) findet sich auch eine Untersuchung der spezifischen Bedingungen an Hochschulen in verschiedenen europäischen Ländern (Schwabe, 2008), die für die vorliegende Untersuchung für die Fallstudie aus dem Hochschulbereich erkenntnisleitend ist. Aus unserer Perspektive spielen bei den Governance-Strukturen die relevanten rechtlichen Rahmenbedingungen wie die spezifischen Regelungen im Vergaberecht (z. B. nach EVB-IT), Personalrecht und Datenschutzrecht im öffentlichen Bereich eine entscheidende Rolle. Diese sind im Zuge der Strategien zur **Informationssicherheit** (für Vertraulichkeit, Integrität und Verfügbarkeit, siehe z. B. BSI, 2005 oder Krcmar, 2009) miteinander in Einklang zu bringen. Die Bedeutung eines **kontinuierlichen Verbesserungsprozesses** wird im Rahmen etablierter Qualitätsmanagementsysteme nach ISO 9000 und auch im ITIL-Rahmenwerk hervorgehoben. Zur Qualitätsverbesserung werden häufig interne und externe Audits durchgeführt, ggf. in Form von Benchmarks zum Vergleich des Stands mit anderen

IT-Dienstleistern. Die Dienstleistungsorientierung hängt eng mit der **Kundenorientierung** zusammen. Sie führt zu einer systematischen Kommunikation mit Kunden und ermöglicht die Ableitung und Spezifikation von IT-Dienstleistungen. Zur eigentlichen Erbringung der Dienstleistung durch den IT-Dienstleister und deren Wahrnehmung durch die Kunden kommt der Dienstleistungsqualität eine zentrale Rolle zu. Sie wird von der Wahrnehmung der Kundenerwartungen durch den Anbieter auf der einen Seite sowie von deren Umsetzung in Form einer Leistungsspezifikation (Servicekatalog) und die zum Kunden gerichtete Kommunikation beeinflusst. Dabei ist es von großer Bedeutung, das Selbstverständnis der Kunden in den Verbesserungsprozess zu integrieren. Die Zufriedenheit der Kunden mit der Dienstleistung ist häufig das Produkt unterschiedlicher Sichtweisen. Die Zuverlässigkeit der IT-Infrastruktur oder deren Performanz spielt dabei nur eine Rolle unter vielen. So kann die Kundensicht auch stärker auf die Transparenz, die Kosten oder die zuverlässige Termineinhaltung ausgerichtet sein – und diese Sichtweise muss nicht notwendigerweise identisch sein mit der Wahrnehmung des Anbieters, da die Dienstleistungsqualität mit unterschiedlichen Maßstäben gemessen wird.

Insgesamt haben wir es mit einem komplexen Zusammenspiel vieler Faktoren auf unterschiedlichen Ebenen zu tun. Die Fallstudien sollen dazu dienen, anhand guter Beispiele Vorgehensweisen zu identifizieren, die für eine nachhaltige erfolgreiche Einführung von IT-Service-Prozessen in öffentlichen Verwaltungen als besonders Erfolg versprechend erscheinen.

Kapitel 3
Methodische Anlage

Für die Durchführung der Untersuchung wurde aufgrund der fehlenden theoretischen Grundlagen bzw. empirischen Vorarbeiten auf die vergleichende Analyse von drei nationalen und zwei internationalen Fallstudien zurückgegriffen. Fallstudien sind immer dann zur empirischen Forschung gut geeignet, wenn das zu untersuchende Themenfeld sowohl konzeptionell als auch in seiner praktischen Anwendung noch relativ unstrukturiert ist. So formuliert Yin (1994) in seinem grundlegenden Werk zu Fallstudien: „A case study is an empirical inquiry that investigates a contemporary phenomenon within its real-life context; when the boundaries between phenomenon and context are not clearly evident; and in which multiple sources of evidence are used" (Yin, 1994). Durch eine explorative Fallstudie kann ein vager, nicht klar abgegrenzter Untersuchungsgegenstand auf seine Relevanz besonders gut untersucht werden. Yin sieht Fallstudien immer dann als geeignete Methode, wenn die Fragen nach dem „Wie" und „Warum" im Vordergrund stehen (vgl. Yin, 1994, S. 6 und 15).

Fallstudien sind in der betriebswirtschaftlichen Forschung bislang eher unterrepräsentiert. Ihnen haftet das Vorurteil an, dass sie methodisch nicht valide seien und damit im Vergleich zu quantitativen Forschungsmethoden weniger verlässlich. In der Wirtschaftsinformatik wird dagegen in den letzten Jahren verstärkt auch auf Fallstudien gesetzt. So zeigen Wilde & Hess (2007), dass sich hier ein gewisser Paradigmenwechsel ergeben hat (siehe auch DeVries' Metaanalyse zu Methoden in der Wirtschaftsinformatik, De Vries, 2005). „Die Fallstudie untersucht in der Regel komplexe, schwer abgrenzbare Phänomene in ihrem natürlichen Kontext. Sie stellt eine spezielle Form der qualitativ-empirischen Methodik dar, die wenige Merkmalsträger intensiv untersucht. Es steht entweder die möglichst objektive Untersuchung von Thesen (verhaltenswissenschaftlicher Zugang) oder die Interpretation von Verhaltensmustern als Phänotypen der von den Probanden konstruierten Realitäten (konstruktionsorientierter Zugang) im Mittelpunkt" (Wilde & Hess, 2007, S. 282). So wurden mittlerweile Instrumente entwickelt, die der qualitativen Organisationsforschung insbesondere in Bezug auf systemische Veränderungsprozesse einen größeren Stellenwert beimessen (Dubé & Paré, 2003).

Als Referenzdisziplin für unser Untersuchungsdesign eignet sich die vergleichende Politikwissenschaft. Dort werden Vergleiche nicht als Ziel an sich beschrieben, sondern sie sind immer Mittel zum Zweck, d. h. „... durch Vergleiche wird

A. Breiter, A. Fischer, *Implementierung von IT Service-Management*, Xpert.press,
DOI 10.1007/978-3-642-18477-2_3, © Springer-Verlag Berlin Heidelberg 2011

getestet, ob etablierte Erklärungen sich bewähren oder modifiziert werden müssen" (Jahn, 2006, 164). Voraussetzung für die Durchführung von Vergleichen ist einerseits die Existenz von Kriterien, die bei allen zu vergleichenden Phänomenen gleichermaßen vorhanden sind und zum anderen müssen die Phänomene in Bezug auf diese Kriterien auch eine angemessene Varianz besitzen. Peters (1998) spricht von folgendem Leitsatz für den Vergleich: „Maximiere die experimentelle Varianz (beobachtbare Varianz der abhängigen Variable), minimiere die Fehlervarianz (Resultat zufälliger Ereignisse durch triviale oder systematische Fehler) und kontrolliere die externe Varianz (Einflussfaktoren, die nicht in die Untersuchung aufgenommen wurden)" (Peters, 1998, 30).

Als Verfahren wurde in der vorliegenden Untersuchung eine komparative Fallstudien-Methodik ausgewählt, die auch als „collective case study" (Stake, 2000, 437) oder „qualitative-comparative research" (Ragin, Berg-Schlosser, & de Meur, 1996, 751) beschrieben worden ist. Im Kern der Untersuchung stehen die Identifikation von Gemeinsamkeiten und Unterschieden zwischen den Fällen und die Herausarbeitung zentraler Aspekte der Implementierung von IT-Service-Management in der öffentlichen Verwaltung. Eine valide Generalisierung der Ergebnisse kann auf Basis der vorliegenden Fallstudien allerdings nur begrenzt vorgenommen werden. Das hier eingesetzte Verfahren hat insofern eine Entsprechung in der Innovationsforschung: „Case studies are a practical halfway house between arrant speculation and arid precision. On the one hand they provide empirical constraints that can guide speculation away from the embroidery of the genuinely idiosyncratic; on the other, they can stimulate the production of ideas about how things are actually connected in the real world as a preliminary to more rigorous empirical demonstration" (Polsby, 1984, S. 6).

Aufgrund der unvollständigen Datenlage und der fehlenden Gesamtpopulation aller Implementierungen von IT-Service-Management in der öffentlichen Verwaltung sowie aufgrund des vornehmlich explorativen Forschungsinteresses konnte kein statistisches Sampling erfolgen. Aus forschungsökonomischen Gründen war es sinnvoller, „prototypische Fälle" (Rose, 1991; VanWynsberghe & Khan, 2007) auszuwählen, die eine bestimmte Vorhersagekraft für zukünftige Entwicklungen in anderen Implementierungsvorhaben besitzen. Im Optimalfall wären konträre Fälle mit dem „most different system design" zu bevorzugen, „da die theoretische Aussagefähigkeit [...] bei Anwendung der Differenzmethode höher ist als bei der Konkordanzmethode" (Nohlen & Kriz, 1994, 128). Durch den empirischen Feldzugang und den explorativen Charakter der Untersuchung konnte dies nicht vollständig erreicht werden.

Das Vorgehen wurde zweistufig angelegt. In der ersten Stufe erfolgte eine Grobauswahl der Fälle, in der zweiten Stufe dann die Feinauswahl der fünf prototypischen Fälle. Die Grobauswahl der Fälle stützte sich auf bestehende Publikationen in Bezug auf die Implementierung von IT-Service-Management:

- Präsentationen von Beispielen guter Praxis aus der öffentlichen Verwaltung im Rahmen von Veranstaltungen des IT Service Management Forum e.V. (ITSMF) aus den Jahren 2005-2009,

- Fachartikel in deutschsprachigen Zeitschriften zwischen 2005 und 2009 (z. B. Wirtschaftsinformatik, Information Management & Controlling, IT Service Management),
- Fachartikel in englischsprachigen Zeitschriften zwischen 2005 und 2009 (z. B. Information Systems Journal, MIS Quarterly, Journal of Information Systems)
- Sekundärveröffentlichungen zu ITIL v2/v3 mit Fallbeispielen.

Hieraus ist eine Zahl von zehn Fällen entstanden, deren Auswahl dann im weiteren Schritt auf der Basis vordefinierter Kriterien weiter verfeinert wurde. Konkret wurden neben dem zentralen IT-Betrieb der niedersächsischen Justiz (ZIB), der als Projektpartner feststand, folgende Variablen für die Feinauswahl verwendet:

- Zwei weitere nationale und zwei internationale Fälle,
- Verortung in der öffentlichen Verwaltung (Fachgebiet, Verwaltungstyp) und im Mehrebenensystem (Nationalstaat, Gebietskörperschaften),
- Niveau der Implementierung von IT-Service-Management (gemessen an der Zahl und am Grad der Einführung von ITIL-Prozessen),
- Umfang und Komplexität der IT-Infrastruktur (Zahl der Clients- und Serversysteme, Applikationen und Fachverfahren),
- Organisationsstruktur (Verhältnis zwischen Kunde und Dienstleister, dezentral/ zentral, Shared Service Center).

Hieraus wurden fünf Fälle ausgewählt, die vollständig den obigen Kriterien entsprachen und ein höchstes Maß an Unterschiedlichkeit gewährleisteten (Differenzmethode).

Die Fallstudien wurden auf Basis der Auswertung von frei verfügbaren Informationen zum jeweiligen Fall, der Bereitstellung von Dokumenten sowie durch telefonische Interviews und E-Mail-Kommunikation vorbereitet. Danach wurden in ein- bis zweitägigen Experteninterviews die Details der Implementierungsvorhaben, ihre Voraussetzungen und die Qualität der bisher implementierten IT-Service-Prozesse untersucht. Experteninterviews eignen sich besonders gut, Rückschlüsse auf Situationen, Entscheidungen und Entwicklungen ziehen zu können. Aus der methodologischen Perspektive sind Expertinnen und Experten Personen, die eine Verantwortung für die Implementation oder Problemlösung tragen bzw. über privilegierten Zugang zu Informationen über Personengruppen oder Entscheidungsprozesse verfügen (Bogner, Littig, & Menz, 2005). In unseren Fällen handelte es sich entweder um die Führungsspitze der jeweiligen IT-Organisation (Chief Information Officer), Abteilungs- oder Referatsleitungen sowie Service Level Manager.

Für die Durchführung der Experteninterviews wurden entsprechende Leitfäden erstellt, um eine möglichst hohe Reliabilität zu erreichen (siehe Anhang): „Der Leitfaden schneidet die interessierenden Themen aus dem Horizont möglicher Gesprächsthemen heraus und dient dazu, das Interview auf diese Themen zu fokussieren“ (Meuser & Nagel, 1991). Für die Strukturierung der Experteninterviews wurde folgendes Analyseraster entwickelt (siehe Tabelle 3.1):

Tabelle 3.1 Übersicht der ausgewählten Fälle

	Kreisverwaltungsreferat der Stadt München (KVR)	Zentraler IT-Betrieb der niedersächsischen Justiz (ZIB)	Eidgenössische technische Hochschule Zürich (ETHZ)	Hessische Zentrale für Datenverarbeitung (HZD)	Gemeenschappelijk Dienstencentrum ICT der niederländischen Justiz (GDI)
Vorortung	National	National	International	National	International
Typ	Stadtverwaltung	Justizministerium Justizverwaltung	Universität	Landesverwaltung	Justizministerium
Organisationseinheit	IuK-Referat	Zentraler IT-Dienstleister	Rechenzentrum Bibliotheks-IT Departements-IT	Zentraler IT-Dienstleister	Zentraler IT-Dienstleister
Umfang	1.700 Clients 150 Fachverfahren	15.000 Clients 300 Fachverfahren	> 20.000 potenzielle Anwender/innen	60.000 Clients 180 Fachverfahren	2.500 Clients 200 Anwendungen

- Allgemeine Informationen zur IT-Organisation,
- Struktur bzw. Aufbauorganisation der IT-Organisation,
- Grundlagen bzw. Strategie zur Service-Erbringung,
- Implementierung von Service-Prozessen,
- Übersicht zum Stand der Prozessimplementierung,
- Übersicht zur Durchführung der Prozessimplementierung,
- Information und Dokumentation der Prozessimplementierung,
- Personal, (Anzahl, Qualifikation, Eingruppierung, Leistungsanreize, Schulungsmaßnahmen)
- Einschätzung und Bewertung der Prozessimplementierung,
- Implementierung einzelner ITIL-Prozesse.

Die Bewertung der Prozessimplementation orientierte sich an den Verfahren der Selbstbewertung im Rahmen der Reifegradbestimmung von Prozessen.

Das CMMI (Capability Maturity Model Integration, früher Capability Maturity Model, CMM) beschreibt eine Familie von Reifegradmodellen, die in unterschiedlichen Anwendungsfeldern genutzt werden (Softwareentwicklung, Prozessplanung, Organisationsentwicklung, Wissensmanagement, Anforderungsmanagement, siehe Ahern, Clouse, & Turner, 2001).

Ein häufig genutztes Modell zur Reifegradbestimmung im Kontext der Implementierung von Prozessen des IT-Service-Managements nach ITIL V2 ist das so genannte Process Maturity Framework (PMF) (OGC, 2002). Mit dem PMF werden die ITIL-Kernprozesse untersucht und anhand von Kriterien beurteilt, die für die Erbringung von IT-Dienstleistungen in vorhersagbarer Qualität vorhanden sein müssen. Dabei werden die Themenfelder „Vision und Steuerung“, „Prozesse“, „Akteure“ und „Technologie“ betrachtet.

Aufgrund der in den betrachteten Organisationen vorherrschenden Prozessausrichtung nach ITIL V2 bot das PMF für die Fallstudien eine fundierte Möglichkeit, eine Bewertung des Reifegrades durchzuführen. Neuere Ansätze (wie bspw. eine Bewertung nach Kriterien der ISO 20000) hätten aufgrund der Reifegrade und des Fokus der Untersuchung keinen Mehrwert geboten.

Die Prozesse werden entsprechend der ITIL-Kernbereiche anhand ihrer Ausprägung einer bestimmten Reifegradstufe zugeordnet. Die Reifegrade werden in Stufen unterteilt, die sich an die Bezeichnungen des Capability Maturity Modells (CMM) anlehnen (siehe Tabelle 3.2) (OGC, 2002).

Jede Stufe gibt bestimmte Schlüsselprozesse vor, die etabliert sein müssen. Die Schlüsselprozesse implementieren eine Reihe von damit verbundenen Tätigkeiten, die bei kollektiver Ausführung zum Erreichen einer Reihe von Zielen führen, die für die Verbesserung der Dienstprozessfähigkeit als wichtig erachtet werden.

Methodisch wird die Reifegradbewertung in drei Arten durchgeführt: (1) als Selbstbewertung („self-assessment“); (2) als Fremdbewertung und/oder (3) als Benchmark. In der – vornehmlich englischsprachigen – Literatur werden unterschiedliche Ziele der Selbstbewertung formuliert (z. B. Benavent, Ros, & Moreno-Luzon, 2005; Kaye & Dyason, 1999; Samuelsson & Nilsson, 2002):

Tabelle 3.2 Reifegradstufen im PMF

Reifegrad-stufe	Bezeichnung der Stufe	Prozess	Beschreibung
0	Incomplete	Der chaotische Prozess	Keine definierte Verfahrensweise, ad hoc, abhängig von Einzelkämpfern
1	Initial	Der initiale Prozess	Unvorhersagbares Ergebnis: Bei erneuter Durchführung würde ggf. alles anders verlaufen, „Brandbekämpfung" statt Planung, Gelingen abhängig vom äußerstem Einsatz aller Beteiligter und Einzelpersonen
2	Repeatable	Der wiederholbare Prozess	Dieselben Anforderungen führen zu denselben Ergebnissen auf Basis der Erfahrung früher Vorfahren, Kosten und Qualität schwanken, Know-how einzelner Personen entscheidend
3	Defines	Der definierte Prozess	Wohldokumentierte Prozesse, stabil und wiederholbar, Qualitätssicherungs-maßnahmen definiert und dokumentiert, Möglichkeit der Anpassung der Standards, Prozessverantwortliche, institutionalisierte Prozesse, unabhängig von Individuen
4	Managed	Der gesteuerte Prozess	Quantitativ messbare Prozesse, Leistungs-messung von Produktivität und Qualität, vorhersagbare Prozesse in definierten Grenzen und Qualität, Steuerungs-möglichkeiten bei Schwankungen
5	Optimised	Der optimierte Prozess	Gesamte Organisation fokussiert auf kontinuierliche Prozessverbesserung, Möglichkeiten zur Analyse von Stärken und Schwächen, proaktive Fehler-vermeidung

- Identifikation von Stärken und Verbesserungsmöglichkeiten
- Grundlage für Verbesserungen in der Planung
- Möglichkeiten zum Vergleich (Benchmarking)
- Unterstützung des organisationsinternen Lernprozesses

Im Vordergrund steht dabei immer die Motivation zum kontinuierlichen Verbesserungsprozess, meistens im Rahmen von Ansätzen des Qualitätsmanagements. Problematisch ist bei der Selbstbewertung der Einfluss der individuellen Werturteile. So kann das Ergebnis davon abhängen, zu welchem Zeitpunkt die Bewertung stattfindet, welche Ergebnisse erwartet werden („soziale Erwünschtheit") und welche Handlungen aus den Bewertungen hervorgehen bzw. legitimiert werden sollen. Im vorliegenden Fall wurde daher eine gemischte Selbstbewertung (durch die beteiligten Personen in den Fallstudien) und Fremdbewertung (durch die Interviewführung) anhand eines reduzierten Analyseschemas für die Prozessreife in den Kernprozesse der IT Infrastructure Library durchgeführt mit dem Ziel, zu einem Vergleich der Fallstudien zu kommen. Da es sich um keinen „Wettstreit" der besten Implementierungen von IT-Service-Management handelte und sich daraus auch keine unmittelbaren Veränderungen ergaben, kann davon ausgegangen werden, dass die Interviewpartner weitgehend unvoreingenommen antworten konnten.

Die Auswertung der Experteninterviews erfolgte nach den gängigen Verfahren der qualitativen Sozialforschung. Ziel war es, zum einen überindividuelle Gemeinsamkeiten der Expertenaussagen zu identifizieren und andererseits empirisches Wissen zu gewinnen. Die Auswertungsschritte gliederten sich wie folgt (vgl. Meuser & Nagel, 1991):

- Transkription
- Paraphrase zur Komplexitätsreduktion und zur Identifikation von Mustern
- Thematische Überschriften zur Verdichtung der Information
- Identifizierung von thematisch vergleichbaren Textpassagen und systematischer Abgleich der Aussagen
- Zusammenführung der Ergebnisse der Interviews mit den Ergebnissen aus der Dokumentenanalyse und der Reifegradbestimmung.

Alle Ergebnisse wurden den Interviewpartnern wieder zur Verfügung gestellt und notwendige Änderungen bzw. Anpassungen durchgeführt.

Kapitel 4
Fallstudie 1: Kreisverwaltungsreferat der Landeshauptstadt München

4.1 Allgemeine Informationen zur IT-Organisation

Das Kreisverwaltungsreferat der Landeshauptstadt München (KVR) ist in die vier Hauptabteilungen Sicherheit und Ordnung, Einwohnerwesen, Verkehrswesen und Branddirektion unterteilt, die Fachaufgaben in den folgenden Bereichen wahrnehmen: Einwohnermeldewesen, Ausländerwesen, Gewerbewesen, Staatsangehörigkeit, Straßenverkehr, Wahlen in München, Branddirektion, Standesamt, Ordnungsamt, Veranstaltungsbüro und Versicherungsamt München (siehe Abbildung 4.1). Insgesamt arbeiten ca. 3.500 Mitarbeiterinnen und Mitarbeiter im KVR.

Die untersuchte IuK-Abteilung, der Fachbereich „Information und Kommunikation, Wahlen", ist als Stabsabteilung der Geschäftsleitung als Fachbereich 2 (KVR-GL/2) in das KVR eingeordnet (siehe Abbildung 4.2). Diese Art der Einordnung ist auf ein städtisches Konstrukt zurückzuführen, nach dem sämtliche Querschnittsaufgaben (Personal, Haushalt, IT, u.a.), die aus den Hauptabteilungen resultieren, in der Geschäftsleitung angesiedelt werden. Die IuK-Abteilung versorgt die Hauptabteilungen 1-3 sowie die Geschäftsleitung mit IT-Dienstleistungen. Lediglich die Hauptabteilung 4, die Branddirektion, ist eigenständig und erbringt sämtliche Querschnittsaufgaben aufgrund abweichender spezifischer Anforderungen selbst.

Im Zuge des Projektes wurde auch die Aufbauorganisation der IuK-Abteilung angepasst (offiziell erst ab dem 1.1.2010). Sie gliedert die IuK-Abteilung in sechs Sachgebiete, die direkt der Leitung unterstellt sind. Völlig neu entsteht das Sachgebiet IT-Projekte, das ausschließlich die Leitung großer IT-Projekte (z. B. elektronischer Personalausweis, elektronischer Aufenthaltstitel, u.a.) übernimmt, um frühere Ressourcenkonflikte zwischen Dienststellenbetreuung und Projektleitung zu umgehen. In dieser neuen Organisationsform ist der IT-Sicherheitsbeauftragte als Stabsstelle der Leitung der IuK-Abteilung zugeordnet. Dies entspricht einer Form der Eingliederung, die von dem zentralen IT-Reorganisationsprojekt der Stadt München (MIT-KonkreT) empfohlen wird.

Zu den wesentlichen Aufgabenbereichen der 42 Beschäftigten der IuK-Abteilung des KVR gehören der Betrieb von 1.700 Clients (Windows und Linux), 168 Fachverfahren (in Zusammenarbeit mit dem zentralen Dienstleister der Stadt München) und 40 Servern (u.a. optisches Archiv, Webserver für Intranet, Einwohner- und

A. Breiter, A. Fischer, *Implementierung von IT Service-Management*, Xpert.press,
DOI 10.1007/978-3-642-18477-2_4,

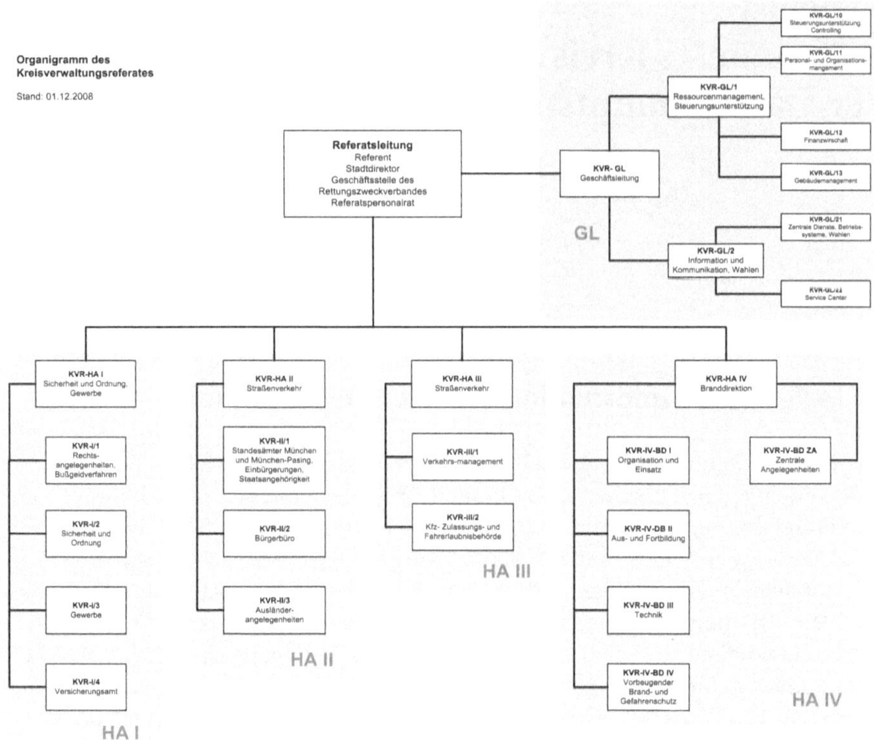

Abb. 4.1 Kreisverwaltungsreferat München (Quelle: KVR, eigene Bearbeitung)

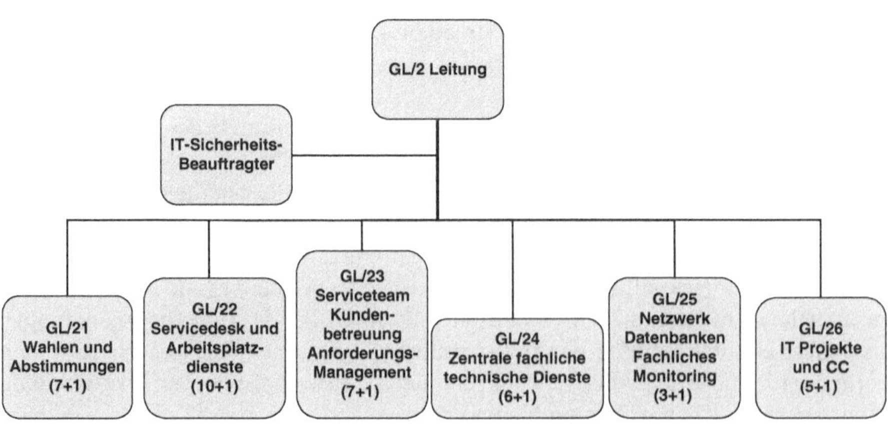

Abb. 4.2 Fachbereich Information und Kommunikation, Wahlen (Quelle: KVR)

Zulassungswesen etc.) sowie der Support von ca. 1.700 Anwenderinnen und Anwendern, die auf zwei Haupt- und 17 Nebenstandorte (u.a. Meldestellen, Bürgerbüros, KFZ-Zulassungsstelle, Tierärzte) verteilt und aufgrund des Parteiverkehrs bei Störungen in der Regel auf sehr schnelle Hilfe angewiesen sind. Außerdem fallen das Management von IT-Projekten, die Beschaffung und das Anforderungsmanagement in den Zuständigkeitsbereich der IuK-Abteilung. Thematisch etwas losgelöst, ist das Aufgabenfeld „Wahlen und Abstimmungen" ebenfalls in der IuK-Abteilung des KVR angesiedelt. Eine besondere Herausforderung für die IuK-Abteilung stellen die etwa 170 Datenanbindungen nach außen dar, die u.a. zu stadtinternen Stellen (Kämmerei), anderen Behörden (Kraftfahrzeugbundesamt, Ausländerzentralregister) und externen Firmen (z. B. *FabaSoft*, *Intertronic*) bestehen.

Zur Erbringung der Aufgaben nutzt die IuK-Abteilung des KVR einige Dienste (E-Mail-, Kalender- und Faxservice, Betrieb Großrechner u.a.) des zentralen IT-Dienstleisters der Stadt München. Andere zentrale Dienste werden nicht genutzt oder müssen erweitert werden, da sie nicht den Anforderungen des KVR entsprechen. Die Servicezeiten des LDAP-Dienstes des zentralen Dienstleisters sind für die Mitarbeiterinnen und Mitarbeiter des KVR nicht ausreichend, da ohne diesen Dienst die Anmeldung zu Fachverfahren nicht zur Verfügung steht. Deshalb betreibt die IuK-Abteilung einen eigenen, replizierten LDAP, der sich mit den gesamtstädtischen Daten synchronisiert. In anderen Bereichen, insbesondere bei Neuerungen, fehlen zentrale Dienste vollkommen, sodass das KVR immer wieder gezwungen ist, entsprechende Dienste zunächst selbst einzurichten, bis der zentrale Dienstleister nachzieht. Aufgrund dieser Sachlage betreibt die IuK-Abteilung des KVR in Ausnahmefällen auch Softwareentwicklung.

Die Zielsetzung stammt aus dem Projekt MIT-KonkreT (Münchner IT – Konkrete Umsetzung und Top Priorities), das eine strategische Neuausrichtung der IT-Organisation in der Landeshauptstadt verfolgt. Durch das Projekt soll deren Effizienz gesteigert und deren Innovationsfähigkeit sichergestellt werden. Im Oktober 2007 hat der Stadtrat ausgehend von den Ergebnissen der strategischen Konzeption (Stufe 1) die Umsetzungsmodellierung (Stufe 2) und die Umsetzung (Stufe 3) beschlossen. In MIT-KonkreT wird eine Lösung des Zuordnungsproblems im Rahmen einer Kernkompetenzfokussierung angestrebt: Zentral sollen die Basisinfrastruktur, dezentral ein differenziertes Anforderungsmanagement sowie fachliche und technische Dienstleistungen, die zentrale Standards auf Referatsspezifika anpassen, bereitgestellt werden.

4.2 Grundlagen bzw. Strategie zur Service-Erbringung

Das KVR hat ein internes Leitbild erstellt, das die übergreifenden Aufgaben und Ziele des KVR beschreibt. Die IuK-Abteilung hat einen großen Einfluss darauf, ob diese Ziele und Aufgaben durch die Hauptabteilungen erreicht werden können und orientiert sich bei ihren Aufgaben und Zielen selbst an diesem Leitbild.

Die Landeshauptstadt München hat 2004 ihre IT-Strategie neu konzipiert und diese 2007 fortgeschrieben. Sie beschreibt strategische Leitlinien und Ziele für die Bereiche IT-Aufbau- und Ablauforganisation, IT-Steuerung, IT-Landschaft und IT-Finanzen. In einem IT-Masterplan wird die IT-Strategie in planerische Dimensionen umgesetzt. Die Strategie ist für die Referate verpflichtend. Die Referate werden wie sämtliche Querschnittseinheiten an dem Prozess der Strategieerstellung beteiligt. Eine KVR-interne IT-Strategie wurde bisher nicht abgeleitet. Das KVR richtet jedoch seine IT-Aktivitäten an dieser Strategie aus.

Die Initiative zur Entwicklung einer IT-Strategie stammt ebenfalls aus MIT-KonkreT. Daneben ist das Projekt „LiMux – Die IT-Evolution" Teil der umfassende Reorganisation der IT-Landschaft der Landeshauptstadt München: Im Rahmen von LiMux sollen das bestehende Microsoft-Windows-Betriebssystem stufenweise (bis 2011) von einem Linux-basierten Arbeitsplatz (Basis-Client) abgelöst werden. Im April 2005 wurde nach einer Vorstudie und der Feinkonzeption mit der konkreten Migration begonnen. Im KVR sind die Einbürgerungsstelle und das Wahlamt als Keimzellen beteiligt. Die anderen Bereiche waren von der Migration bisher nicht betroffen, da die dort eingesetzten Fachverfahren bisher auf dem Basis-Client nicht verfügbar sind.

4.3 Implementierung von Service-Prozessen

4.3.1 Übersicht zur Durchführung der Prozessimplementierung

Am 15.11.05 wurde in der Referatsbesprechung der Projektauftrag für das Projekt E-SOS-KVR (Einführung eines Service Desk zur Optimierung des DV-Störfallmanagements im KVR) erteilt. Das Ziel dieses Projekts war die Einführung eines zentralen Service Desk, einer zentralen Anlaufstelle (Single Point of Contact) für alle Vorfälle im Bereich der IT im KVR. Zuvor waren im Rahmen des Arbeitskreises „Untersuchung der DV-Systembetreuung im KVR" bereits erste Voruntersuchungen (u.a. Ermittlung Ist-Zustand, Besichtigung von Service-Desk-Lösungen in der Praxis, Marktübersicht Ticketsystem) durchgeführt worden. Die Grundidee bestand darin, IT-Aufgaben referatsintern zu zentralisieren, um die Verfügbarkeit der IT zu jeder Zeit gewährleisten zu können und zusätzlich Kosten einzusparen. Diese Idee wurde von der Leitung der IuK-Abteilung anlässlich des 4. Haushaltssicherungskonzepts „Einsparung von Personal" im Jahr 2004 entworfen. Etwa zur gleichen Zeit wurden im Rahmen des Projekts LiMux stadtweite Optimierungsmaßnahmen (u.a. Optimierung der Abläufe im System-Management durch standardisierte Prozessdefinitionen nach ITIL) beschlossen. Die Notwendigkeit einer Optimierung des IT-Betriebs im Rahmen einer Dienstleistungs- und Prozessorientierung bestand außerdem aufgrund von Anforderungen aus MIT-KonkreT, die im KVR besonders präsent waren, da der Leiter der IuK-Abteilung des KVR als Mitglied eines Teilprojekts in das Projekt involviert ist, sowie aufgrund von speziellen Anforderungen in bestimmten Anwendungsgebieten (z. B. EU-Dienstleistungsrichtlinie im Bereich E-Government vgl. EU, 2006).

Vor der Reorganisation war der IT Betrieb zum größten Teil dezentral und aufgabenorientiert organisiert. Prozesse waren nicht definiert. Zentral wurden lediglich Applikations- und Serverdienste wahrgenommen. Anwenderbetreuung, Störungs- und Problembehandlung, Testing und Roll-out wurden hingegen nach dem „Hey-Joe-Prinzip“ durch 22 örtliche Systembetreuer (ÖSB) in den drei Hauptabteilungen durchgeführt. Die ÖSB verfügten damit individuell über eine herausgehobene Rolle in sämtlichen IT-Fragen, was dazu führte, dass die IT zu einer „Black Box“ wurde. Da diese Aufteilung durch das E-SOS-Projekt aufgehoben werden sollte, wurde als ein Ziel des Projekts explizit definiert, die Schnittstelle zu den DV-Fachaufgaben, die in der Zuständigkeit der Hauptabteilungen liegen, klar zu definieren.

Das Projekt E-SOS konzentrierte sich auf den Aufbau des Service Desk und die Modellierung der Prozesse Incident Management und „Neue Mitarbeiter“. Dabei orientierte man sich am ITIL-Rahmenwerk, das sich der Projektleiter im Selbststudium angeeignet hatte. Die ITIL-Prozesse Problem-, Change- und Release Management wurden hingegen erst nach Ablauf des Projekts im Regelbetrieb vollständig modelliert und eingeführt.

Initiiert wurde das Projekt von der Leitung der IuK-Abteilung, die die Unterstützung des Managements (Geschäftsleitung und Referatsleitung) erhielt. Als Argumente dienten sowohl die in Aussicht gestellten Stelleneinsparungen als auch die bessere Vorbereitung auf künftige Anforderungen im IT-Bereich. Im Laufe der Einführung von ITIL wurde jedoch durch ständige Einbeziehung im Rahmen von regelmäßigen Berichten an den Lenkungskreis auch inhaltliches Interesse geweckt.

Die Projektleitung wurde, um den erwarteten Widerstand in den Hauptabteilungen so gering wie möglich zu halten, bei der Leitung des Bereichs KVR-GL/1 (Ressourcenmanagement, Steuerungsunterstützung) und nicht bei der Leitung der IuK-Abteilung angesiedelt. Diese übernahm die stellvertretende Leitung des Projekts sowie die Teilprojektleitung Technik. Das Projektteam bestand aus Mitarbeiterinnen und Mitarbeitern der IuK-Abteilung, aus Vertreterinnen und Vertretern der Hauptabteilungen, die teilweise ihre örtlichen Systembetreuer entsandten, sowie aus Vertreterinnen und Vertretern des Referatspersonalrats.

Für das Projekt gab es einen konkreten Projektauftrag, der die Ziele wie folgt definierte:

- Geschäftsprozesse für Anfragen, Störungen und Aufträge sind erstellt, um daraus eine Leistungsbeschreibung für die Auswahl einer Software ableiten zu können.
- Die Rollen in den Geschäftsprozessen sind mit ihren Zuständigkeiten und Verantwortlichkeiten klar festgelegt.
- Ein Abgleich mit den gesamtstädtischen Bestrebungen hat stattgefunden. Ein Schnittstellenmodell ist erarbeitet.
- Die Schnittstellen zu den DV-Fachaufgaben, die in der Zuständigkeit der Hauptabteilungen liegen, sind klar definiert. Ein Schnittstellenkonzept ist erstellt.

Um diese Ziele zu erreichen, wurde das Projekt in zwei Teilprojekte untergliedert: Technik und Personal. Zu Beginn wurde im Teilprojekt Technik allgemeine ITIL-Schulungen durch die Interface AG durchgeführt. Dabei wurde kein tiefgreifendes

Grundlagenwissen wie z. B. im Rahmen der ITIL Foundation vermittelt, sondern es wurden anhand von Praxisbeispielen erste Einblicke in das IT-Service-Management gegeben. Im sich anschließenden ITIL-Workshop, der durch die Interface AG moderiert wurde, wurden gemeinsam mit den Mitarbeiterinnen und Mitarbeitern die Aufgaben der ÖSB kategorisiert und den ITIL-Prozessen zugeordnet. Anschließend wurden die Prozesse Incident-, Problem- und Change Management durch die Mitarbeiterinnen und Mitarbeiter modelliert, wobei der Fokus auf dem Incident Management lag. Zugleich fand aufgrund der engen personellen Verzahnung mit dem Projekt MIT-KonkreT während der gesamten Projektlaufzeit eine Abstimmung mit dem Projekt und den dort modellierten, übergreifenden Prozessen sowie eine weitgehende Übernahme der im Rahmen des Projekts E-SOS definierten Anforderungen in den Anforderungskatalog des stadtweiten Arbeitskreises Service Desk statt.

Bei der Modellierung wurden auch die Schnittstellen zu den DV-Fachaufgaben definiert: Danach leisten EDV-Ansprechpartner bzw. so genannte Power-User in den Abteilungen Anwenderunterstützung, zumindest soweit in den Fachdienststellen die notwendige Spezialsoftware oder das notwendige Know-how zur Bedienung der entsprechenden Software vorhanden ist. Ansonsten leistet der Service Desk Unterstützung. Für die sich überschneidenden Aufgaben wie bspw. Webseiten veröffentlichen, Vorlagen und Bausteine erstellen, Anwendungsentwicklung, Datenzugriffsrechte festlegen und DV-Support wurden ausdrücklich Schnittstellen definiert.

Nach der Modellierung sollte aus den Prozessen eine Leistungsbeschreibung für die Auswahl einer Software abgeleitet werden. Zu diesem Schritt kam es jedoch nicht, da im Rahmen von MIT-KonkreT festgelegt wurde, dass München-weit das vom zentralen IT-Dienstleister der Stadt ausgewählte Ticketsystem *Assyst* von der Firma Axios eingesetzt werden soll. Daraufhin mussten die Prozesse entgegen der Planung an das Tool angepasst werden. Diese Implementierung fand wie geplant in der Linie statt, entwickelte sich aber aufgrund des hohen Aufwands nahezu zu einem eigenen Projekt. Die Tooleinführung war der einzige Zeitpunkt, zu dem auf externe Unterstützung zurückgegriffen wurde.

Das Ziel des Teilprojekts Personal bestand in der Personalbedarfsbemessung und in der stellenplantechnischen Fixierung der Aufbauorganisation des Service Desk. Um eine höhere Eingruppierung der Mitarbeiterinnen und Mitarbeiter im Service Desk zu erreichen und damit einen qualifizierten (skilled) Service Desk aufbauen zu können, wurden Tätigkeiten des Incident-, Problem-, Change-, Release- und Deployment Managements im Service Desk zusammengelegt.

Insgesamt hatte das Projekt sowohl auf Seiten der Abteilungsleitungen als auch bei den betroffenen Mitarbeiterinnen und Mitarbeitern (ÖSB) mit großen Widerständen in den Hauptabteilungen zu kämpfen. Diesen konnten nur aufgrund der uneingeschränkten Unterstützung der Referatsleitung begegnet werden.

Nach dem offiziellen Projektende wurden weitere wichtige Schritte vollzogen: Die Auswahl des Personals wurde bereits innerhalb der Linienorganisation durchgeführt. Den örtlichen Systembetreuern wurde dabei freigestellt, ob sie in den zentralen Service Desk wechseln, als Power-User in den Hauptabteilungen bleiben oder zurück zu Fachaufgaben wechseln wollten. Es wechselten lediglich vier der 22

ÖSB in den zentralen Service Desk. Andere kehrten zurück zu ihren Fachaufgaben oder veränderten sich innerhalb der Münchener Stadtverwaltung.

Die vollständige Modellierung des Problem- und Change Managements erfolgte ebenfalls bereits innerhalb der Linienorganisation. Die Modellierung fand in Arbeitsgruppen statt, an denen Mitarbeiterinnen und Mitarbeiter aus allen Teams der IuK-Abteilung beteiligt waren. Die Prozesse wurden anschließend zusammen mit allen betroffenen Mitarbeiterinnen und Mitarbeitern, der Leitung und MIT-KonkreT abgestimmt und erst danach im Tool implementiert.

Mit der Modellierung der Prozesse wurden auch die Rollen modelliert und implementiert: Die Prozessmanager wechseln mit Ausnahme des Incidentmanagers (Leitung Service Desk) je nach Herkunft des Problem, Change oder Release zwischen den Sachgebietsleitungen (GL23/24/25). Dabei verfügen sie zwar fachlich, aber nicht dienstrechtlich, über eine Weisungsbefugnis über die Mitarbeiterinnen und Mitarbeiter der anderen Sachgebiete. Sollten deshalb Probleme auftreten, müssen die Prozessmanager über die Sachgebietsleitung gehen. Dies wurde im Rahmen der täglichen Arbeit durch Leitung der IuK-Abteilung im Dialog mit den einzelnen Teams festgelegt.

Eine explizite Überprüfung der ITIL-Implementierung wurde bisher lediglich im Bereich Kundenzufriedenheit durchgeführt. Anderthalb Jahre nach Einführung des Service Desk (07-10/2008) wurde eine Kundenzufriedenheitsumfrage durchgeführt, deren regelmäßige Wiederholung geplant ist. Aus den Ergebnissen der Umfrage wurden konkrete Verbesserungsmaßnahmen abgeleitet. Konkrete Maßnahmen zur Prozesssteuerung oder Audit- und Reviewverfahren wurden hingegen noch nicht implementiert.

Es ist kein kontinuierlicher Verbesserungsprozess im KVR implementiert oder dokumentiert. Für eine Zertifizierung sind zurzeit keine Zeitkontingente vorhanden, eine Reifegraduntersuchung wurde bisher nicht durchgeführt. Insgesamt gibt es im KVR kein Qualitätsmanagementsystem. Es finden lediglich regelmäßige Besprechungen statt, bei denen strategische Fragestellungen in den Mittelpunkt gestellt werden. Zudem wurde bei der Modellierung des Incident Managements und des Service Desk die Rolle des Qualitätsmanagers definiert. Er ist für die Auswertung von Eskalationen und Incidents zuständig, überprüft Test- und Abnahmeprozesse und kontrolliert damit die Outputqualität des Incidentprozesses. Daraus sollen Nachbesserungsbedarfe identifiziert als auch Schwachstellen im Prozessverlauf aufgezeigt werden. Diese Rolle wird jedoch zurzeit noch nicht wahrgenommen.

4.3.2 Information und Dokumentation der Prozessimplementierung

Einige Mitarbeiterinnen und Mitarbeiter der IuK-Abteilung und einige örtlichen Systembetreuer wurden im Rahmen des Projektes E-SOS in Arbeitsgruppen und Gruppensitzungen in die Prozessimplementierung einbezogen. Zudem wurde im Projekt eine Informationsplattform, das E-SOS-Wiki, aufgebaut, das den

Abb. 4.3 Marketing Service Desk

Mitarbeiterinnen und Mitarbeitern der IuK-Abteilung als Informationsquelle zur Verfügung stand und dem Projekt intern als Dokumentation diente.

Das Management wurde durch regelmäßige Lenkungsgruppensitzungen über den aktuellen Stand des Projekts informiert.

An die Kunden wurde der Aufbau des Service Desk durch intensive Marketingmaßnahmen kommuniziert: Es wurden ein Tag der offenen Tür veranstaltet sowie Flyer und Give-Aways verteilt (siehe Abbildung 4.3).

Parallel zum E-SOS Projekt wurden sämtliche Geschäftsprozesse der IuK-Abteilung und der zu betreuenden Dienststellen mit Angabe des Kunden, der benutzten Programme und der Schnittstellen gesammelt. Dieses Dokument gibt der IuK-Abteilung einen guten Überblick über die Vielfalt der bei den Kunden vorhandenen Programme und ihre Schnittstellen, enthält jedoch keine weiterführenden Informationen zu den einzelnen Geschäftsprozessen.

4.3.3 Personalmanagement

Insgesamt sind zurzeit 42 Mitarbeiterinnen und Mitarbeiter in der IuK-Abteilung des KVR beschäftigt. Lediglich die Stellen im Service Desk wurden im Rahmen des Projekts E-SOS neu geschaffen, sodass die Mitarbeiterinnen und Mitarbeiter (10+1) ausschließlich für die im Projekt neu definierten Aufgaben zuständig sind. Hinzu kommen 21 Mitarbeiterinnen und Mitarbeiter (exklusive des Aufgabenfelds Wahlen und Abstimmungen) aus den anderen Teams der IuK-Abteilung, die zusätzliche Aufgaben aus den Prozessen übernehmen. Für das einjährige Projekt E-SOS (Teilprojekt Technik) waren acht Mitarbeiterinnen und Mitarbeiter (inkl. Leitung, ÖSB) für ca. 700 Stunden abgestellt.

Die Vergütung der Mitarbeiterinnen und Mitarbeiter der IuK-Abteilung erfolgt – im Projekt und im Tagesgeschäft – nach der Beamtenbesoldung bzw. nach dem Tarifvertrag des öffentlichen Diensts (TVöD). In beiden Modellen ist eine leistungsorientierte Bezahlung möglich, praktisch angewandt wird sie jedoch aufgrund der bürokratischen Hürden bisher noch nicht. Um von Anfang an nur für die

Tätigkeit motivierte Mitarbeiterinnen und Mitarbeiter in den Service Desk aufzunehmen, wurde es den ÖSB freigestellt, in den Service Desk zu wechseln. Zudem wurde durch die Teilung der Prozesse Problem- und Change Management und die Zuordnung einiger dieser Tätigkeiten zur Rollenbeschreibung der Mitarbeiterin bzw. des Mitarbeiters im Service Desk eine höhere Eingruppierung (als bei Tätigkeiten ausschließlich aus dem Incident Management bzw. Service Desk) der Mitarbeiterinnen und Mitarbeiter im Service Desk erreicht.

Im Bereich der Personalentwicklung werden verschiedene Methoden eingesetzt: So werden u.a. Mitarbeitergespräche geführt und Zielvereinbarungen abgeschlossen sowie verpflichtende, aus Eigeninitiative der Mitarbeiterinnen und Mitarbeiter angestoßene oder speziell auf den Bedarf der IuK-Abteilung zugeschnittene Schulungen durchgeführt. Im Rahmen der ITIL-Einführung wurden „ITIL-Schnupperkurse“, eine ITIL v3 Foundation (bisher ist die Hälfte der Mitarbeiterinnen und Mitarbeiter zertifiziert, für die weiteren ist eine Zertifizierung bereits geplant) und Schulungen für das Werkzeug zur Prozessmodellierung *ARIS* durchgeführt. Zudem wurde aus der Kundenbefragung heraus eine eigene Schulung zur generellen Informationsvermittlung und Freundlichkeit am Telefon entwickelt.

Ein Patenkonzept, das jeder neuen Mitarbeiterin und jedem neuen Mitarbeiter eine erfahrene Mitarbeiterin bzw. einen erfahrenen Mitarbeiter zur Seite stellt, unterstützt neue Mitarbeiterinnen und Mitarbeiter bei der Einarbeitung. Dieses Konzept wird auch bei der Übergabe von zusätzlichen Aufgaben an den Service Desk eingesetzt: Neue Aufgaben werden erst übernommen, wenn bestimmte Voraussetzungen (wie z. B. Fortbildungsmaßnahmen entwickelt, Aufgabenbeschreibungen erstellt, Patenkonzept vorhanden) erfüllt sind.

Die Fluktuation der Mitarbeiterinnen und Mitarbeiter ist sehr gering. Aber auch die Rekrutierung von neuen Mitarbeiterinnen und Mitarbeitern hat bisher keine Probleme bereitet. Insbesondere für den Service Desk wurden bereits intern (Stadt München) geeignete Mitarbeiterinnen und Mitarbeiter gefunden, die das Anforderungsprofil erfüllten: Mitarbeiterinnen und Mitarbeiter mit organisatorischen und fachlichen Kenntnissen und IT-Affinität. Techniker werden nur in bestimmten Bereichen (z. B. Netzwerkmitarbeiter) benötigt. Aufgrund des Parteiverkehrs sind die Öffnungszeiten der Ämter auch für die IuK-Abteilung bindend, sodass zum Teil andere Arbeitszeiten gelten als im „normalen“ Verwaltungsbetrieb. Dies wird mit den Mitarbeiterinnen und Mitarbeitern einvernehmlich geregelt und ist u.a. in einer Dienstvereinbarung festgehalten und geregelt.

4.3.4 Selbstbewertung der Prozessimplementation

Die Leitung der IuK-Abteilung würde ihr Vorgehen entsprechend wiederholen. Insbesondere das positive Ergebnis der Kundenbefragung und damit stichhaltige Argumente gegen starke Kritik wegen der Schaffung des Service Desk sowie positive Rückmeldungen der Mitarbeiterinnen und Mitarbeiter des Service Desk selbst haben sie in ihrem Vorgehen bestärkt. Die Kundenbefragung machte deutlich, dass der Service Desk im KVR bekannt und akzeptiert ist. Auch auf Auftraggeberseite bzw. in der Leitung wird die ITIL-Einführung hoch geschätzt, insbesondere seitdem dem Service Desk des KVR im Rahmen des Projekts MIT-Konkret spezielle Aufmerksamkeit zukommt. Auf Entscheiderebene der Referate sei trotzdem weiterhin die Haltung verbreitet, dass sie nicht für IT-Themen verantwortlich sind und daher kein Interesse an einer Weiterentwicklung haben.

Eine große Herausforderung stellte im Projekt die Vermittlung von Rollen- und Prozessdenken dar, da Prozessorientierung generell im KVR absolutes Neuland bedeutet. Hier besteht nach Einschätzung der Leitung der IuK-Abteilung weiterhin Handlungsbedarf.

Als ein wesentliches Handlungsfeld wird die Einführung von ITIL beim zentralen IT-Dienstleister der Stadt München identifiziert, insbesondere wenn, wie im Rahmen des Projekts MIT-Konkret angedacht, andere, kleinere Referate die bisher bestehenden Service Desks nutzen. Spätestens dann ist auch die Einführung eines neuen Ticketsystems unumgänglich, um durchgängige Kunden-Lieferantenbeziehung abbilden zu können. Jedoch schon heute besteht an der Schnittstelle Handlungsbedarf: Da das KVR einen eigenen Mandanten implementiert hat, ist z. B. im jetzigen Ticketsystem keine Ticketweiterleitung an den zentralen Dienstleister möglich, sodass in diesem Fall ein neues Ticket eröffnet oder eine Lieferantenzuweisung (nicht mit lokaler Ticketnummer) getätigt werden muss. Zudem ist keine übergreifende Ticketauswertung möglich.

4.4 Umsetzungsstand der ITIL-Prozesse

4.4.1 Übersicht zum Stand der Prozessimplementierung

Zum Zeitpunkt der Untersuchung (Ende 2009) waren in der IuK-Abteilung des KVR das Incident Management, das Problem Management, das Change- und das Release Management durchgängig oder teilweise (Subprozesse Mastererstellung, Configuration Management), Roll-out (Release Management) und neuer Mitarbeiter, Neuausstattung, Vorlagenmigration (Change Management)) nach ITIL v2 ausgerichtet, wobei sich außer dem Incident Management alle Prozesse noch in der Erprobungsphase befanden. Für die IT-Beschaffung und das Anforderungsmanagement waren bereits vor der ITIL-Einführung Prozesse implementiert.

4.4.2 Service Desk und Incident Management

Der Service Desk ist täglich von 6.30 Uhr bis 16.00 Uhr (montags und mittwochs), bis 19.00 Uhr (dienstags), bis 16.30 Uhr (donnerstags) und bis 15.00 Uhr (freitags) besetzt. Dabei orientiert er sich an den Öffnungszeiten der einzelnen Ämter bzw. Behörden (generelle Öffnungszeiten: Montag – Donnerstag: 8.00 – 12.00 Uhr, Dienstag: zusätzlich 14 – 18.30 Uhr, Freitag: 7.00 – 12.00 Uhr), da insbesondere während des Parteiverkehrs schnelle Reaktions- und Wiederherstellungszeiten gefordert sind.

Im Service Desk gehen alle Vorfälle (Kategorien: Störungen, Aufträge, Anfragen), die bei Nutzung der IT im KVR auftreten, per Telefon (90 %), E-Mail, Fax, Post, Web und PJD ein. Sie werden auf Basis festgelegter Beschreibungen vom Incident-Mitarbeiter im Ticketsystem aufgenommen und bearbeitet. Für verschiedene Vorfälle sind Servicequalitäten und -Prioritäten vereinbart. Da dies noch nicht bei allen Vorfällen der Fall ist, werden Prioritäten zum Teil auch durch die Incident-Mitarbeiter selbst festgelegt. Ungefähr 60-70 % der Vorfälle werden in den ersten 30 Minuten wieder geschlossen. Ziel ist es, bei der Erstlösungsquote 85 % zu erreichen. Sind diese 30 Minuten abgelaufen, muss der Service Desk-Mitarbeiter entscheiden, an wen er (Incident Management, Problem Management, Change Management) das Ticket weiterleitet. Bei einer Weiterleitung an das Problem- oder Change Management wird die Anwenderin bzw. der Anwender benachrichtigt. Eine Benachrichtigung erfolgt zudem, wenn ein Ticket geschlossen wird. Durchgeführt wird sie immer durch den Ticket-Owner (Service Desk). Wurde eine Störung im Service Desk behoben, trägt die Mitarbeiterin bzw. der Mitarbeiter die Lösung bzw. den Workaround in die Wissensdatenbank ein. Diese ist momentan noch nicht in das Ticketsystem integriert.

Die Prozesssteuerung erfolgt durch den Incident Manager. Zu diesem Zweck kontrolliert er z. B. alle vier Wochen die Tickets. Key Performance Indicators (KPI) sind bisher nicht definiert. Dennoch werden bereits entsprechende Daten erhoben, z. B. die Abwurfquote. Zur kontinuierlichen Verbesserung des Prozesses werden zudem Verbesserungsmöglichkeiten an den Incident Manager gemeldet, der für deren Umsetzung verantwortlich ist. Der Incident Manager berichtet an die Leitung der IuK-Abteilung den Stand des Prozesses. Ein systematisches Reporting erfolgt derzeit nicht. Reports werden nur auf Zuruf erstellt. Es ist jedoch mit Hilfe von *Crystal Reports* geplant.

Es sind interne Schnittstellen zum Change und Problem Management als auch externe Schnittstellen u.a. zum zentralen Dienstleister der Stadt München definiert. Die Schnittstelle zum zentralen Dienstleister wird durch Hindernisse im Tool erschwert. Es ist zum Beispiel keine direkte Ticketweiterleitung möglich. Grundsätzlich sollten sich die Anwender im KVR immer an den Service Desk wenden, der die Anfragen bei Bedarf an den zentralen Dienstleister weiterleitet.

Für den Service Desk des KVR sind Servicezeiten definiert, die sich an den Öffnungszeiten der Hauptabteilungen orientieren. Die Zeiten sind zurzeit ausreichend, da die Kunden jeweils eine halbe Stunde später mit der Arbeit beginnen. Rufbereitschaft oder Fernwartung ist nicht implementiert. Die einzige Ausnahme besteht bei Wahlen, an denen alle Mitarbeiterinnen und Mitarbeiter der IuK-Abteilung vor Ort sind.

Im Service Desk ist *Assyst* bei jeder Mitarbeiterin bzw. jedem Mitarbeiter auf einem zusätzlichen Monitor geöffnet. Zudem gibt es in den Büros einen Monitor mit dem Status der Telefonanlage, an dem die Mitarbeiterinnen und Mitarbeiter sehen können, wie viele Anrufer in der Warteschlange sind und sich ggf. zuschalten können. Grundsätzlich sind zwei der vier bis fünf Mitarbeiterinnen und Mitarbeiter im Service Desk für die Hotline zuständig. Die Übernahme der Daten der Telefonanlage in *Assyst* wird durch eine CTI (Computer Telephony Integration)-Schnittstelle gewährleistet. Die mit diesen Daten verknüpften Userdaten werden aus WDA (Web

Directory Access) in *Assyst* übernommen. Im WDA werden alle relevanten Daten der städtischen Mitarbeiterinnen und Mitarbeiter wie z. B. Telefonnummer, Zugehörigkeit zur Organisationseinheit, Zimmernummer eingetragen.

Der Service Desk ist im KVR bekannt und akzeptiert. Dies hat die Kundenbefragung eindeutig ergeben (85 % der Befragten sind mit dem Service Desk zufrieden). Zur allgemeinen Bekanntmachung und Akzeptanzverbesserung haben insbesondere die intensiven Werbemaßnahmen und die Qualität des Service Desk (Qualifizierung, Eingruppierung) beigetragen.

4.4.3 Problem Management

Das Problem Management wurde vom KVR bewusst an die Besonderheiten der eingesetzten Ticketsoftware und die organisatorischen Gegebenheiten angepasst. Der ausführliche Prozess wurde im Rahmen von MIT-KonkreT modelliert, er ist in dieser Form in der IuK-Abteilung des KVR aber noch nicht implementiert worden.

Zurzeit wird der Prozess des reaktiven Problem Management angestoßen, wenn der Service Desk ein Ticket an die Servicegruppe des von dem Problem am meisten betroffenen Service zuweist. Ein Servicemitarbeiter erfasst und kategorisiert das Problem. Die anschließende Priorisierung findet durch den Serviceverantwortlichen unter Mitwirkung des Prozessverantwortlichen statt. Der Servicemitarbeiter führt anschließend eine Problemanalyse durch und versucht einen Workaround zu erarbeiten. Der Workaround wird vom Servicemitarbeiter zusammen mit dem Anwender getestet und bei erfolgreichem Abschluss vom Servicemitarbeiter unter Mitwirkung des Serviceverantwortlichen in die Wissensdatenbank eingetragen. Zur Erarbeitung einer dauerhaften Lösung wird zunächst die Problemursache erarbeitet und in die Wissensdatenbank eingepflegt und anschließend die Lösung selbst erarbeitet, in die Wissensdatenbank eingepflegt und deren Umsetzung durch einen Request for Change (RfC) angestoßen.

Dieser Prozess wurde von einer Arbeitsgruppe innerhalb der IuK-Abteilung modelliert und allen betroffenen Mitarbeiterinnen und Mitarbeitern in Form einer Schulung vermittelt. Im Anschluss wurde dessen Umsetzung durch die Leitung der Abteilung angewiesen.

Ein proaktives Problem Management im Sinne einer vorausschauenden Störungsbehandlung, bevor ein Problem entstehen kann, ist zurzeit nicht implementiert.

4.4.4 Change Management

Im KVR werden die Changes nach Standard, Normal und Emergency unterschieden. Bisher wurden vier spezielle Szenarien als Standard Changes definiert: „Neuer Mitarbeiter“, „Änderung der Organisationseinheit“, „Umzug“, „Weggang Mitarbeiter“. Diese Changes können vom Service Desk direkt an die zuständige Mitarbeiterin bzw. an den zuständigen Mitarbeiter zugewiesen werden. Bei allen anderen Changes bedarf es einer Genehmigung durch eine Sachgebietsleitung, die

Leitung der IuK-Abteilung oder die GL2 Besprechung. Wer die Genehmigung letztlich erteilen darf, ist abhängig von der Bedeutung des Change. Die Planung eines Change erfolgt nach dem im KVR fest verwurzelten Prinzip der Projektanzeige. In einer Projektanzeige werden geplante Maßnahmen nach festgelegten Kriterien (u.a. Beteiligte, Ist-Zustand, Soll-Konzept, Finanzrahmen, Zeit- und Kostenschätzung, Lösungsalternativen, Schnittstellen, Gerätekonfiguration, Datenschutz- und Datensicherungsmaßnahmen, Sozialverträglichkeit, Wirtschaftlichkeit) beschrieben, bearbeitet und genehmigt. Sollten mehrere Changes gleichzeitig auftreten, die durch die Teams nicht mehr verarbeitet werden können, werden diese durch die Leitung priorisiert. Zudem existiert ein zentraler Change-Plan.

4.4.5 Service Level Management

Im KVR ist noch kein umfassendes Service Level Management in Bezug auf die IuK-Abteilung als Dienstleister und die Hauptabteilungen als Kunden etabliert. Es befindet sich jedoch im Aufbau und ist in der neuen Aufbauorganisation bereits berücksichtigt.

Um Erfahrungen vor Einführung des umfassenden Prozesses zu entwickeln wurde ein Pilot zum „Einwohnerverfahren“ gestartet. Hierfür sind erste Muster-SLA erarbeitet und mit den Kunden abgesprochen. Die Service Level Management Prozesse sind modelliert und werden nach Auswertung der Ergebnisse des Pilotprojektes eingeführt.

Auch zwischen dem zentralen Dienstleister und dem KVR ist dieser Prozess nicht implementiert. Die Abstimmung zwischen dem zentralen Dienstleister und den Referaten sollte im Zentralen IT Board (AKIM, Arbeitskreis Informationsmanagement) stattfinden. Jedoch werden hier zurzeit hauptsächlich Hardwarefragen behandelt. IT-Services, SLA etc. sind kein Thema. Momentan entscheidet der zentrale Dienstleister selbst, was er tut. Im Frühjahr 2010 soll im Rahmen des Projekts MIT-KonkreT das Service Level Management anhand des Einwohnerverfahrens im KVR und Verfahren in zwei weiteren Referaten pilotiert werden.

4.4.6 Weitere ITIL Prozesse

4.4.6.1 Financial Management

Der Haushalt der Landeshauptstadt München ist produktorientiert. Zwischen dem zentralen Dienstleister und dem KVR erfolgt eine Verrechnung von IT-Diensten. Vom zentralen Dienstleister werden IT-Dienstleistungen im Rahmen einer „Preisliste“ anhand einer Servicebeschreibung den Referaten angeboten. Die in Anspruch genommenen Dienstleistungen werden halbjährlich im Rahmen der internen Leistungsverrechnung abgerechnet. Innerhalb des Referats wird der Aufwand der IT pauschal auf die Produkte umgelegt. Eine Verrechnung anhand von Services erfolgt hier nicht.

4.4.6.2 Continuity Management

Für die Server des KVR sind redundante Systeme vorhanden. Da das KVR die Verfügbarkeit nur während der Servicezeiten gewährleistet, werden einige Fachverfahren, die 24 Stunden und sieben Tage die Woche (24/7) verfügbar sein müssen, beim zentralen Dienstleister betrieben. Die Datensicherheit wird durch ein vier- bis fünfstufiges Datensicherungsmodell sichergestellt.

4.4.6.3 Security Management

Als Standard zur Informationssicherheit wird im KVR der IT-Grundschutz nach BSI eingesetzt. Der IT-Sicherheitsbeauftragte (1 VZÄ) ist als Stabsstelle bei der Leitung der IuK-Abteilung angesiedelt. Für diese Lösung und gegen eine Einordnung bei der Innenrevision hat sich das KVR aufgrund der technischen Nähe entschieden, wohl wissend, dass seine Aufgabe auch die Überwachung der IuK-Abteilung beinhaltet. Der IT-Sicherheitsbeauftragte wird in alle wichtigen Entscheidungen einbezogen. Er muss als Letzter vor der Leitung der IuK-Abteilung seine Zustimmung geben. Diese Beteiligung ist ein gelebter, aber nicht definierter Prozess.

Der IT-Sicherheitsbeauftragte ist nicht der Datenschutzbeauftragte. Dieser ist in der Hauptabteilung 1 angesiedelt und betreut den Datenschutz juristisch. Der IT-Sicherheitsbeauftragte ist lediglich für den Antrag der datenschutzrechtlichen Freigabe von Applikationen verantwortlich. Die Freigabe selbst wird durch den Datenschutzbeauftragten erteilt. Die Verfahrensregister führt der städtische Datenschutzbeauftragte für alle Referate.

4.4.6.4 Configuration Management

Die Software und die Hardware des gesamten KVR sind bereits in einer Configuration Management Database (CMDB) abgebildet. Während die Beziehungen zwischen Hardwarekomponenten bereits integriert wurden, fehlt derzeit noch die Beziehung zwischen Software- und Hardwarekomponenten. Die CMDB ist in das Ticketsystem *Assyst* integriert.

4.5 Bewertung der Fallstudie

Das Kreisverwaltungsreferat der Landeshauptstadt München ist eine prototypische IT-Organisation, die aus Eigeninteresse durch die Initiative einzelner Akteure die Implementierung von Prozessen des IT-Service-Management vorangetrieben hat. So bestanden kaum **Vorerfahrungen** mit Ausnahme des Projektleiters, der sich das ITIL-Rahmenwerk im Selbststudium angeeignet hatte. Das **Prozessdenken** ist kaum ausgeprägt, was auch als wesentlicher Verbesserungsschritt in der gesamten Verwaltungsorganisation angesehen wird. Somit sind zunächst erste Schritte in Richtung eines **Serviceportfolios** gegangen worden, was jetzt systematisch weiterentwickelt wird. Damit einhergehend sind **SLA** behutsam aufgebaut worden, um die Organisation an die Prozess- und Dienstleistungsorientierung heranzuführen. Eine Unterstützung durch entsprechende **Software-Tools** wurde bereits zu Beginn des Implementierungsprozesses durch Übernahme des zentralen Ticketsystems ermöglicht, auch wenn das KVR selbst damit nicht zufrieden ist. Sehr viel Wert wurde von Anfang an auf die Beteiligung und **Qualifizierung** der Mitarbeiterinnen und Mitarbeiter gelegt. So verfügt zum Erhebungszeitpunkt die Hälfte über Basiswissen zum ITIL-Rahmenwerk und wurde gezielt auf die Arbeit im Service Desk und Incident Management vorbereitet. Insbesondere die Basisprozesse weisen nach dem Einführungsprojekt schon eine gute **Prozessreife** auf, die nun in einem kontinuierlichen Veränderungsprozess verbessert werden müsste. Ein systematisches **Projektmanagement** für den Einführungsprozess gab es aufgrund der Ressourcenlage nicht.

Die institutionellen Rahmenbedingungen sind gekennzeichnet durch eine Diskrepanz zwischen der Wahrnehmung der Serviceorientierung auf der Kunden- und der Anbieterseite. Während das IuK-Referat die Umsteuerung bereits vollzogen hat, wird in den Fachabteilungen nach wie vor der aufgabenorientierte individualisierte IT-Support gewünscht. Und dies, obwohl der Service Desk Bestnoten von den Anwenderinnen und Anwendern bekommt. Somit stammt die **Vision** einer Serviceverbesserung aus der IT-Linie und wird nur begrenzt als **Management Commitment** in den Fachabteilungen gelebt. Möglicherweise hat der bewusste Verzicht auf **externen Support** im Einführungsprozess einen Teil dazu beigetragen. Allerdings konnte auf eine Unterstützung im Rahmen des stadtweiten Reorganisationsprojektes MIT-KonkreT zurückgegriffen werden, da der Projektleiter Mitglied des dortigen Planungsteams war. Das Projekt wurde in kurzer **Zeit** initialisiert und mit dem Ziel der Kosteneinsparung gestartet. Daher gab es kaum projektbezogene **Ressourcen**, sondern die Maßnahmen wurden nahezu ausschließlich aus der Linie heraus erbracht. Sehr viel Wert wird auf die **Weiterentwicklung der Mitarbeiterinnen und Mitarbeiter** gelegt. Der Neuaufbau des Service Desk und die Einführung des Incident Management waren begleitet von intensiven Schulungsmaßnahmen. Erste Überlegungen zur leistungsorientierten Bezahlung sind dagegen aufgrund von bürokratischen Hürden zurückgestellt worden. Da bisher im Kreisverwaltungsreferat noch keine Zertifizierung nach ISO-Standards geplant war, gibt es auch keine direkte Anbindung des Projektes an bestehende oder zukünftige **Organisationsentwicklungsmaßnahmen**.

Die IT-Governance im Kreisverwaltungsreferat ist noch relativ gering ausgeprägt. Dies wird sich durch die Neuausrichtung nach MIT-KonkreT in jedem Fall für den zentralen Dienstleister und die Planungen zur Einrichtung von Share Service Center verändern. So ist es noch keine grundlegende Überzeugung innerhalb der Organisation, dass die Implementierung von standardisierten IT-Prozessen zum **IT-Business-Alignment** beiträgt. Dies wird sich im Rahmen der Reorganisation erst langsam aufbauen. Aus **rechtlicher Perspektive** wird schon aufgrund der bestehenden Organisationskultur auf alle Verfahrensregeln geachtet. Dabei kommt der

Informationssicherheit eine wesentliche Rolle zu, was sich auch in der Besetzung einer Stabsstelle niederschlägt. Der Aufbau eines **kontinuierlichen Verbesserungsprozesses** ist eine zentrale Aufgabe des IT-Dienstleisters, um eine stärkere Transparenz über die eigene Leistungsfähigkeit, verbunden mit messbaren Erfolgskriterien, zu ermöglichen. Dies geht einher mit einer Intensivierung der **Kundenorientierung**, die sich auch in einem engen Abstimmungsprozess über notwendige, leistbare und finanzierbare IT-Services niederschlägt.

Kapitel 5
Fallstudie 2: Hessische Zentrale für Datenverarbeitung

5.1 Allgemeine Informationen zur IT-Organisation

5.1.1 Organisationsstruktur

Die Hessische Zentrale für Datenverarbeitung (HZD) ist seit 1970 der zentrale IT-Dienstleister der hessischen Landesverwaltung. An den Standorten Wiesbaden und Hünfeld (Außenstelle) sind rund 800 Mitarbeiterinnen und Mitarbeiter tätig. Die HZD untersteht als Landesbetrieb der Dienstaufsicht des Hessischen Ministeriums der Finanzen.

Die HZD unterteilt sich in die sieben Unterabteilungen Kundenmanagement, Softwarehaus, IT-Betrieb, Planung und Beschaffung, Außenstelle Hünfeld, Zentrale Dienste und Verfahren der Steuerverwaltung, die den Finanzbereich im Anwendungsbereich völlig autark bearbeitet. Diese Aufbauorganisation (siehe Abbildung 5.1) ist die Folge einer großen Umstrukturierung in den Jahren 2005 und 2006, die zum Ziel hatte, eine strikte Trennung zwischen Betrieb und Planung auf der einen Seite und Entwicklung (Softwarehaus) auf der anderen Seite zu schaffen.

Der Fachbereich Betriebszentrale der Abteilung IT-Betrieb ist dabei als Querschnittsbereich angesiedelt. Diesem Bereich kommt auch bei der in den folgenden Kapiteln betrachteten Organisation von ITIL-Prozessen eine wesentliche Rolle zu, da hier der wesentliche Teil des Prozessmanagements erfolgt.

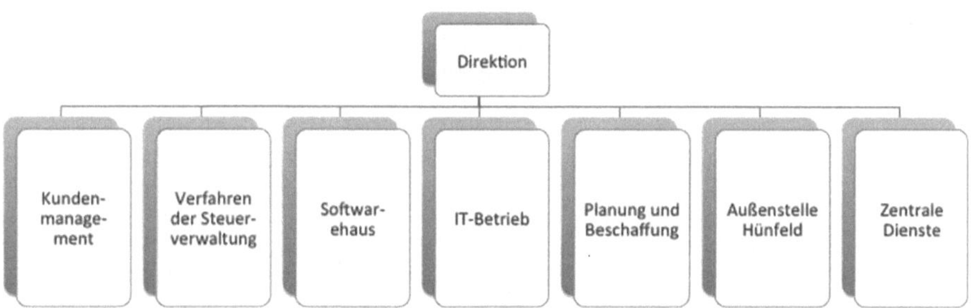

Abb. 5.1 Organigramm der Hessischen Zentrale für Datenverarbeitung (Stand: 1.1.2010)

A. Breiter, A. Fischer, *Implementierung von IT Service-Management*, Xpert.press,
DOI 10.1007/978-3-642-18477-2_5, © Springer-Verlag Berlin Heidelberg 2011

5.1.2 Serviceportfolio

Die HZD versorgt mit ihren Leistungen alle Dienststellen der hessischen Landesverwaltung:

- die Ministerien mit ihren nachgeordneten Dienststellen (die Finanzverwaltung, die Polizei, die Gerichte, die Regierungspräsidien sowie die Landesbetriebe),
- den Landtag,
- die Staatskanzlei sowie
- weitere öffentliche Organisationen (Bundesbehörden, andere Bundesländer, Kommunen, Berufsgenossenschaften).

Die einzelnen Stellen sind gegenüber der HZD nicht abnahmeverpflichtet.

Derzeit werden neun Ministerien und ihre Unterbehörden mit ca. 60.000 unterstützten Büroarbeitsplätzen versorgt. Es werden rund 2.500 Server (zumeist zentral) mit 85 Fachverfahren betrieben (davon 12 aufwandsintensive, die zu einem Jahresumsatz von mehr als einer Million Euro führen). Im Jahr 2009 hat die HZD insgesamt ca. 100.000 Incidents und ca. 25.000 Changes bearbeitet (siehe auch Tabelle 5.1). Im Bereich der Fachverfahren werden in der HZD auch umfangreiche Eigenentwicklungen durchgeführt. Die HZD bietet ihren Kunden somit ein umfangreiches Leistungsportfolio in den folgenden Bereichen:

- IT-Projekte (derzeit werden ca. 45 IT-Projekte betreut),
- Betriebsmanagement, System-, Netz- und Anwendungsbetrieb,
- IT-Hessennetz (LAN und WAN) und Mehrwertdienste (u.a. E-Mail, Internet-Zugang, Firewall, Dateiablage),
- Softwarepflege, Beratung, Betreuung und Schulung,
- IT-Beschaffungen.

Die IT-Beschaffungen des gesamten Landes Hessen werden seit 2005 zentral durch die HZD durchgeführt. In diesem Rahmen werden durch die HZD Vergabeverfahren

Tabelle 5.1 Die HZD in Zahlen (Stand: 31.12.2009)

Die HZD in Zahlen	
Mitarbeiterinnen und Mitarbeiter:	770
SAP-Anwender:	11.000
Polizei-Anwender:	19.000
Schulungsteilnehmer/Jahr:	6.200
Unterstützte Büroarbeitsplätze:	60.000
Server im Rechenzentrum:	2.200
Gedruckte Seiten im Rechenzentrum/Jahr:	100 Mio.
Hessennetz-Anschlüsse von Dienststellen:	1.800
Netzwerkkomponenten im Service:	4.500
Netzwerkanschlüsse (Ports) in LAN und WAN:	200.000
Einwahlverbindungen über VPN:	2.750

für IT-Komponenten und IT-Dienstleistungen durchgeführt und Rahmenverträge abgeschlossen. Kunden werden in Beschaffungsfragen beraten.

Der Jahresgesamtumsatz der HZD beträgt ca. 178 Mio. Euro, wobei anteilig ca. 36 Mio. Euro auf Beschaffungen entfallen.

Da die HZD nur in wenigen Bereichen Full Support anbietet (der Betrieb und Support der dezentralen Clients ist bisher nicht im Dienstleistungsportfolio enthalten), ist die Abgrenzung zwischen dezentralen Einheiten und der HZD besonders wichtig und wird als kontinuierliches Thema bearbeitet. Einige Behörden, Dienststellen etc. nutzen zudem eigene Netzkomponenten, die mit dem von der HZD betriebenem Netz gekoppelt werden müssen. Dies birgt Konfliktpotenzial, da z. B. in Störungsfällen zunächst Verantwortungsbereiche geklärt werden müssen.

Bei der Service-Erbringung erfolgt eine enge Zusammenarbeit mit der Abteilung E-Government und Verwaltungsinformatik des Innenministeriums. Die HZD ist im Bereich E-Government in zahlreichen Großprojekten als technischer Kompetenzträger beteiligt. Im Folgenden werden einige dieser Projekte kurz vorgestellt:

KONSENS: Das Projekt KOordinierte Neue Software-ENtwicklung für die Steuerverwaltung (KONSENS) legt die Grundlagen fest, wie künftig eine bundesweit einheitliche Software zu realisieren ist. Die HZD erarbeitet im Teilprojekt „IT-Service-Management" Lösungen zur Sicherstellung eines länderübergreifenden Supports. Der Fokus liegt auf dem Incident-, Problem- und Release-Management (ausgerichtet nach ITIL v3).

POLAS: Das POLizeiAuskunftsSystem (POLAS) ist ein Computer-Fahndungssystem, das in Hamburg und Hessen entwickelt wurde und dort eingesetzt wird. Auf POLAS basiert zudem das bundesweit eingesetzte System INPOL. Über POLAS/INPOL können Auskünfte aus dem Schengener Informationssystem (SIS) eingeholt sowie Direktanfragen an das Zentrale Verkehrsinformationssystem (ZEVIS) und an das Ausländerzentralregister (AZR) gestellt werden.

HCN: Das Hessen Corporate Network (HCN) ist eine Infrastruktur für die gesamte hessische Landesverwaltung. Es stellt eine zentrale, standardisierte Kommunikationsplattform für die etwa 50.000 PC-Arbeitsplätze des Landes bereit. Wichtige Bausteine dieser Plattform sind das zentrale E-Mail-Verfahren, das Active Directory, ein Meta-Directory, Verfahren zum Single-Sign-On sowie eine Public Key Infrastructure (PKI). Es bildet damit die Grundlage für weitere zentrale Lösungen: Dokumenten-Management-System, Hessenportal und Neue Verwaltungssteuerung. Planung und Umsetzung dieser Infrastruktur erfolgen durch die HZD.

HCC: Im Rahmen der Modernisierung der Landesverwaltung ist die Einführung des kaufmännischen Rechnungswesens und der Kosten- und Leistungsrechnung ein grundlegendes Element. Für operative Aufgaben wurde im Rahmen dieses Programms das „Hessische Competence Center für Neue Verwaltungssteuerung" (HCC) eingerichtet. Für die gesamte hessische Landesverwaltung werden Verwaltungs- und Anwendungsdienstleistungen bei der Einführung und insbesondere beim Betrieb von SAP angeboten. Die

HZD stellt in diesem Bereich die technische Infrastruktur bereit, führt den technischen 2nd und 3rd Level Support durch, sichert den SAP Basisbetrieb und bietet technische Unterstützung und Beratung bei Projekten. Das HCC wurde von SAP im Jahr 2008 als „Customer Center of Expertise" zertifiziert.

5.1.3 IT-Strategie

Grundlage für die strategische Ausrichtung der HZD ist die IT-Strategie des Landes Hessen. Insbesondere der E-Government-Masterplan hat in der HZD eine sehr hohe Bedeutung. In diesem ist die Standardisierung der IT-Landschaft in Hessen als oberstes Ziel verankert. Nach dem Aufbau einheitlicher Infrastrukturdienste soll in den nächsten Jahren mit dem „Hessen-PC" die Standardisierung der dezentral installierten Clients folgen.

Das Ziel der HZD besteht insgesamt darin, standardisierte Service Level anzubieten. Aufgrund der teilweise speziellen Anforderungen aus den unterschiedlichen Kundengruppen ist es jedoch schwierig, landesweit standardisierte Plattformen und Anwendungen zu etablieren.

Aus ökonomischer Sicht sind aufgrund der Situation der öffentlichen Haushalte Konsolidierungen erforderlich, die in den letzten Jahren begonnen wurden und fortgesetzt werden sollen. Neben Effizienzsteigerungen durch Optimierung und Standardisierung der angebotenen Services soll die Organisationsstruktur dahingehend angepasst werden, dass bisher durch Fremdleistungen erbrachte Tätigkeiten zunehmend wieder mit internem Personal abgedeckt werden. Hieraus sind u.a. entsprechende Auswirkungen auf die Bedeutung des IT-Service-Managements zu erwarten.

5.2 Implementierung von Service-Prozessen

5.2.1 Ausgangssituation und Stand der Prozessimplementierung

Bis 1994 war die HZD auf Großrechnerbetrieb ausgelegt. Mit der Einführung von Client-Server-Anwendungen traten vermehrt Störungen auf, die eine fallende Kundenzufriedenheit zur Folge hatten. Es wurde eine Lösung benötigt, die eine schnelle Rückmeldung an den Kunden ermöglichte. Daher wurde eine Annahmestelle für Telefonanrufe eingerichtet, die Anfragen an die einzelnen Bereiche der HZD weitergab. Aus dieser Entwicklung entstand frühzeitig die Notwendigkeit einer Einführung von Service-Prozessen:

Ab 1997 wurden die ersten Schritte zu ITIL unternommen, 1999 wurde das erste Ticketsystem (und damit die erste Version des Prozesses zum Incident Management) eingeführt.

Im Jahr 2000 startete dann die erste große Offensive zur Implementierung von ITIL-konformen Prozessen. Diese offizielle Einführung wurde durch den Bereichsleiter Systembetrieb Server initiiert, mit starker Unterstützung aus der

Management-Ebene. In den Jahren 2000-2002 wurden zwei hoch priorisierte Großaufträge bearbeitet (Erneuerung der gesamten IT für die Hessische Polizei, Aufbau des Technischen Hessen Competence Center THCC während des Roll-out von SAP R/3), wodurch das Roll-out der ITIL-Prozesse verzögert wurde.

Im Jahr 2003 wurde dann mit dem konsequenten Aufbau der Konzepte zum IT-Service-Management begonnen. Hierbei erfolgte eine Orientierung an ITIL V2. Soweit nicht anders genannt, werden in den folgenden Kapiteln Maßnahmen und Aktivitäten seit diesem Zeitpunkt betrachtet.

5.2.2 Vorgehen bei der Prozessimplementierung

Bei der Prozessimplementierung sollte eine HZD-weite Betrachtung mit folgenden Prämissen stattfinden:

- Schaffung eines generischen Prozessmodells,
- jeweils nur ein einheitlicher Prozess für die gesamte HZD,
- Konsolidierung der Prozess-unterstützenden Tools auf einer einheitlichen Plattform.

Mit dem Projekt sollte u.a. folgender Nutzen erzielt werden:

- Schaffung von Synergien bei den Betriebskosten (kein redundanter Erwerb von Know-how für den Betrieb der Plattformen, zentrale Stammdatenpflege für Verfahrensmanagement),
- Synergien in der Prozessintegration (Integration der Prozessobjekte in einem Prozessportal, einheitliches Vokabular).

Ausgangspunkt: Ist-Analyse

Ausgangspunkt der Prozessimplementation war eine umfangreiche Ist-Analyse zu den bisherigen Prozessaktivitäten. Dabei wurde festgestellt, dass 66 % der Incidents aus nicht autorisierten Änderungen entstanden waren und die Veränderungswege insgesamt ineffizient und unzureichend dokumentiert waren. Aufgrund dieser Ergebnisse wurde die Einführung des Change Managements hoch priorisiert.

Die Implementation fand bis zum Erhebungszeitpunkt in folgenden Schritten statt:

- 2004 Einführung des Change Managements als Prozess (schnelle Ausbreitung, Ausbau des Ticketsystems),
- 2005/06 offizielle Einführung des überarbeiteten Prozesses Incident Management,
- Konzeption des Release Managements in 2006, operatives Roll-out seit 2009,
- 2006 Beginn der Arbeiten am Configuration Management, seit 2009 Fortsetzung (in Anlehnung an ITIL V3),

- Seit 2007 Aufbau eines Service Level Managements im Teilbereich E-Government,
- 2007 Pilotierung des Problem Managements (Prozess derzeit in Abstimmung).

Im Jahr 2008 wurde zudem eine Reifegradbestimmung durchgeführt, um den Stand der Prozessimplementation zu bestimmen (s. Abschn. 5.2.5).

Projektorganisation und Implementationsphasen

Die Implementationsphase wurde als Projekt organisiert: Es wurde ein Kernteam gebildet, das mit sechs bis sieben Vertreterinnen und Vertretern aus dem operativen Bereich besetzt wurde. Um die unterschiedlichen Sichten berücksichtigen zu können, die für einen einheitlichen Prozess erforderlich sind, fand die Besetzung mit Mitarbeiterinnen und Mitarbeitern aus den unterschiedlichen Fachabteilungen (Netze, Server, BackUp, etc.) statt. Zur Projektsteuerung wurde zudem ein Lenkungsausschuss etabliert, der mit der Leitungsebene besetzt war. Außerdem wurde die HZD vier Tage in der Woche von einem externen Berater unterstützt (siehe Abbildung 5.2).

Die Erarbeitung der Prozessdefinition erfolgte in einem iterativen Prozess: Entwürfe wurden von Mitarbeiterinnen und Mitarbeitern erarbeitet und in den Kernteams abgestimmt (ca. zehn Iterationen in sechs Monaten). Als Ergebnis lag ein beschriebener und abgestimmter Prozess vor. Hierin wurden in der ersten Version explizit auch Folgen berücksichtigt, die sich an den Schnittstellen zu noch nicht definierten Prozessen ergeben, sodass ein „funktionierender Gesamtprozess" definiert

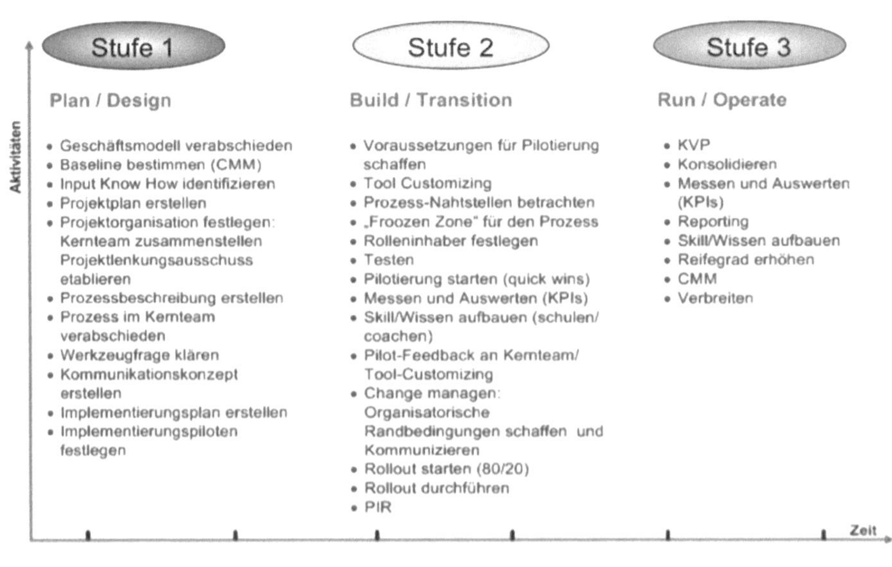

Abb. 5.2 Phasenmodell der ITSM Consulting zur Prozessimplementation (Quelle: HZD)

wurde (z. B. wurde im Change Management das noch fehlende Release Management derart berücksichtigt, dass Teilaktivitäten und einige Rollen zunächst integriert waren). Parallel wurden notwendige Tool-Erweiterungen durchgeführt.

Nach vollständiger Definition wurde der Prozess zunächst in einigen Fachbereichen pilotiert. Die Erfahrungen aus der Pilotierungsphase wurden vom Kernteam gebündelt. Es wurden Verbesserungen abgeleitet, Prozess und Tool wurden entsprechend angepasst. Auf Basis des überarbeiteten Prozesses fanden das HZD-weite Roll-out und ein Übergang in den Produktivbetrieb statt. Der Prozess wurde damit verbindlich verabschiedet und erhielt den Status einer Dienstanweisung.

Dieses Vorgehen wurde in einem Vorgehensmodell mit drei Phasen festgeschrieben, das Basis für alle weiteren Prozessimplementationen ist.

Schulungen

Zu Beginn des Projekts war das Prozessverständnis in der Organisation noch gering ausgeprägt. Um dieses aufzubauen, wurden ITIL Foundation v2 und v3 Schulungen für ca. 300 Mitarbeiterinnen und Mitarbeiter durchgeführt. Damit wurde bei den Mitarbeiterinnen und Mitarbeitern die Voraussetzung für eine Beteiligung an der Prozessimplementierung geschaffen und gleichzeitig die Motivation zur aktiven Mitarbeit erhöht. Zusätzlich wurden die Prozessmanager und weitere Schlüsselfiguren im Management zu Service Managern bzw. ITIL Experts ausgebildet, um insbesondere bei den Entscheidungsträgern ein entsprechendes Bewusstsein zu schaffen.

In den Pilotierungs- und Einführungsphasen wurden jeweils für alle Mitarbeiterinnen und Mitarbeiter verpflichtende Einführungsworkshop durchgeführt, in denen das Tool und die definierten Prozesse vorgestellt wurden. Zudem gab es spezielle Prozessschulungen für die verschiedenen beteiligten Rollen.

5.2.3 Information und Dokumentation der Prozessimplementierung

Alle in der HZD vorhandenen Informationen und Dokumentationen von genehmigten Prozessen werden den Mitarbeiterinnen und Mitarbeitern der HZD über ein Prozessportal zur Verfügung gestellt. Dort stehen u.a. folgende Informationen bereit:

- Verbindliche Vorgaben,
- Prozesshandbücher (modellierter Prozess mit Zielen und Rollenbeschreibungen),
- weitere Hilfsdokumente (z. B. Betriebshandbuch, Toolanleitung, Matrix von Auswirkungen von Changes, Priorität von Störungen, Releasekonventionen etc.).

Das Prozessportal soll kontinuierlich ausgebaut und zur zentralen Informationsquelle werden. Um dieses Ziel zu erreichen, sind weitere interne „Marketingmaßnahmen“ erforderlich.

Die Modellierung der Prozesse erfolgte im ARIS-Toolkit. Hierin sollen zukünftig alle Prozesse modelliert und beschrieben werden, wodurch Aktualisierungen und die Darstellung von Prozessschnittstellen vereinfacht werden.

Neben der Informationsfunktion erfüllt die Prozessbeschreibung eine Weisungsfunktion, da sie als Dienstanweisung dient. Lediglich beim Incident und beim Change Management wurden noch zusätzliche Dienstanweisungen erstellt, die auf die Prozesshandbücher verweisen und diese damit verbindlich in Kraft setzen.

Die durch die Prozesse entstehenden Dokumentationen (z. B. Ticketsystem) werden von vielen Mitarbeiterinnen und Mitarbeitern positiv bewertet. Zum einen sind diese eine effektive Unterstützung der internen Abläufe, zum anderen werden sie als hilfreich für die Kommunikation mit den Kunden gesehen, da der Dienstleistungsumfang klar beschrieben und durchgeführte Tätigkeiten nachvollziehbar dokumentiert sind.

5.2.4 Personal

Die Personalentwicklung nimmt in der HZD einen hohen Stellenwert ein. In diesem Rahmen werden den Mitarbeiterinnen und Mitarbeitern unter anderem auch umfangreiche Schulungen angeboten (z. B. die ITIL-Schulungsoffensive).

Die Rekrutierung von Fachpersonal ist für die HZD unterschiedlich schwierig und sehr stark von der allgemeinen wirtschaftlichen Lage abhängig: In wirtschaftlich schlechteren Zeiten steigt die Attraktivität der HZD als sicherer Arbeitgeber, während in Konjunkturhochphasen vielfach die Privatwirtschaft bevorzugt wird und die Rekrutierung schwieriger wird. Um diese Abhängigkeit von externen Faktoren zu verringern, bildet die HZD selbst aus (z. B. Fachinformatiker) und bietet seit 1994 ein Traineeprogramm für Hochschulabsolventinnen und Hochschulabsolventen an, da insbesondere die Rekrutierung von Personal für die Leitungsebene in der Vergangenheit Schwierigkeiten bereitet hatte.

Ressourcen für die ITIL-Implementation

Für die operativen Prozessaktivitäten wurden keine expliziten zusätzlichen Ressourcen bereitgestellt (Ausnahme: zentrale Prozessmanager). Es wurde bei der Prozesseinführung daher besonders auf die Herausstellung der Vorteile struktureller Prozesse fokussiert. Den Mitarbeiterinnen und Mitarbeitern wurde verdeutlicht, dass ein Großteil der Prozessaktivitäten bereits auf uneinheitlich strukturierte Weise ausgeführt wird und die Einführung neuer Strukturen daher mittelfristig zu einer Effizienzsteigerung und nicht zu Mehrarbeit führt.

Die Verteilung von Rollen auf Mitarbeiterinnen und Mitarbeiter in den Abteilungen war mit diesem Konzept bisher einfach möglich. Probleme durch zusätzliche Aufgabenzuweisungen (insb. in Hinblick auf Stellenbeschreibungen und tarifliche Eingruppierungen) sind bisher nicht entstanden. Vorteilhaft wird hierbei die im Durchschnitt relativ hohe Eingruppierung der Mitarbeiterinnen und Mitarbeiter in der HZD gesehen.

Rollenbesetzung:

Die Prozessrollen wurden nach folgenden Grundsätzen definiert und besetzt:

- Prozess-Eigentümer (Prozess-Owner): Verantwortlich für je einen ITSM-Hauptprozess, auf Leitungsebene angesiedelt.
- Zentrale Prozessmanager: verantwortlich für Prozessentwicklung und -steuerung, operativer Eingriff bei hoch priorisierten Vorfällen oder bei Eskalation der lokalen Prozessmanager. Die zentralen Prozessmanager sind in der Querschnittsabteilung IT-Betrieb im Fachbereich Betriebszentrale angesiedelt.
- Lokale Prozessmanager: verantwortlich für die operativen Abläufe innerhalb ihres Fachbereichs (besitzen fachspezifische Kompetenz), Unterstützung der zentralen Prozessmanager. Je Prozess wurden mehrere lokale Prozessmanager bestimmt, die direkt in den Fachbereichen sitzen.

Ergänzt werden die beschriebenen Rollen um prozessspezifische Rollen. Diese Aufteilung hat sich in der HZD etabliert und funktioniert gut.

Die Definition von Verantwortlichkeiten erfolgt in den Prozesshandbüchern durch Rollenzuordnungen. Hierfür wird ein angepasstes RACI-Modell für die Darstellung der Verantwortlichkeiten mit folgenden Attributen verwendet: verantwortlich, zu informieren, abstimmen mit, unterstützt, beauftragt (im Original: (Responsible, Accountable, Consulted, Informed, siehe OGC, 2007d).

Die lokalen Prozessmanager haben keine direkte Weisungsbefugnis. Bei Konflikten (z. B. bzgl. der Priorisierung von Tätigkeiten im Prozess) ist eine Eskalation über den zentralen Prozessmanager in die Abteilungen (zum Abteilungsleiter) erforderlich.

Zum Erhebungszeitpunkt waren lokale Prozessmanager für die Prozesse Incident Management (80 % VZÄ) und Change Management (ca. 60 % VZÄ) definiert. In anderen Prozessen bestand noch kein Bedarf, da diese noch nicht flächendeckend ausgerollt waren.

5.2.5 Qualitätsmanagement und kontinuierlicher Verbesserungsprozess

Die HZD hat ein Qualitätsmanagementsystem implementiert, das seit 1996 ISO 9000/9001 zertifiziert ist (siehe Abbildung 5.3). Im Rahmen dieses Systems sind in der HZD zwei Gremien etabliert:

- Kernteam (besetzt mit Qualitätsbeauftragten der sieben Abteilungen),
- Auditorenteam (besetzt mit 13 Auditoren und dem zentralen Audit-Beauftragten).

Im Rahmen des Qualitätsmanagements werden verschiedene Kernaktivitäten regelmäßig durchgeführt: Einmal jährlich werden durch den TÜV externe ISO

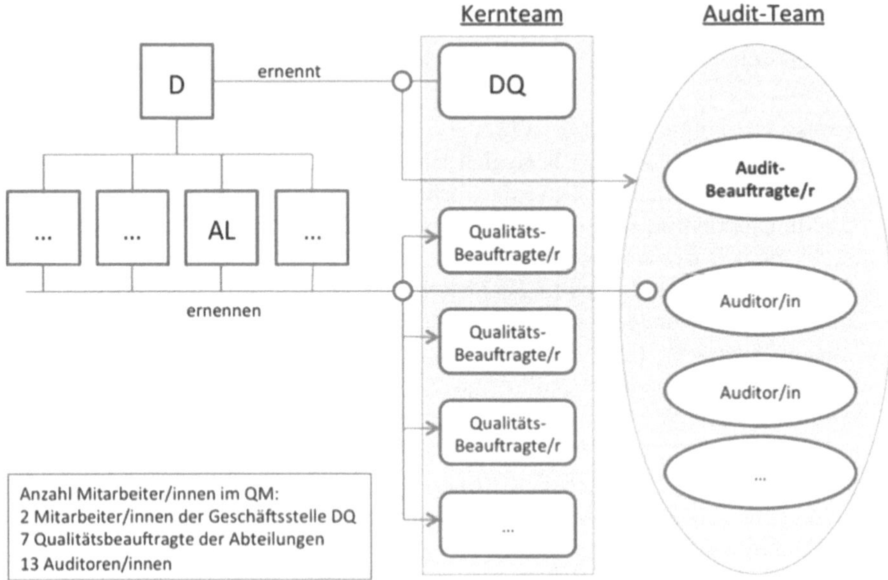

Abb. 5.3 Organisation des Qualitätsmanagement in der HZD (eigene Darstellung)

9000-Überwachungsaudits durchgeführt. Zusätzlich werden durch das Audit-Team jährlich ca. 20-30 interne Audits durchgeführt. Basis hierfür ist der zu Jahresbeginn erstellte Auditplan. Die Schwerpunktthemen der Audits werden zum Teil durch die Abteilungsleitungen und Fachbereiche vorgeschlagen, zum anderen werden die Ergebnisse vorheriger Audits berücksichtigt. Der Auditplan wird durch die Leitungsebene der HZD verabschiedet. Neben diesem etablierten Verfahren wird zurzeit ein weiteres Verfahren zur Durchführung der Audits getestet, das eher auf die Anforderungen aus einem speziellen Fachbereich (z. B. Entwicklung) abgestimmt ist. Hier werden die Schwerpunkte der Audits quartalsweise festgelegt. Die Auditoren (zusätzliche Tätigkeit geschulter Mitarbeiter) führen die Audits anhand von intern erstellten Checklisten durch.

Ergänzend zu den geplanten können ad hoc Audits durchgeführt werden, wenn die Notwendigkeit hierfür aus bestimmten Prozessbereichen bzw. besonderen Vorfällen sichtbar wird.

Die Ergebnisse der Audits werden protokolliert und hieraus Maßnahmen mit Erfüllungszeitpunkt abgeleitet. Eine Verbindlichkeit für die Umsetzung wird durch Unterzeichnung durch die am Audit beteiligten Mitarbeiterinnen und Mitarbeiter unterstrichen. Durch das Kernteam wird ein Jahresbericht erstellt, der die Maßnahmen und Ergebnisse eines Jahres zusammenfasst. Aufgeführt werden in diesem Bericht u.a. die KPI Termintreue (Audits, Maßnahmen) und Maßnahmenumsetzung (erfolgreiche Umsetzung, verschoben, gestrichen etc.). Die Anwenderzufriedenheit wird alle vier Jahre unternehmensübergreifend durch repräsentative Umfragen evaluiert.

Eine Zertifizierung der Prozesse nach ISO 20000 wird zurzeit nicht angestrebt.

Kontinuierliche Verbesserung der ITIL-Prozesse

Für die ITIL-Prozesse ist ein separater Verbesserungsprozess etabliert, der durch den Fachbereich Betriebsmanagement der Abteilung IT-Betrieb verantwortet wird. Die Durchführung selbst obliegt den zentralen Prozessmanagern. Die Steuerung erfolgt auf Basis von Prozess-KPI (nicht durchgelaufene Changes, Incidents etc.), deren Zielwerte mit dem zentralen Prozessmanagement jährlich neu definiert und überprüft werden.

Im Rahmen des Change-Managements (s. Abschn. 5.3.3) werden zudem Post Implementation Reviews (PIR) durchgeführt, aus denen ebenfalls konkrete Verbesserungsmaßnahmen abgeleitet werden. Eine Überprüfung der Umsetzung von dort identifizierten Verbesserungsmaßnahmen erfolgt wiederum im Rahmen des allgemeinen Verbesserungsprozesses.

Um die Erfahrungen der lokalen Prozessmanager aufzunehmen, finden regelmäßige Treffen zum Austausch statt, bei denen insbesondere Tool-Änderungen diskutiert werden. Änderungen am Prozess werden durch die zentralen Prozessmanager initiiert.

Messung der Prozessreife

Vor der geplanten Fortsetzung der ITIL-Implementierung sollte der Status Quo der Prozesse bestimmt werden. Hierzu wurde 2008 eine extern unterstützte Reifegraduntersuchung der ITIL-Kernprozesse durchgeführt. Die Untersuchung erfolgt anhand eines proprietären Modells, das durch einen externen Dienstleister auf Basis von CMMI (Capability Maturity Model Integration) entwickelt wurde.

Die Ergebnisse der Reifegradbestimmung entsprachen aus Sicht der Prozessmanager der internen Bewertung, in einigen Prozessen ist die Bewertung positiver als erwartet ausgefallen. Wie in anderen betrachteten Fallstudien auch werden hierbei der Einfluss individueller Sichtweisen und die schwere Vergleichbarkeit von Reifegradmessungen deutlich. Für zukünftige Untersuchungen bestehen Überlegungen, interne Reifegrad-Assessments durchzuführen.

5.3 Umsetzungsstand der ITIL-Prozesse

5.3.1 Übersicht zum Stand der Prozessimplementierung

Zum Erhebungszeitpunkt sind Prozesse nach ITIL V2 in der HZD in Teilen implementiert:

- die Prozesse Incident Management und Change Management sind vollständig umgesetzt und HZD-weit verbindlich in Kraft gesetzt (Verabschiedung durch Gremien auf Leitungsebene, Veröffentlichung im Intranet),
- das Release Management ist im Aufbau,
- der Prozess zum Problem Management ist vollständig definiert und dokumentiert, aber noch nicht produktiv (Verabschiedung steht aus),

- das Configuration Management befindet sich im Projektstadium,
- das Security Management beschränkt sich auf die Tätigkeiten des Sicherheitsbeauftragten der HZD,
- das Service Level Management ist im Kundenmanagement der HZD im Aufbau.

Eine Definition der Prozesse zum Availability und Capacity Management wurde bisher nicht begonnen, da diese Aufgaben zum größten Teil noch dezentral (ohne zentrale Steuerung) erbracht werden.

5.3.2 Service Desk und Incident Management

Im Rahmen des Betriebs von Verfahren bietet die HZD einen zentralen Service Desk, der qualifizierter Anlaufpunkt für alle Störungsmeldungen, Anfragen und Aufgaben von Service-Requests ist. Kontakt ist per Telefon, E-Mail und Fax möglich. Die Servicezeiten des Service Desk sind von Montag bis Freitag von 7:00 bis 19:00 Uhr. Um im Bereich Netzsupport der Polizei Servicezeiten 24/7 anbieten zu können, wurde ein externer Dienstleister beauftragt, die Call-Annahme von 19:00 bis 7:00 Uhr sowie an Wochenenden und Feiertagen und den First-Level-Support zu übernehmen. Die HZD übernimmt die Call-Annahme zu den Servicezeiten und den Second-Level-Support. Die Aufträge an die externen Dienstleister werden von der HZD regelmäßig neu ausgeschrieben.

Das Leistungsspektrum am Service Desk ist in Abhängigkeit der betroffenen Fachverfahren bzw. Anfragen unterschiedlich. Die Unterstützung lässt sich grob wie folgt kategorisieren:

- Anwenderinnen und Anwender von Arbeitsplatz-PCs, die von der HZD vollständig supportet werden, kontaktieren den Service Desk als 1st Level.
- Einige Dienststellen oder Ministerien haben eine eigene Vor-Ort-Servicestruktur, die den 1st Level für Anwenderinnen und Anwender darstellen und Full Support dafür anbieten.
- Für die landesweite Lehrer- und Schülerdatenbank (LUSD) mit sehr hohen Anwenderzahlen wird direkt inhaltlicher Support angeboten.
- Anfragen und Beratung im Rahmen der elektronischen Vergabefahren (Kontakt durch Unternehmen aus der Privatwirtschaft) werden aufgenommen und weitergeleitet.
- Auskünfte zu allgemeinen HZD-Themen (Medienberichte, Ansprechpartner etc., Telefonzentrale) werden ebenfalls vom Service Desk („i-Punkt") bereit gestellt; Kontakt ist hier durch die allgemeine Öffentlichkeit sowie von Mitarbeiterinnen und Mitarbeitern (bei Fragen zu internen Themen) möglich.

Tool und Ticketüberwachung

Alle Anfragen werden als Ticket im Ticketsystem (auf Basis von *Remedy*) dokumentiert. Die Rolle des Ticket Owners ist in der HZD nicht explizit definiert, es hat sich aber ein Verständnis etabliert, bei dem ein Ticket immer der Erstellerin oder dem Ersteller gehört, der auch der Einzige sein sollte, der es schließen bzw. den Auftrag zum Schließen geben darf.

Bei Tätigkeiten durch Vor-Ort-Supporter erfolgt (in den meisten Fällen) ebenfalls eine Erfassung im TTS. Fachgruppen (im 2nd Level) werden durch den Service Desk unterstützt, indem z. B. der Anwenderkontakt bei Sammeltickets übernommen wird.

Eine (funktionale) Eskalation ist direkt durch die Fachbereiche möglich (keine Steuerung über den Service Desk erforderlich). Bei wiederholter falscher Zuordnung („Ticket Ping-Pong") erfolgt eine Eskalation an die Call-Koordination.

Eine Priorisierung der Störungen findet entsprechend der Reichweite der Störung statt (Anzahl betroffener Anwenderinnen und Anwender sowie Behörden, Workaround bekannt oder nicht). Zur Bewertung wurden entsprechende Checklisten im Ticketsystem hinterlegt.

Organisation des Service Desk und Wissensmanagement

Eine Besonderheit im Rahmen der Fallstudien stellt die Organisation des Service Desks dar: Der Service Desk wird vollständig von einem externen Dienstleister betrieben (Standort außerhalb Wiesbadens) und ist im operativen Bereich ausschließlich mit externen Mitarbeiterinnen und Mitarbeitern besetzt. Die Koordination erfolgt durch die HZD. Aufgrund dieser Organisationsform sind gute Dokumentation und ein effektives Wissensmanagement Voraussetzung für eine effektive Arbeit des Service Desks.

Eine Wissensdatenbank ist derzeit auf Basis eines neuen Systems im Aufbau. Durch den Aufbau und die Funktionen, die in die Datenbank integriert sind (z. B. Ranking von Schlagwörtern pro Lösung, Vorschlagsystem bei Schreibfehlern), soll es möglich sein, relevante Daten möglichst schnell zu finden und eine konsistente Datenbasis aufzubauen. Perspektivisch soll die gesamte HZD über eigene Mandanten auf diese Datenbank zugreifen können. In die Wissensdatenbank ist eine Schnittstelle zu *Remedy* integriert. Außerdem soll eine Schnittstelle vom Ticketsystem zur Wissensdatenbank entwickelt werden, bei der grundlegende Daten (z. B. Kunde) voreingestellt werden. Eine Pilotierung fand zum Erhebungszeitpunkt für das Fachverfahren LUSD und den Bereich Netzwerk statt.

Die Erstellung und Pflege der Inhalte der Wissensdatenbank erfolgen durch die jeweiligen Fachteams mit eigens eingerichteten Redaktionsgruppen. Die Inhalte werden mit Kunden und dem Ministerium abgestimmt (im Falle von LUSD ist dies aufgrund der sehr großen Nutzergruppe relevant). Eine zusätzliche Prüfung und Freigabe soll künftig durch eine ebenfalls zu gründende Prüfungsgruppe erfolgen. Eine wesentliche Qualitätsinstanz stellt der Service Desk selbst dar: Die Mitarbeiterinnen und Mitarbeiter bewerten, ob die Inhalte hilfreich und verständlich sind und setzen für alle Einträge den Status (Annahme, Ablehnung, Wiedervorlage).

Aus eigener Sicht hat die HZD bisher gute Erfahrungen mit diesem Organisationsmodell zum Service Desk gemacht.

Steuerung und Reporting

Für das Incident Management ist ein KPI-basiertes Reporting implementiert, das monatlich der HZD-Leitung berichtet. Es wurden zwar noch keine Wiederherstellungszeiten etc. im Rahmen von SLA vereinbart, jedoch erfolgt im Rahmen des Reportings eine Analyse, um z. B. Trends frühzeitig zu erkennen. Wesentliche Messgrößen sind hierbei:

- Anzahl von durch Anwenderinnen und Anwender abgelehnten Lösungen
- Reaktionszeiten (Cluster nach Prioritäten: A: 1 Stunde, B: 2 Stunden, C: 4 Stunden, D: 8 Stunden, Z: ohne Zeit)

Diese Kennzahlen werden für die interne Steuerung noch weiter differenziert.

5.3.3 Change Management

In der HZD wurde der Prozess zum Change Management als einer der ersten ITIL-Prozesse implementiert, da, wie oben beschrieben, aus der Ist-Analyse deutlich wurde, dass aufgrund der komplexen Infrastruktur sehr viele Changes durchgeführt werden und in diesem Bereich entsprechender Optimierungsbedarf bestand. Mit Blick auf die jährlich bei der HZD anfallenden Änderungen wird das Potenzial des Change Managements deutlich:

- 25.000 Changes im Jahr
- durchschnittlich acht Implementierungsschritte pro Change
- ca. 200.000 Veränderungen an der IT-Infrastruktur

Für den Change-Prozess wurden die Teilprozesse gemäß ITIL implementiert (OGC, 1999): Change erfassen und klassifizieren, Change bewerten und freigeben, Change bei Bedarf eskalieren, Change implementieren, Test und Abnahme und Change abschließen. Da zum Zeitpunkt der Prozessimplementation das Release Management noch nicht definiert war, werden teilweise Aktivitäten abgedeckt, die originär dem Release Management zuzuordnen sind. Der Prozess ist daher insgesamt sehr umfangreich und die Aktivitäten fein granuliert abgebildet (bis zur Ebene einzelner Arbeitsschritte, die im Tool erfasst werden).

Rollenmodell

Im Change Management wurden folgende prozessspezifische Rollen definiert:

- Change Requestor: Erstellt den Request for Change (RfC)
- Lokaler Change Manager: Plant die Durchführung und gibt den Change frei
- Change Builder: Setzt den Change um
- Change Approver: Prüft und testet die Änderung(en)

Prozessaktivitäten

Im Change Management werden abteilungsübergreifend alle (intern) geplanten Änderungen und sämtliche Kundenanforderungen als RfC erfasst. Da noch kein einheitlicher Eingangskanal etabliert wurde, kann die Erfassung an vielen unterschiedlichen Stellen innerhalb oder außerhalb der HZD erfolgen (z. B. direkt vom Kunden an Betriebsgruppen oder gesteuert über das Kundenmanagement). Es ist so sichergestellt, dass alle Anforderungen (unabhängig von der Genehmigung oder Umsetzung) vollständig erfasst werden, durch die RfCs wurde eine „zentrale Bündelung" erreicht. Die Klassifikation erfolgt durch den lokalen Change Manager. Die Beurteilung des Changes erfolgt nach Typ, Risikobewertung und Dringlichkeit (vgl. Tabelle 5.2).

Um die aufkommenden Changes in diese Bereiche einteilen zu können, hat die HZD Bewertungsschemata für die Auswirkungen und die Dringlichkeit von Changes definiert.

Das Risiko wird in vier Kategorien eingeteilt (Kategorie 0: Standardänderungen bis Kategorie 3: größere Auswirkungen/Risiko). Die Bewertung erfolgt anhand einer Matrix (siehe Tabelle 5.2), in der Eigenschaften des Change (z. B. Vorgehen) durch zuvor festgelegte Ausprägungen (z. B. Aufzeichnungen ähnlicher Aufgaben vorhanden) beurteilt werden. Anhand eines hinterlegten Punkteschemas erfolgt die Festlegung der Risikokategorie.

Tabelle 5.2 Typen von Changes bei der HZD (Quelle: HZD)

Change-Typ	Beschreibung	Genehmigung
Normal Change	Normalfall	keine Genehmigung durch den zentralen Change Manager oder das CAB erforderlich (Ausnahme: hohes Risiko oder hohe Priorität)
Security Change	Erforderlich für Änderungen, die nur einem bestimmten Anwenderkreis zugänglich gemacht werden sollen	Analog normal Change
Notfall Change	Sofortige Freigabe und Bearbeitung, Dokumentation der anderen Phasen im Nachhinein	Zentraler Change Manager
Standard Change	Standard-Änderungen, häufiges Auftreten, geringes Risiko, einen Fachbereich betreffen definierte Auswirkungen (z. B. Arbeitsplatz PC installieren), muss zuvor einmal als Normal Change durchgeführt worden sein. *Basis für als Template abgebildete „Muster Changes"*	Keine Freigabe erforderlich (vorautorisiert durch lokalen und zentralen Change Manager)
Service Request	keine RfCs, sondern standardisierte Tätigkeiten mit minimalem Risiko. Zur Durchführung wird kein Fachpersonal benötigt.	Keine Genehmigung erforderlich

Für die Einschätzung der Dringlichkeit sind vier Stufen definiert (Priorität 0: normale Änderung bis Priorität 3: Notfall-Änderung). Ausschlaggebend für die Einordnung ist dabei, ob Service Level gefährdet, Geschäftsprozesse beeinträchtigt und wie viele Anwenderinnen und Anwender in welchem Maße betroffen sind.

Die Freigabe erfolgt in Abhängigkeit von Dringlichkeit und Auswirkung durch den lokalen Change Manager (in Abstimmung mit den betroffenen Organisationseinheiten), durch den zentralen Change Manager oder durch das Change Advisory Board (CAB) bzw. die Geschäftsleitung (siehe Abbildung 5.4).

Die Umsetzung wird durch den Change Builder gesteuert. Nach Umsetzung werden technische Tests durch den Change Approver durchgeführt. Bei erfolgreicher fachlicher und technischer Abnahme wird der RfC durch den lokalen bzw. zentralen Change Manager geschlossen.

Für bestimmte Klassen von Changes wird ein Post Implementation Review (PIR) durchgeführt:

- fehlgeschlagene Changes (bzw. eingeschränkt erfolgreiche),
- Notfallchanges (erhöhte Fehlerquote; Anzahl der Notfälle soll gesenkt werden),
- nach PIR-Antrag (kann durch jeden Change-Beteiligten beantragt werden).

PIRs werden für ca. ein Prozent aller Changes durchgeführt. Im Falle eines PIRs erfolgt der Abschluss des RfCs durch den zentralen Change Manager.

Eigenschaft	1	2	4	8
Vorgehen	dokumentierte und geprüfte Standardprozedur	Aufzeichnungen ähnlicher Aufgaben vorhanden	wenig/ keine Aufzeichnungen vorhanden	neues Verfahren
Testmöglichkeiten	Entwicklung-, Test- und Abnahmeumgebung	Abnahme und Testumgebung	Abnahmeumgebung	nur in der Produktionsumgebung
Impact auf die Serviceleistung	Service wird nicht beeinträchtigt	Service wird beeinträchtigt	Service wird unterbrochen	keine Rückfallmöglichkeit
Ausweich- oder Fallbackverfahren	Service wird nicht beeinträchtigt	Service wird beeinträchtigt	innerhalb des definierten SLA	außerhalb des SLA
Involvierte unterschiedliche OEs	1	2	3	> 3
Ressourcenbedarf (Personentage, Budget)	Gering	mittel	groß	nicht planbar
Schwierigkeitsgrad der Aufgabe	einfache routinemäßige Aufgabe	komplexere Routineaufgabe	komplexe und anspruchsvolle Aufgabe	sehr komplexe Aufgabe
Erfahrung bei den Mitarbeitern	regelmäßige Routineaufgabe, Ausbildung nachgewiesen	regelmäßige Aufgabe	teilweise wiederkehrende Aufgabe	einmalige Aufgabe
Erfolgsrate bisheriger gleicher Changes	> 95 %	> 65 %	< 66 %	nicht nachweisbar

Beispiel: 2 + 2 + 2 + 2 + 4 + 4 + 2 + 8 + 8 = 34 → Kategorie 2

Abb. 5.4 Risikobewertung für RfCs (Quelle: HZD)

Der Change-Prozess ist vollständig im Ticketsystem abgebildet. Durch ein umfangreiches Customizing wurden zahlreiche Hilfsmittel zur Unterstützung der operativen Arbeit abgebildet (Checklisten, Tabellen, Abläufe, Templates etc.). In der HZD sind für bestimmte Changes Aktivitäten sehr kleinteilig hinterlegt. Zur effektiven Steuerung ist eine Bündelung von verschiedenen kleineren Vorgänge (z. B. Bestellung Storage on Demand) zu einem großen „Gesamt-RfC " (z. B. Beantragung Server) möglich. Für (wiederkehrende) Standard Changes werden im Tool Templates (Muster Change) mit vordefinierten Workflows und Aktivitäten (durchschnittlich acht Implementierungsschritte pro Change) hinterlegt. Ca. 85 % aller Changes werden auf dieser Basis durchgeführt.

Kontinuierlicher Verbesserungsprozess und Reporting

Das Reporting auf Basis von KPI und die kontinuierliche Verbesserung des Prozesses erfolgen in Verantwortung des zentralen Change Managers. Als eine Maßnahme zählt die Durchführung von Post Implementation Reviews (PIRs). Zudem wurden für das Change Management vier kritische Erfolgsfaktoren identifiziert. Zur Messung dieser Faktoren wurden KPI definiert, die regelmäßig an das Management berichtet und für den Verbesserungsprozess verwendet werden (siehe Abbildung 5.5).

Zurzeit wird versucht, weitere Teilprozesse (z. B. die Anforderungsanalyse) in das Change Management zu integrieren, um in diesem Bereich Transparenz zu schaffen und den gesamten Vorgang über das Change Management steuern zu können.

5.3.4 Release Management

Die Implementation des Prozesses zum Release Management wurde nach dem Change Management begonnen und ist derzeit im Aufbau. Die einzelnen Prozessaktivitäten sind in den Abteilungen der HZD unterschiedlich weit implementiert. Im Jahr 2010 ist ein Master Release Management für die großen, flächendeckenden Änderungen an Hardware und Software verabschiedet worden.

Die Steuerung von Releases erfolgt daher bisher zu großen Teilen durch das Change Management, dessen Aktivitäten sehr weit gefasst sind und zu Teilen in das Release Management hineinreichen. Grundsätzlich wird in der HZD kein Release ohne einen Change durchgeführt, Bewertung und Freigabe erfolgen entsprechend durch das Change Management. Ausnahme sind Standard-Releases (z. B. Sicherheitspatches), die ohne Kontrolle des Change Managements durchgeführt werden.

Die Abbildung von Releases soll ebenfalls vollständig im Ticketsystem erfolgen; dies ist derzeit noch nicht für alle Releases der Fall. Zurzeit werden alle Releases in der Abteilung Softwarehaus aufgelistet und zentral über den *MOSS* (*Microsoft Sharepoint Server*) zur Verfügung gestellt.

Change Management / Release Management

Report für zentralen Prozessmanager

Auswertungszeitraum:	Von: 1.1.2008 00:00:00	Bis: 1.1.2009 00:00:00
Gruppe(n):	Alle	
Klasse:	Alle Klassen	
Objekte:	Alle Objekte, bei welchen die Gruppe(n) an der Dürchführung beteiligt ist/sind	

Statusübergänge im Auswertungszeitraum

Erfasst:	24.526
Zurückgezogen:	2.378
In Planung:	73
Geplant:	2
Geöffnet:	22.853
Abgelehnt:	117
Freigegeben:	22.079
Abgebrochen:	776
Implementiert:	21.229
PIR (geplant):	120
Geschlossen:	22.098

Rückweisung von im Auswertungszeitraum **geöffneten** Objekten

Rückweisung während der Ressourcenplanung:	364 Objekte
Rückweisung während der Freigabe:	5 Objekte

Im Auswertungszeitraum durchgeführte **PIRs**

Durchgeführte PIRs: 121

Erfüllungsgrad im Auswertungszeitraum in [%]

Erfüllungsgrad: 72,91

Abb. 5.5 KPI-Reporting im Change Management (Quelle: HZD)

Als Grundlage für einen einheitlichen Release-Prozess wurden zunächst allgemeine Release-Konventionen vereinbart, die für alle (insbesondere neue) Verfahren und Projekte Gültigkeit haben. Sie werden aufgrund von verfahrensübergreifenden Vorlagen und Mustern, die der zentrale Release Manager festlegt, zwischen den Bereichen Entwicklung, Planung, Betrieb und dem Kunden abgestimmt und zu verfahrens- bzw. projektspezifischen Release-Konventionen weiterentwickelt.

Im nächsten Implementationsschritt liegt der Fokus der Weiterentwicklung auf der Schnittstelle zwischen Change, Release und Project Management, um die Überführung von Projekten (Entwicklung) in den Betrieb zu verbessern. Im Rahmen dieses Prozesses soll, wenn ein Projekt beginnt, auf Grundlage eines Templates ein Master Change eröffnet werden, der den Überbau für alle Vorgänge (Changes,

Releases, Tickets) in diesem Projekt bildet. Die Steuerung (Freigabe, Abschluss etc.) erfolgt in Verantwortung des Change Managements, sodass eine zentrale Steuerung sichergestellt werden kann. Ein Großteil der Releases entsteht jedoch aus dem Bereich der Software-Entwicklung, der daher besonders im Fokus steht. Von dortiger Seite werden Projekte zunehmend nach einheitlichem Standard durchgeführt (auf Basis des Rahmenmodells PRINCE2, vgl. Ebel, 2007), sodass die Abstimmung mit Change und Release Management unterstützt wird (siehe Abbildung 5.6).

Ein weiterer Arbeitsschwerpunkt liegt auf der Entwicklung eines übergreifenden Testmanagements mit einheitlichen Teststrategien.

Eventuelle Beschaffungsvorhaben werden im Release Management als Phase innerhalb des Releases berücksichtigt, jedoch nicht von dort gesteuert. Sofern Releases vertragliche Vereinbarungen betreffen, werden diese durch den „Betriebs-TÜV" überprüft.

Rollenmodell

Im Release Management wurden folgende prozessspezifische Rollen definiert:

- Ressourcenplaner (nur für große Fachgruppen)
- Release Builder: Entgegennehmen und Prüfen der Releases, Paketieren, Infrastruktur/Testsystem bereitstellen/anpassen, Back-out-Verfahren erstellen
- Release Tester: Durchführung und Abnahme fachlicher und funktionaler und technischer Tests
- Roll-out-Manager: Zuständig für Roll-out-Planung und Steuerung des Roll-outs

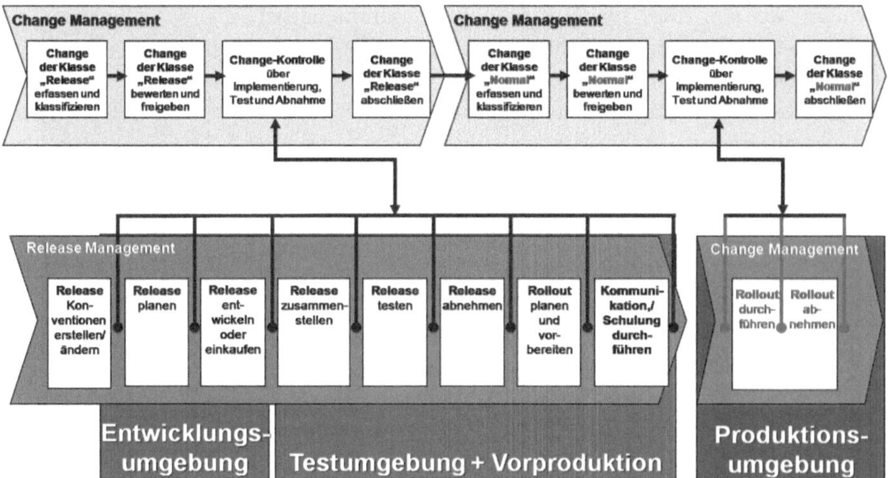

Abb. 5.6 Schnittstellen zwischen Change- und Release Management bei der HZD (Quelle: HZD)

5.3.5 Configuration Management

Die Implementation des Configuration Managements wurde bereits 2005/06 begonnen. Der damals entwickelte Prototyp (CI-Datenmodell und idealtypischer Prozess) konnte jedoch aufgrund der Komplexität des Gesamtprozesses noch nicht vollständig umgesetzt werden. In den Folgejahren (2007-2009) wurden daher zunächst Teilbereiche implementiert (z. B. Erstellung einer einheitlichen Datenbasis, Inventarisierung, automatische Erfassung der Infrastruktur, Anbindung Asset Management).

Bei der Implementierung des Configuration Managements in der HZD zeigte sich, dass die beteiligten Akteure aus den verschiedenen Bereichen teilweise ein sehr unterschiedliches Verständnis mit abweichenden Anforderungen und Erwartungen an den Prozessumfang haben. Um die Komplexität auf ein handhabbares Maß zu reduzieren, wird daher im aktuellen Vorhaben versucht, nur Kernthemen zu betrachten und Anforderungen aus anderen Bereichen (Asset Management, Monitoring, Service Level Management etc.) nur an den Schnittstellen zu erfassen.

Derzeit wird das Configuration Management gemäß der in ITIL v3 beschriebenen Good Practices erweitert. Ziel ist es, den verteilten Datenbestand der einzelnen Fachgruppen (Netz, Server, Datenbank etc.), der insgesamt in guter Qualität vorliegt, in einem Configuration Management System (CMS) zusammenzuführen, um eine einheitliche Sicht auf die Daten zu erhalten und Verknüpfungen zwischen den Beständen zu ermöglichen. Diese Daten sollen dann in angrenzenden Prozessen vollständig genutzt werden können (z. B. Verknüpfung von CIs im Incident und Release Management). Eine erste Version soll bis Ende 2010 verfügbar sein.

Bisher erfolgte die Datenerfassung nach technischen Gesichtspunkten (Abbildung der Hardware-Infrastruktur). Im Rahmen dieser Neustrukturierung soll eine CI-Strukturierung nach Services erfolgen. Die derzeit applikationsnahe Service-Definition (z. B. „Oracle") soll zu einer Service-Definition aus Kundensicht erweitert werden. Dies macht eine enge Zusammenarbeit mit dem Service Level Management erforderlich, da die grundlegende Service-Definition von dortiger Seite abgestimmt werden muss.

Um diese Beziehungen abzubilden, sollen Beziehungen zwischen den CIs und Services als Baumstruktur erfasst werden (siehe Abbildung 5.7). Dazu wurde aus

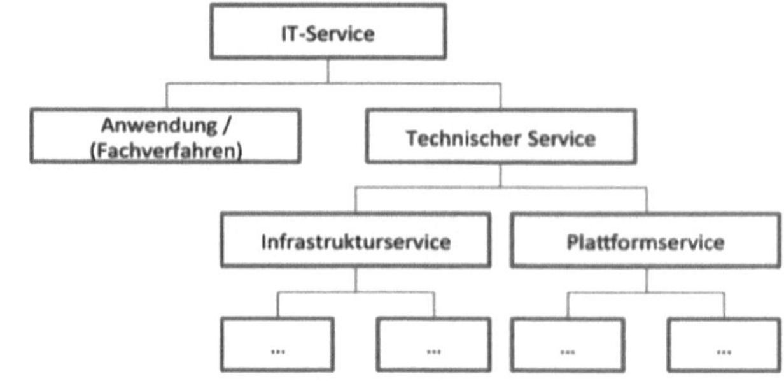

Abb. 5.7 Ansatz zur Abbildung von IT-Services in der HZD (eigene Darstellung)

dem Configuration Management heraus zunächst eine einheitlich Definition des Begriffs „Service" erreicht. Diese Definition wurde zusammen mit dem Service Level Management (in Abstimmung mit Verfahrensverantwortlichen, Kundenberatern etc.) erstellt. Nun soll auf dieser Definition aufbauend eine Serviceliste (Serviceportfolio), ebenfalls in Zusammenarbeit mit dem Service Level Management, erstellt werden.

Rollenmodell

Für das Configuration Management sollen folgende Rollen besetzt werden:

- CI-Owner: verantwortlich für die CI-Erfassung und Pflege,
- Sponsor: stellt Ressourcen für Erfassung und Pflege der CIs bereit,
- Datenpfleger: führt die CI Erfassung und Pflege durch.

Eine Besetzung der CI-Owner für CIs vom Typ „Service" soll auf Ebene der Gesamtbetriebsleiter (Verantwortlich für Verfahren aus Betriebssicht) oder auf Ebene der Verfahrensmanager (Verantwortung aus fachlicher Sicht) erfolgen.

Die Besetzung der Rolle des Datenpflegers kann für unterschiedliche CI-Typen unterschiedlich fein granuliert erfolgen. Zum Beispiel kann sie beim CI-Typ Server nicht auf CI-Typ-Ebene, sondern lediglich auf Instanzebene (Domea-Server) und manchmal sogar nur auf Attributebene (Abschalt-Flag) vergeben werden.

Tool-Abbildung

Als CMDB wurden bei den ersten Implementationsvorhaben bisher zwei unterschiedliche Tools verwendet. Bei der aktuellen Erweiterung zum CMS soll nur noch eines der Tools verwendet und weiter ausgebaut werden. Um eine nahtlose Integration in andere Prozesse zu schaffen, wird eine Schnittstelle zum Ticketsystem entwickelt.

5.3.6 Service Level Management

Formelle Vereinbarungen für den von der HZD zu erbringenden Dienstleistungsumfang sind für einzelne Verfahren in unterschiedlichem Maße vorhanden. Hierzu wurden mit einzelnen Kunden so genannte „Benutzungsvereinbarungen" (BNV) abgeschlossen, die Service Level Agreements (SLA) entsprechen. Umfang und Struktur der Benutzungsvereinbarungen sind unterschiedlich, und Vereinbarungen sind noch nicht für alle Verfahren abgeschlossen. Es werden rund 300 Kunden bedient, die teilweise direkt auf einzelne Abteilungen zukommen. Die Vereinbarungen werden in der HZD mit einem Kundenberater der Abteilung Kundenmanagement (eigene Organisationseinheit in der Abteilung K) getroffen. Die einzelnen Kundenberater betreuen im Schnitt jeweils zwei bis drei Kunden.

Der Abschluss von Benutzungsvereinbarungen muss auch vor folgenden Hintergründen betrachtet werden: IT-Dienstleistungen werden durch die HZD für manche

Kunden seit mehr als 40 Jahren erbracht und haben damit eine lange Tradition. Da der Auftrag der HZD sich auf rechtliche Erlasse begründet, gibt es zudem keine direkten Verträge mit einzelnen Kunden, die einfach um SLA-Komponenten erweitert werden könnten. Der Abschluss von Benutzungsvereinbarungen stellt somit in einigen Bereichen ein Novum dar, das gegenüber den Abnehmern argumentiert werden muss und nicht immer sofort akzeptiert wird. Entsprechend gestaltet sich der Aufbau eines Service Level Management als langsamer Prozess; Service Level werden derzeit generell eher auf Anfrage vereinbart.

Eine zentrale Bündelung und Steuerung der Dienstleistungen i.S. eines übergreifenden Service Level Managements erfolgt somit noch nicht. Mit dem Aufbau wurde jedoch begonnen. Startpunkt sind die zentralen E-Government-Fachverfahren, in denen ein Service Level Management (nach ITIL) bereits zu Teilen implementiert ist. Für die Fachverfahren (zentrales E-Mailverfahren, Active Directory, Meta-Directory, Single-Sign-On etc.) wurde eine übergreifende Vereinbarung mit dem Innenministerium getroffen, die für alle Dienststellen des Landes gültig ist. Die Steuerung erfolgt durch den Service Level Manager, der in diesem Bereich benannt wurde – eine Integration in das Kundenmanagement ist erst im weiteren Ausbau geplant.

Die Rolle des Kunden wird im Falle der E-Government-Verfahren durch das Innenministerium wahrgenommen. In den anderen durch das Kundenmanagement betreuten Bereichen ist die Kundenrolle durch die Ministerien und Landesbehörden besetzt, die die IT-Services nutzen. Aufgrund der Auftragsverhältnisse, bei der die Kunden nicht Vertragspartner der HZD sind, werden die Benutzungsvereinbarungen somit „parallel" zum Auftrag durch das Land verhandelt. Zudem ist der Umfang der Service-Erbringung zwischen HZD und den lokalen Servicezentren unterschiedlich (und z. T. unscharf) abgegrenzt.

Die Steuerung der Servicequalität und eine perspektivische Verrechnung von Services werden durch dieses Modell sehr erschwert. Für den weiteren Ausbau soll daher das Service Level Management vereinheitlicht werden. Kernelement hierfür ist die strategisch vorgesehene Entwicklung eines einheitlichen Service-Modells, das auf einem standardisierten Arbeitsplatz-PC basiert (Hessen-PC). Auf dieser Grundlage soll dann auch eine Verrechnung der Services erfolgen.

5.3.7 Financial Management

Die HZD wird aufgrund der Organisation als Landesbetrieb wirtschaftlich eigenständig geführt. Sie finanziert sich über Einnahmen von den belieferten Kunden (Ministerien und Behörden), die auf Basis der individuell erbrachten Benutzungsvereinbarungen kalkuliert und ausgehandelt werden. Eine pauschale Budgetierung (z. B. durch Zuweisung eines zentralen Budgets durch das Land Hessen) erfolgt nicht, allerdings werden bestimmte Vorgaben gegeben (z. B. bezüglich notwendiger Sparmaßnahmen).

Es findet damit im Ansatz schon seit langem eine verursachungsgerechte Verrechnung der IT-Services statt. Entsprechend kommen der wirtschaftlichen

Dienstleistungserbringung und der kontinuierlichen Effizienzsteigerung eine hohe Aufmerksamkeit zu. Insbesondere vor dem Hintergrund der aktuell sehr angespannten Situation der öffentlichen Haushalte ist eine kundenseitige Konsolidierung der IT-Haushalte absehbar. Es sind daher auch bei der HZD zunehmend Maßnahmen zur Effizienzsteigerung erforderlich. Im Jahre 2010 hat die HZD die Auflage, Kosten in Höhe von 30 Millionen Euro zu reduzieren. Die Einsparauflage dokumentiert sich als pauschale Kürzung im Erfolgsplan für das Haushaltsjahr 2010. Einsparpotenziale werden vor allem durch weitere Maßnahmen zur Optimierung des Rechenzentrums und in einer Weiterführung des gezielten Abbaus externer Fremdleistungen gesehen.

Servicequalität und -Umfang werden im Rahmen des im Aufbau befindlichen Service Level Managements daher verstärkt gesteuert, um Überkapazitäten und Servicequalitäten, die über den Anforderungen liegen, zu identifizieren.

Im Rahmen des weiteren Ausbaus und der Entwicklung des „Hessen PCs" soll die Verrechnung auf ein arbeitsplatzbezogenes Modell umgestellt werden. Die Kalkulation der Preise für die einzelnen Module soll dann nach dem Prinzip der Vollkostenrechnung erfolgen. Neben einer feineren Steuerung der erforderlichen Servicequalität kann so auch eine genauere Verrechnung mit den Behörden auf Kundenseite erreicht werden.

5.4 Bewertung der Fallstudie

Aus eigener Sicht bewertet die HZD den Verlauf und das Vorgehen bei der Prozessimplementation als positiv. Als kritische Erfolgsfaktoren werden auf der lokalen Handlungsebene verschiedene Aspekte herausgestellt: Dazu zählen die **Vorerfahrungen** aufgrund verschiedener vorangegangener Reorganisationsmaßnahmen in Richtung einer stärkeren Prozess- und Dienstleistungsorientierung. Außerdem war von Anfang an klar, dass es sich um ein komplexes Projekt handelt, das mit den entsprechenden Methoden des **Projektmanagements** durchgeführt werden muss. Eine frühzeitige Besetzung der Rollen ermöglichte eine wohlüberlegte Verankerung in den Organisationseinheiten. Dies gilt insbesondere für die zentralen Prozessmanager, da diese maßgeblich für die Prozesseinführung verantwortlich sind. Die Implementierung von zwei Prozessen scheiterte zunächst, da keine Prozessmanager benannt und mit entsprechenden Ressourcen ausgestattet waren. Daraus ergibt sich in der gesamten IT-Organisation ein grundlegendes Verständnis von **Prozessdenken**, wie es in reinen Anwendungsorganisationen erst aufgebaut werden muss. Somit ist die **Qualifikation** der Mitarbeiterinnen und Mitarbeiter auch entsprechend hoch, was sich aufgrund der Verankerung der HZD als Landesbetrieb auch in der Besoldung niederschlägt. Diese Denkweise mündet in ein verabredetes **Serviceportfolio**, das die Leistungsvielfalt der gesamten IT-Organisation abbildet. Somit sind konkrete Verabredungen von Dienstleistungen in Form von **SLA** und deren Messbarkeit auf Basis von KPI eine logische Folge. Der hohe **Prozessreifegrad** konnte durch die frühzeitige HZD-weite Implementierung der beiden Prozesse Incident Management und Change Management erreicht werden. Deren Etablierung im operativen Bereich ist sogar schneller möglich gewesen als geplant und konnte durch die Nutzung eines **Tools** (Ticketsystem) unterstützt werden. Durch das Change Management konnten schnell messbare Erfolge (Reduzierung der durch Changes verursachten Störungen) erzielt werden. Für die Optimierung der etablierten Prozesse werden dennoch Handlungsfelder gesehen: Das Change Management ist umfangreich und sehr detailliert im Tool abgebildet (zahlreiche Arbeitsschritte je Change, die dokumentiert werden müssen) und wird daher als „überbürokratisiert" wahrgenommen, worunter die Akzeptanz leidet. Es liegt somit eine „Überorganisation" vor, die zu Effizienzverlusten führt. Im Gegensatz dazu steht das Incident Management, in dem deutlich weniger detaillierte Vereinbarungen getroffen wurden. Gleichzeitig sind organisationsbedingt deutlich mehr Kunden eingebunden, so dass Regelungen (insb. zur Aufgabenabgrenzung) auszubauen sind. Durch die zunehmende Prozessreife wird eine rasche Etablierung angrenzender Prozesse erforderlich, hoch priorisiert sind hier vor allem der Ausbau von Configuration Management und Release Management.

Auf der institutionellen Ebene bestand von Anfang an eine klare Unterstützung durch die Leitungsebene (**Management Commitment**), um eine organisationsweite Implementierung (und nicht nur innerhalb einzelner Abteilungen) zu erreichen. Dabei ist eine ausschließliche Unterstützung zu Beginn nicht ausreichend, sondern die **Vision** wurde während der gesamten Prozessimplementierung aufrecht erhalten, um kontinuierliche Verbesserungen zu erzielen. Ansonsten droht nach eigener Erfahrung das Projekt nach der Definitionsphase währen des Roll-outs zu scheitern. Die umfangreichen **Personalentwicklungsmaßnahmen** waren ein wichtiger Baustein, durch den das Prozessverständnis verbessert werden konnte, was insbesondere innerhalb der Abteilungen IT-Betrieb sowie Planung und Beschaffung zu einer durchgehenden Akzeptanz der Prozesse geführt hat. Neben den Kursen zur ITIL-Foundation werden hier auch die prozessspezifischen Schulungen als gutes Mittel gesehen, um den Prozess in die Organisation zu tragen. Positiv bewertet wird das durch das Vorhaben gewonnene Know-how, das auch in HZD-übergreifende Bereiche übertragen werden kann. So dienen die Erfahrungen der HZD beispielsweise als Grundlage für die Prozessdefinitionen im länderübergreifenden KONSENS-Projekt. Über eine zentrale Plattform können die Tickets einzelner Länder über mehr als 600 Störungskategorien systematisch geordnet und in die anderen (zuständigen) Länder übertragen werden, sodass eine länderübergreifende Bearbeitung um ein Vielfaches vereinfacht wird. **Externe Unterstützung** wurde punktuell eingesetzt, um den Implementierungsprozess voranzutreiben. Das interne Projektteam wurde mit den entsprechenden **Ressourcen** ausgestattet. Da die HZD schon seit 1996 ein Qualitätsmanagementsystem nach ISO 9000 zertifiziert hat, ist eine Verknüpfung von Prozesseinführung und **Organisationsentwicklung** leichter möglich.

Für die HZD ist es selbstverständlich, sich in einem **kontinuierlichen Verbesserungsprozess** weiterzuentwickeln. Durch interne und externe Audits werden Schwachstellen analysiert und Verbesserungsvorschläge identifiziert. Verbesserungspotenzial wird zudem in den internen Kommunikationsstrukturen gesehen. Exemplarisch sei hier die Abstimmung zwischen einzelnen Fachgruppen und dem

Service Desk genannt, die beidseitig (also auch von den Fachteams zum Service Desk) zu verbessern ist (z. B. kann es vorkommen, dass der Service Desk nicht zeitnah genug über größere Störungsfälle informiert wird und diese Informationen nicht rechtzeitig zur Anwenderin bzw. zum Anwender weitergegeben werden können). Ein guter Informationsfluss erscheint hier besonders wesentlich, da der Service Desk extern organisiert und somit nicht automatisch in die hausinternen Kommunikationsstrukturen eingebunden ist. Die **rechtlichen Grundlagen** insbesondere im Vergaberecht sind bei der HZD Kernbestandteil der Aufgabenerledigung und somit konstitutiv für die IT-Organisation. Hierzu gehört auch ein umfangreiches **Informationssicherheitsmanagement**, das sich in der Bestellung eines IT-Sicherheitsbeauftragten in einer zentralen Rolle widerspiegelt. Die zentrale Zielsetzung der HZD lässt sich durch das **IT-Business-Alignment** beschreiben, da die IT-Organisation als Landesbetrieb ohne Abnahmegarantie durch die Dienststellen darauf angewiesen ist, auf die **Kundenorientierung** zu fokussieren und nur IT-Dienstleistungen zu erbringen, die auch für die Geschäfts- bzw. Verwaltungsprozesse der Organisationseinheiten sinnvoll und nützlich sind.

Kapitel 6
Fallstudie 3: Eidgenössische Technische Hochschule Zürich

Die Eidgenössische Technische Hochschule Zürich (ETH Zürich) blickt auf eine lange Tradition zurück. Die Gründung erfolgte 1855, inzwischen ist sie Forschungs- und Arbeitsplatz von über 20.000 Menschen, rund 370 Professoren sind in Forschung und Lehre tätig. Die ETH Zürich wird in internationalen Rankings regelmäßig als eine der weltbesten Universitäten bewertet, dies wird durch 21 Nobelpreisträger, die an der ETH Zürich tätig waren, unterstrichen.

An der Hochschule herrscht eine tradierte und tief verankerte Organisationskultur vor, Professuren, Institute & Departemente sind von jeher in hohem Maße eigenständig. Dies hat Auswirkungen auf die Entwicklung der IT-Bereitstellung, die ebenfalls dezentral und autonom gewachsen ist. Entsprechend komplex gestaltet sich die Einführung von Prozessen des IT-Service-Managements – dies wird in den folgenden Kapiteln wiederholt aufgegriffen.

Die Leitung der ETH Zürich erfolgt durch die Schulleitung, an deren oberster Stelle der Präsident steht. Die zentralen Bereiche „Forschung und Wirtschaftsbeziehungen", „Finanzen und Controlling" und „Personal und Ressourcen" unterstehen den Vizepräsidenten, die jeweils auf vier Jahre gewählt werden (siehe Abbildung 6.1). Die 16 Departemente der Hochschule sind direkt unterhalb der Schulleitung angesiedelt und dem Präsidenten unterstellt (siehe Abbildung 6.2). Die zentralen Infrastrukturbereiche sind jeweils einem Vizepräsidenten zugeordnet.

Organisation des IT-Betriebs

Der IT-Betrieb an der ETH Zürich hat ebenfalls eine lange Tradition und wird durch unterschiedliche Organisationseinheiten erbracht:

- Zentrale Informatikdienste (ehemaliges Rechenzentrum),
- Bibliothek (Betrieb von Bibliotheksanwendungen),

Hinzu kommt das Network for Educational Technologies (NET) mit seiner unterstützenden Funktion als eLearning-Zentrum für die Lehre, das zum Teil auch

A. Breiter, A. Fischer, *Implementierung von IT Service-Management*, Xpert.press,
DOI 10.1007/978-3-642-18477-2_6, © Springer-Verlag Berlin Heidelberg 2011

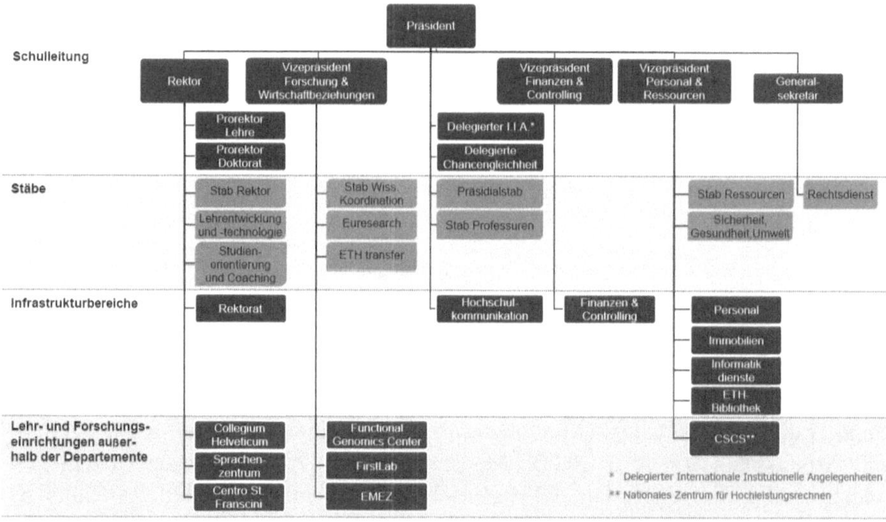

Abb. 6.1 Organigramm der ETH Zürich: Schulleitung und zentrale Organe (Quelle: ETH Zürich)

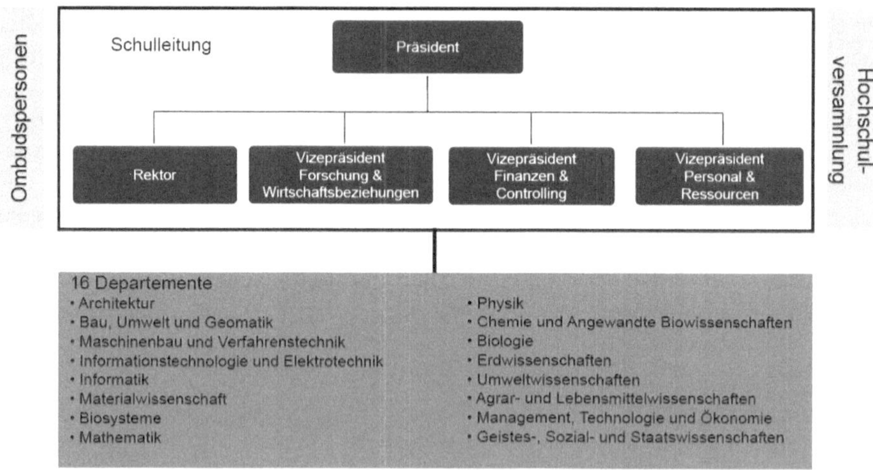

Abb. 6.2 Organigramm der ETH Zürich: Schulleitung und Departemente (Quelle: ETH Zürich)

eigene IT-Services (z. B. Lernplattform) in Kooperation mit den zentralen Informatikdiensten anbietet. In der Anfangsphase war das NET zudem sehr aktiv bei der Abstimmung der ITIL-Ausbildung an der ETH Zürich.

Zusätzlich erfolgt ein Teil des IT-Betriebs an dezentraler Stelle an den Lehrstühlen in den Departementen in sehr unterschiedlichem Umfang. Historisch gewachsen werden dort neben speziellen Forschungsanwendungen teilweise auch Basisdienste (redundant zu zentralen Angeboten) betrieben.

Als zentrales Angebot sind die Nutzung des Netzes und das Identity Management verpflichtend sowie die Verwendung einiger vorgegebener Strukturen des Web-Auftritts (Corporate Design) unter der Marke ETH Zürich. Die Nutzung aller weiteren Services ist freiwillig. Durch diese Organisationsform entsteht für den IT-Betrieb ein erhebliches Spannungsfeld zwischen zentralen und dezentralen Angeboten. Für die übergreifende Steuerung wurde im Jahr 2000 eine IT-Expertenkommission (ITEK) als beratendes Gremium gegründet, das mit Vertretern der Departemente und der zentralen Einheiten besetzt ist (siehe Abbildung 6.3).

Die Bedeutung der Informatikunterstützung steigt weiter und wird an der ETH Zürich heute als Schlüsselfaktor für Exzellenz verstanden. Aus Sicht des IT-Service-Managements stellt die vorliegende Form der Aufteilung zwischen zentralen und dezentralen Diensten eine besonders hohe Herausforderung dar. Um zukünftigen Anforderungen entsprechen zu können, erfolgt für den IT-Betrieb der ETH Zürich eine Reorganisation der Dienstleisterstruktur: Die Informatikdienste versuchen, Commodities, die noch in den Departementen liegen, sukzessive als zentrale Dienste anzubieten. Dies zieht jedoch einen entsprechenden Organisationsentwicklungsprozess auch an dezentraler Stelle nach sich. Die Folge ist ein „Kulturwandel" bzgl. der IT-Versorgung an der gesamten Hochschule.

Das jährliche Gesamtbudget inklusive der Drittmittel der ETH Zürich beträgt 1,355 Mrd. CHF (ca. 1 Mrd. Euro), wovon ca. 9 % des Etats (121 Mio. CHF, ca. 90 Mio. Euro) als Mittel für IT bereitstehen. Hiervon werden zentrale Angebote (insb. die zentralen Informatikdienste), IT-Services in den Departementen und ein Hochleistungsrechenzentrum im Tessin betrieben.

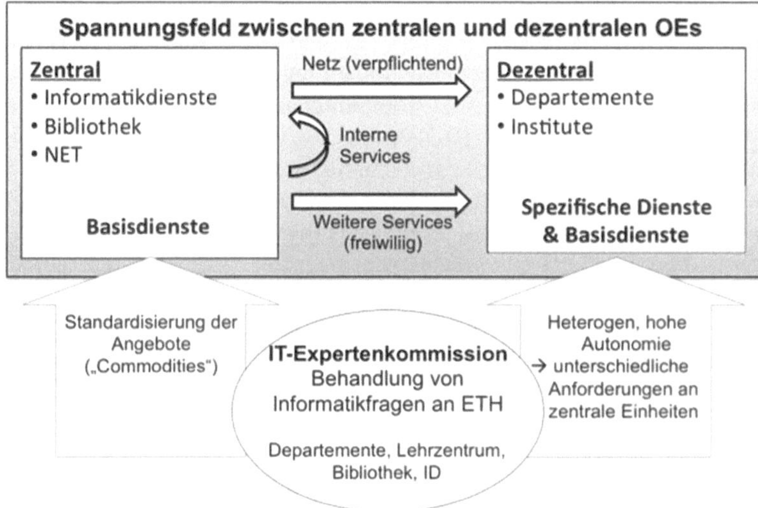

Abb. 6.3 Zentraler und dezentraler IT-Betrieb an der ETH Zürich (eigene Darstellung)

Fallstudienauswahl

Um die Aspekte des IT-Service-Managements unter unterschiedlichen Perspektiven betrachten zu können, wurden an der ETH Zürich Fallstudien an mehreren zentralen und dezentralen Einrichtungen durchgeführt (siehe Tabelle 6.1):

Tabelle 6.1 Fallauswahl an der ETH Zürich

Zentral	Dezentral
• Zentrale Informatikdienste (ID) • Bibliothek (ETH-Bib)	• Departement Informatik (D-INFK)

Zudem wurden Hintergrundinformationen durch weitere Interviews insbesondere im Hinblick auf das Zusammenspiel zwischen zentraler und dezentraler Dienstleistungserbringung bei folgenden Institutionen gesammelt:

- NET – Network for Educational Technologies,
- D-MTEC (Management, Technologie und Ökonomie),
- D-BSSE (Biosysteme),
- D-PHYS (Physik).

6.1 Abteilung: Zentrale Informatikdienste der ETH Zürich

6.1.1 Allgemeine Informationen zur IT-Organisation

Die zentralen Informatikdienste (ID) sind der zentrale IT-Anbieter der ETH Zürich. Die ID unterteilen sich in sieben Unterabteilungen: ID-Betriebsinformatik, ID-Systemdienste, ID-Basisdienste, ID-Kommunikation, ID-Arbeitsplatzinformatik, ID-Multimedia Services sowie ID-Helpdesk, wobei der Helpdesk als zentrale Schnittstelle zum Anwender eine Querschnittsfunktion für die anderen Bereiche darstellt. In einer Stabsabteilung (ID-Stab) werden neben den *Bereichen Bestell- und Vertragswesen* sowie *Personal & Finanzen* die Themen der (strategischen) *Geschäftsentwicklung* und das *Qualitätsmanagement* fokussiert (aus dem Bereich QM heraus wurde auch die ITIL-Orientierung initiiert). Innerhalb der ETH Zürich sind die ID als Abteilung im Bereich Personal & Ressourcen verankert und direkt dem Vizepräsidenten für Personal und Ressourcen unterstellt (siehe Abbildung 6.4).

Insgesamt sind ca. 220 Personen in den zentralen Informatikdiensten beschäftigt, als Jahresbudget stehen ca. 50 % des gesamten IT-Budgets der ETH Zürich zur Verfügung.

Hervorgegangen sind die zentralen Informatikdienste Mitte der 1980er Jahre aus den zwei Rechenzentren der ETH Zürich und firmieren seit 1996 unter dem Namen Informatikdienste. Die Zusammenfassung der Dienstleistungen und die

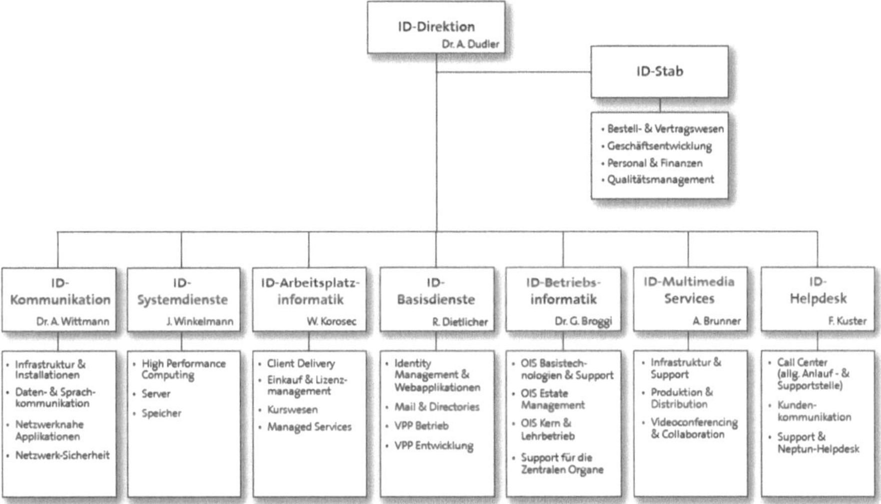

Abb. 6.4 Organigramm der Informatikdienste an der ETH Zürich

konsequente Ausrichtung auf aktuelle IT-Anforderungen waren der maßgebliche Auslöser für die Entwicklung der derzeitigen Organisationsstruktur. Als zentrale Abteilung bieten die ID eine breite Palette von IT-Services an, die allen Angehörigen (Beschäftigten in Forschung, Lehre und Verwaltung und Studierenden) der Hochschule zur Verfügung stehen. Potenziell werden somit im Hochschulumfeld 20.000 Anwenderinnen und Anwender betreut. Die ID sind damit zentraler Dienstleister, der sowohl andere zentrale Einrichtungen (z. B. die Bibliothek, Einrichtungen der Leitungsebene) als auch dezentrale Einheiten (Departemente, Institute) mit Leistungen versorgt. Räumlich sind die ID über den ETH-Campus an sieben Standorten verteilt.

Im Service-Angebot wird zwischen „verpflichtenden" Angeboten und solchen, deren Nutzung freiwillig ist, unterschieden: Die zentrale Netzinfrastruktur (LAN/WAN, mehr als 55.000 Ethernet-Ports) wird ETH-weit durch die ID betrieben. Die Nutzung dieses Netzes unter Einhaltung der Netz-Policy ist für alle zentralen und dezentralen Einheiten verpflichtend. Ferner betreiben die IT-Services zentral übergreifende Systeme wie OIS (Organisations-Informations-System) und SAP, deren Nutzung ebenfalls verpflichtend ist.

Die Nutzung aller weiteren Basisdienste ist nicht verpflichtend. Der Fokus liegt auf unterstützenden IT-Services, die an zentraler Stelle effizienter als in dezentralen Organisationseinheiten erbracht werden können. Das Angebot umfasst u.a. Hosting-Dienstleistungen (Server, Datenbank, Web), E-Mail, Groupware, Storage, Application-Hosting (z. B. für Verwaltungs-Fachverfahren, Lernplattform), Identity-Management, Bereitstellung von Studentenarbeitsplätzen, wissenschaftliches Rechnen auf Hochleistungs-Clustern und die vollständige Client-Administration. Für alle angebotenen Systeme wird ein zentraler Support angeboten. Darüber hinaus erfolgt eine (individuelle) Unterstützung in allen zentralen Informatik-Fragen: Durchführung von Beschaffungen (für zentrale Einheiten und mit Vergünstigungen für Studierende), Unterstützung von IT-Projekten und Angebot von IT-Schulungen. Über die zentrale IT-Versorgung hinaus sind die ID für den Betrieb des Schweizerischen Hochleistungsrechenzentrums im Tessin verantwortlich.

Die genaue Abgrenzung der IuK-Aufgaben zwischen den ID und anderen Organisationseinheiten der ID ist bisher in unterschiedlichem Maße erfolgt. Insbesondere in thematisch nahestehenden Departementen (z. B. Informatik, Physik) werden zahlreiche IT-Dienste selbst betrieben, die auch zentral von den ID angeboten werden. Eine Schärfung der Aufgabenabgrenzung zwischen ID und dezentralen Diensten ist ein zentrales Ziel der ETH Zürich.

Innerhalb der ETH Zürich bestehen aufgrund dieser Dienstleistungserbringung an unterschiedlichen Stellen bereits zahlreiche organisatorische Schnittstellen, sodass die Steuerung und Abgrenzung der Service-Erbringung sich sehr komplex gestaltet. Die von den ID erbrachten Basisdienste sind zwar bereits zu großen Teilen mit SLA hinterlegt, ebenso einige Teile von individuell für einzelne Departemente/Kunden (z. B. Forschungsnetz) erbrachte sowie extern bezogene Services (z. B. Telekommunikationsdienste). Die dezentral erbrachten Dienste sind jedoch nur in Teilen in SLA festgeschrieben, zudem erfolgt die Steuerung der Services an vielen Stellen nicht von zentraler Stelle und ist nur in unterschiedlich hohem Maße abgestimmt.

6.1.2 Service-Strategie

Die Strategie der zentralen Informatikdienste wird konsequent aus den übergeordneten Zielen der Hochschule abgeleitet. Die Bereitstellung einer zeitgemäßen IT-Infrastruktur wird darin als Schlüsselfaktor für Erfolg in Forschung und Lehre gesehen: „Die Versorgungsinfrastrukturen der Informations- und Kommunikationstechnik (ICT) stellen einen zunehmend wichtigen Faktor der strategischen Entwicklung der ETH Zürich dar. Die Attraktivität der ETH Zürich soll durch eine Infrastruktur auf modernstem Stand wesentlich unterstützt werden. [...] Damit wachsen die Anforderungen an die Qualität, die Zuverlässigkeit, die Sicherheit, die Organisation und die nachhaltige Finanzierung dieser Dienste.“ (ETHZ, 2003, S.1).

Zugleich hat sich die ETH Zürich ein größenmäßiges Wachstum zum Ziel gesetzt. So soll die Anzahl der Professuren in den kommenden Jahren um rund 20 % erhöht werden. Die Anforderungen an die bereitzustellenden IT-Services werden damit ebenfalls weiter steigen, gleichzeitig nimmt der Kostendruck auf IT-Infrastrukturelemente aufgrund knapper werdender Budgets zu. Zunehmend findet daher auch ein Vergleich mit externen Wettbewerbern aus der freien Wirtschaft statt.

Die geänderte Vergabe von Budgets unterstützt den Wandel in der Nutzung und Erbringung von IT-Services zusätzlich. Historisch haben die Departemente dedizierte IT-Budgets erhalten. Im Rahmen dieser Budgets konnten zentrale Angebote genutzt oder eigenes Personal eingestellt werden, was häufig erfolgte. Inzwischen erfolgt keine dedizierte Budgetierung mehr, wodurch der Kostendruck wächst und eine Priorisierung in den Departementen erfolgt. Der Vorteil von zentral durch die ID erbrachten Services wird „sichtbar“ und zunehmend genutzt. Für die ID ist es implizite Aufgabe, die Services in erforderlicher Qualität bereitzustellen.

Die ID haben sich somit zum Ziel gesetzt, diese „Enabler-Rolle“ für Forschung und Lehre zu ermöglichen, Basisdienste und Support für Lehre, Forschung und Verwaltung bereitzustellen und im Vergleich zum Wettbewerb dauerhaft bestehen zu können. Vor diesem Hintergrund wurde u.a. auch die unten beschriebene Ausrichtung nach ITIL initiiert, ein funktionierendes IT-Service-Management wird als wesentlicher Erfolgsfaktor gesehen.

Es besteht damit eine hohe Verantwortung bei gleichzeitig großer Unabhängigkeit zu anderen Organisationseinheiten der ETH Zürich. Die (Weiter-)Entwicklung der eigenen zentralen Leitlinien erfolgt innerhalb der ID im Hinblick auf die Gesamtstrategie. Hierin wird das aus eigener Sicht erforderliche Service-Angebot definiert, das der Hochschule in den kommenden Jahren bereitgestellt werden soll. Die Abstimmung der Leitlinien und der strategischen Ausrichtungen (ICT-Konzept) erfolgt mit allen dezentralen Einheiten der ITEK (IT-Expertenkommission), einem Gremium zur Behandlung von Informatikfragen an der ETH Zürich. Vertreten sind hierin die Informatiksupportleiter der Departemente, jeweils eine Vertretung der Lehrentwicklung und -technologie, der ETH-Bibliothek sowie der Hochschulkommunikation und der Direktor sowie die Abteilungsleiter der ID.

Eine formelle Inkraftsetzung der Leitlinien erfolgt durch die Schulleitung. Hierdurch wird den ID der Auftrag für die Service-Erbringung gegeben, und formelle Vorgaben für alle Organisationseinheiten (z. B. Netz-Policy) werden verbindlich in Kraft gesetzt.

Das ICT-Konzept wird alle zwei Jahre im Auftrag der Schulleitung im Hinblick auf Zielerreichung überprüft und erneut überarbeitet, sodass eine kontinuierliche Fortschreibung gewährleistet ist (siehe Abbildung 6.5). Es stellt damit auf allen Stufen und Organisationseinheiten der ETH Zürich eine Orientierungshilfe bei der Umsetzung von stark ICT-lastigen Projekten und Arbeiten dar.

Eine genaue Aufgabenabgrenzung zwischen den ID und anderen zentralen bzw. dezentralen Einrichtungen ist in den Grundsätzen nicht explizit festgeschrieben.

Die Betrachtung muss vor dem Hintergrund der Organisationsstruktur und der tradierten Organisationskultur an der ETH Zürich (und anderen Hochschulen) erfolgen. Die Departemente und Professoren mit ihren Lehrstühlen agieren (dem Grundprinzip der Forschung folgend) traditionell als „teilautonome Einheiten“ eigenverantwortlich. Demnach haben sich für die IT-Versorgung in den dezentralen Einheiten eigene Organisationsstrukturen herausgebildet. Ein Großteil des IT-Betriebs erfolgt dezentral in Koordination mit den zentralen IT-Services, durch so genannte IT-Koordinatoren in unterschiedlichem Umfang, vielfach in sehr kleinen Einheiten (z. B. mit nur geringen Stellenanteilen durch wissenschaftliche Mitarbeiterinnen und Mitarbeiter an einem Lehrstuhl). Durch Berufungszusagen sowie die

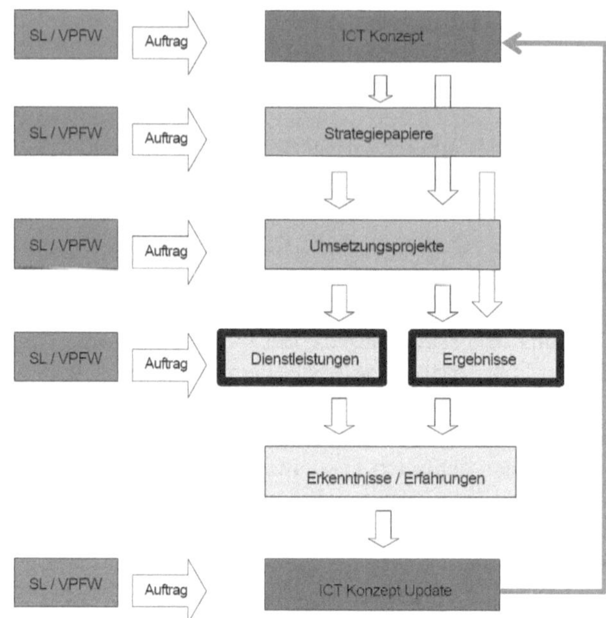

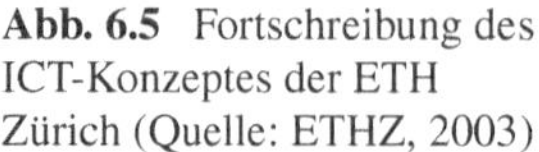
Abb. 6.5 Fortschreibung des ICT-Konzeptes der ETH Zürich (Quelle: ETHZ, 2003)

Einwerbung von Drittmitteln wurden weitere Stellen geschaffen, die anteilig auch für den IT-Betrieb eingesetzt werden.

Durch die zunehmend komplexer werdende IT und damit wachsende Anforderungen sind diese Organisationsstrukturen nicht mehr ausreichend für einen professionellen IT-Betrieb. Eine Übernahme von Aufgaben durch die zentralen Informatikdienste stellt einen Kulturwandel dar, der nur langsam vollzogen werden kann. Diese Situation wurde im Jahr 2000 durch die ITEK wie folgt zusammengefasst (ITEK, 2002):

„Die ETHZ ist geprägt von einer heterogenen IT-Landschaft. Hervorgerufen wird dies durch eine große Dezentralisierung der Kompetenzen und die permanent steigenden Anforderungen und Dynamik in den zu erbringenden Dienstleistungen. Es existieren kaum Vorgaben und Standards in Bezug auf Qualität der IT-Dienstleistungen und IT-Dienstleister. Die Charakteristika im Einzelnen sind:

- dezentrale Kompetenzen und IT-Trägerschaften
- hohe Anzahl Benutzer und Netzschnittstellen
- hohe Dynamik in Benutzerschaft / Technologie / Dienstleistungen
- Betriebskonzepte von Personal Computing bis institutioneller IT
- wachsende Zahl privater Maschinen.“

Die Strategie der ID ist es daher, die Basisdienste weiterhin zur freiwilligen Nutzung anzubieten und keine Verpflichtungen einzuführen, was eine „zwangsweise“ Abschaltung zahlreicher (redundanter) dezentraler Systeme (z. B. E-Mail Server in

Departementen) zur Folge hätte. Dezentrale Einheiten können sich so selbst von den Leistungen und Vorteilen bei der Nutzung der zentralisierten Basisdienste überzeugen und eine langsame Ablösung nach ihren Bedürfnissen vornehmen. Auf dieser Basis ist eine kontinuierliche Verfeinerung der Abgrenzung zwischen zentralen und dezentralen Einheiten möglich. Die Akzeptanz der zentralen Angebote kann so langsam gesteigert werden. Perspektivisch soll eine Überführung möglichst aller Basisdienste in die Zentrale erfolgen.

Forschungsnahe IT-Services, die sehr spezifische und hohe Anforderungen stellen und sinnvollerweise nicht an zentraler Stelle erbracht werden, sollen auch weiterhin direkt in den Instituten und Departementen erbracht werden. Beispiele hierfür sind die Anwendungen im Bereich der Kernphysik oder in der Biotechnologie, in der z. B. durch Rasterelektronenmikroskope ein sehr hoher Speicherbedarf entsteht.

Aus Sicht der ID wird diese Strategie bisher als sehr erfolgreich bewertet – die Nachfrage bzw. Nutzung der angebotenen IT-Dienste steigt stetig an. Vorteile werden in den Departementen schnell sichtbar. Neben einer möglichen Verbesserung der Verfügbarkeit der IT-Services können sichtbare Einsparungen erzielt werden, indem Personalressourcen freigesetzt werden, die für die Forschung eingesetzt werden können.

6.1.3 Implementierung von Service-Prozessen

6.1.3.1 Ausgangssituation und Stand der Prozessimplementierung

In den ID ist eine Ausrichtung der internen Prozesse nach ITIL V2/V3 erfolgt. Die Support-Prozesse sind im Sinne der Prozessorientierung abteilungsübergreifend implementiert. Neben ITIL wurde ein Qualitätsmanagementsystem auf Managementebene aufgebaut. Die Prozesslandkarte umfasst insgesamt ca. 40 Hauptprozesse auf Leitungs-, Service- und Supportebene.

Aus dem Qualitätsmanagement heraus erfolgte eine Zertifizierung der zentralen Informatikdienste nach ISO 9000:2008 (erstmals 2003), in 2008 erfolgte zudem eine Zertifizierung nach ISO 20000.

6.1.3.2 Vorgehen bei der Prozessimplementierung

Ziel und Motivation der Prozessoptimierung war eine bestmögliche Unterstützung der Umsetzung der ICT-Strategie. Um den wachsenden Anforderungen an Servicequalität und -quantität begegnen zu können, waren eine Verbesserung der internen Prozesse und eine Anpassung der Organisationsstruktur erforderlich. Zudem sollte das interne Optimierungspotenzial durch organisatorische Maßnahmen genutzt werden.

Aus der Leitungsebene der Informatikdienste heraus wurde daher seit 2003 eine kontinuierliche Verbesserung und Implementierung vorangetrieben. Dies erfolgte in mehreren Phasen mit jeweils unterschiedlichen organisatorischen Ebenen.

Aufbau eines Qualitätsmanagementsystems nach ISO 9000

Im ersten Schritt wurde 2003 damit begonnen, ein Qualitätsmanagementsystem auf Basis des ISO 9000 Standards aufzubauen. Im Vordergrund stand zunächst nicht die Erreichung erfolgreicher Zertifizierungen, sondern die Notwendigkeit eines Reorganisationsprozesses. Der Fokus lag dabei auf Management-Prozessen auf der Ebene zwischen Abteilungsleitern und Stabs- und Direktionsebene, die im Implementationsprozess von Beginn an beteiligt waren.

Die Einführung solcher formeller Management-Prozesse war großteils „Neuland" für die (hierarchisch organisierten) Informatikdienste. In der ersten Phase mussten zunächst ein Gefühl für eine Prozessorientierung entwickelt und die Vorteile und Grenzen in der eigenen Organisation erkannt werden. Es konnte so auf Leitungsebene ein einheitliches Prozessverständnis geschaffen werden, was ein wesentliches Erfolgskriterium für die Einführung von Prozessen auf allen Organisationsebenen war. Der lange Zeitraum von drei Jahren war aus eigener Sicht erforderlich, um ein ausgeprägtes Prozessverständnis zu erlangen und so Managementprozesse erfolgreich zu implementieren.

Frühzeitig wurde eine neue Stelle „Qualitätsmanagement" in der ID-Stabsabteilung geschaffen. Aufgabe dieser Stelle war von Beginn an ausschließlich die Begleitung des Qualitätsmanagements und des Reorganisationsprozesses. Es wurde somit eine effektive Steuerung des Prozesses und eine zentrale Bündelung aller Optimierungsmaßnahmen ermöglicht. Gleichzeitig fand so eine organisatorische Verankerung des Qualitätsmanagements als Regelaufgabe innerhalb der zentralen Informatikdienste statt. Deutlich wird hierdurch auch die Bedeutung und Reichweite, die dem Vorhaben beigemessen wird. In den ID wurde von Beginn an der Aspekt der Organisationsentwicklung und der dauerhaft notwendigen Verbesserung im Rahmen des QM fokussiert. Dieser Ansatz, der über das Projektvorhaben hinaus eine erfolgreiche Verstetigung berücksichtigt, muss als vielleicht wesentlichster Erfolgsfaktor angesehen werden.

Eine Zertifizierung nach ISO 9000 konnte erstmals im Jahr 2006 durchgeführt werden. Neben der kontinuierlichen internen Weiterentwicklung finden seitdem regelmäßige Rezertifizierungen statt.

Einführung von ITIL-Prozessen und ISO 20000-Zertifizierung

Die Einführung von ITIL-Prozessen und die Vorbereitung zur ISO 20000 wurden nach der ersten ISO-Zertifizierung gestartet. Die Initiative hierzu ist ebenfalls aus dem Qualitätsmanagement heraus entstanden, um die Qualitätsbestrebungen aus der Management-Ebene in den operativen Bereich zu überführen. Nach eigener Darstellung war die Motivation der Informatikdienste für diesen Schritt folgende:

„Die Schulleitung hat in ihrer langfristigen Politik aufgezeigt, dass sie den Platz der ETH in der ersten Liga sieht und sich im internationalen Ranking noch verbessern will. Die Services der Informatikdienste bilden dazu einen wichtigen Erfolgsfaktor für die ganze Hochschule, sind doch Lehre, Forschung und Verwaltung ohne ICT–Unterstützung nicht mehr vorstellbar. Diese Abhängigkeit von den

Leistungen der Informatikdienste wird in Zukunft noch zunehmend an Bedeutung gewinnen. Das systematische IT Business Servicesystem nach ISO 20000 hilft dabei, diese Dienstleistungen zu optimieren, systematisch nach den international anerkannten Regeln der ISO zu evaluieren und im ständigen Verbesserungsprozess nachhaltig zu gestalten, um so den optimalen Nutzen für unsere Kunden zu erzielen" (siehe www1.ethz.ch/id/documentation/iso).

Die Einführung weiterer (operativer) Prozesse wurde ebenfalls als Instrument zur Unterstützung des weiteren Reorganisationsprozesses und der Erreichung der strategischen Ziele (Steigerung der Servicequalität und Effizienzsteigerung) gesehen. Konkret wurden mit der Ausrichtung nach ITIL und der ISO 20000 folgende Ziele verfolgt:

- Anstoß einer (internen) Diskussion über die grundsätzliche Service-Orientierung der ID und damit Verbesserung des Service-Verständnisses,
- Klare Positionierung der ID innerhalb der ETH Zürich durch Diskussion und verbesserte Definition des Serviceportfolios und der Service-Strategie,
- Steigerung der Servicequalität, Verbesserung der Außenwahrnehmung und damit Verbesserung der Position innerhalb der Hochschule.

Die Prozessdefinition erfolgte mit intensiver Beteiligung aller Akteure in den Prozessen. Dabei wurde ein Top-down- mit einem Bottom-up-Ansatz kombiniert (siehe auch Abbildung 6.6):

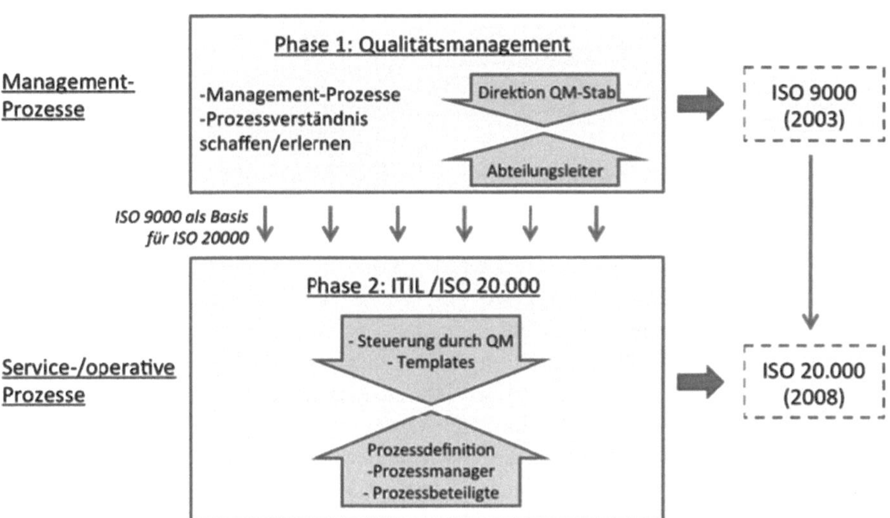

Abb. 6.6 Vorgehen bei der Prozessimplementierung bei den zentralen Informatikdiensten (eigene Darstellung)

- Die Prozessdefinition wurde durch die Stabsstelle Qualitätsmanagement angestoßen und gesteuert. Als konkrete Orientierung wurden einheitliche Templates für die Prozessdefinition, die Basis für alle Beschreibungen waren, an zentraler Stelle entwickelt. Zielrichtung und Erwartungen an die Prozessdefinition waren somit klar bestimmt und konnten transparent kommuniziert werden.
- Die Prozessentwicklung und -definition erfolgte (anhand der Templates) durch die Prozessbeteiligten. Die Verantwortung für die Prozesserarbeitung lag bei den Prozessmanagern, die durch die Stabsstelle Qualitätsmanagement kontinuierliche Unterstützung erhielten.
- Unterstützt wurde die Arbeit zudem durch die Begleitung eines externen Beraters.

Durch dieses Vorgehen konnte eine einheitliche Prozessdefinition mit gesicherter Qualität erzielt werden. Gleichzeitig konnte eine hohe Akzeptanz der Prozesse auf der operativen Ebene erzielt werden. Durch die eigene Definition der Prozesse (und nicht durch die Vorgabe aus höheren Leitungsebenen) identifizieren sich die Akteure mit den Prozessen.

Auch im operativen Bereich mussten (analog zur Entwicklung der Managementprozesse) zunächst ein einheitliches Prozessverständnis erlernt und die Vorteile einer Prozessorientierung erkannt werden. Betont wurde insbesondere, dass eine Betrachtung von Prozessen und Schnittstellen erfolgskritisch ist und nicht eine Bewertung der Arbeit einzelner Akteure stattfindet.

Als wesentlicher Erfolgsfaktor wird hierbei aus eigener Einschätzung die kontinuierliche Unterstützung durch die Stabsstelle Qualitätsmanagement gesehen. Ein regelmäßiges Feedback über die Ergebnisse der Prozessdefinition und die Diskussion möglicher Verbesserungen führten schnell zu effektiven Prozessen.

Durch dieses Vorgehen wurde es möglich, bereits nach einem Zeitraum von ca. 18 Monaten im Jahr 2008 die Akkreditierung nach ISO 20000 zu erlangen.

Reorganisation der ID

Begleitend zur Prozessdefinition wurde eine Reorganisation der internen Abteilungsstruktur durchgeführt. Ziel war es, die Abhängigkeiten zwischen einzelnen Abteilungen zu verringern und die Organisation so zu gestalten, dass die Prozesse möglichst effizient implementiert werden können. Ein Helpdesk wurde bereits 2000 (und zuvor als Computer Service) eingerichtet, der kundenorientierte Prozesse angeboten hat und bereits über ein Ticketsystem verfügte. Im Zuge der Neuorganisation wurde die siebte Abteilung „ID-Helpdesk" stärker in Richtung eines SPoC (Single Point of Contact) nach ITIL ausgerichtet, in der der zentrale Service Desk und der 1st-Level des Incident Managements organisiert sind. Im Falle einer funktionalen Eskalation werden die in anderen Abteilungen (bzw. außerhalb der ID in den Departementen) liegenden nachgelagerten Support-Level durch den Service Desk gesteuert. Durch diese Organisationsform als gesonderte Abteilung kann ein Großteil der Tätigkeiten zur Störungsbearbeitung mit möglichst geringen Überschneidungen zu anderen Abteilungen erfolgen.

Als nächster Schritt ist die Fortsetzung der Reorganisation auf der Ebene der Departemente vorgesehen, sodass eine Ausdehnung der Service-Prozesse in dezentrale Bereiche erfolgen kann. Der dezentrale Support soll vollständig in die Informatikdienste eingegliedert werden, für die Integration der dezentralen Supportstrukturen ist die Schaffung einer neuen Abteilung „Service-Delivery" in den ID vorgesehen.

6.1.3.3 Information und Dokumentation der Prozessimplementierung

Im Rahmen der ISO 20000-Zertifizierung wurden umfangreiche Prozess- und Service-Dokumentationen für die interne Verwendung erarbeitet:

- Dokumentation der Service-Prozesse (Prozesshandbücher) anhand einheitlicher Templates. Verantwortlichkeiten wurden als Rollenkonzept definiert (anhand RACI-Matrix) und die Verortung innerhalb der Organisation dokumentiert,
- Definition der erbrachten Services in Service Level Agreements mit messbaren Reaktions- und Wiederherstellungszeiten. Diese Dokumentation ist auch für Kunden und Endanwender einsehbar.

Die Dokumentationen erfüllen die hohen Anforderungen der Norm. Pflege und Weiterentwicklung der Dokumente erfolgen durch die Prozessmanager bzw. in den Abteilungen, die Verantwortlichkeit liegt bei der Stabsstelle Qualitätsmanagement. Für Anwenderinnen und Anwender werden die Leistungen der ID umfangreich auf den Webseiten der ID (www.id.ethz.ch) dokumentiert. Zudem werden zahlreiche Broschüren (siehe Abbildung 6.7) bereitgestellt, z. B.:

- Zielgruppenspezifische Darstellung der Dienstleistungen als Servicekatalog (für Mitarbeiterinnen und Mitarbeiter, Studierende),
- Informationen zu den internen Abläufen der ID als „Blick hinter die Kulissen",
- Regelmäßige Informationen zu aktuellen Themen, die als „Input-Flash" im zweimonatigen Rhythmus erscheinen.

Abb. 6.7 Image-Broschüre der ID (www.id.ethz.ch)

6.1.3.4 Personalentwicklung und -ressourcen

In den zentralen Informatikdiensten sind umfangreiche Maßnahmen zur langfristigen Personalentwicklung etabliert, für die ein ausreichendes Budget bereitsteht. Organisatorisch sind diese Aktivitäten in der ID-Stabsstelle im Bereich „Personal und Finanzen" angesiedelt. Die Berücksichtigung von Fragen der Personalentwicklung wurde bei der Prozesseinführung von Beginn an als ein wesentliches Erfolgskriterium für den langfristigen Erfolg gesehen.

ITIL-Projekten wird in Organisationen zunächst oft mit Abneigung begegnet, da die persönlichen Folgen für einzelne Mitarbeiterinnen und Mitarbeiter und die genauen Projektziele unklar sind bzw. unzureichend kommuniziert werden. Die ID sind diesem Aspekt mit einer klaren Kommunikation der strategischen Zielsetzungen begegnet. Auf individueller Ebene wurde Mitarbeiterinnen und Mitarbeitern eine Perspektive aufgezeigt: Durch die Reorganisation und die Übernahme neuer Verantwortlichkeiten (in den Prozessen) wurden individuelle Entwicklungspfade mit den Mitarbeiterinnen und Mitarbeitern entwickelt, bspw. wird es Mitarbeiterinnen und Mitarbeitern ermöglicht, sich zu spezialisieren und (im Falle dezentraler Mitarbeiterinnen und Mitarbeiter in den Departementen) in die zentralen Informatikdienste zu wechseln. Die Akzeptanz des Projektes wurde hierdurch maßgeblich gefördert.

Zur Unterstützung der Prozessdefinition wurden ITIL-Schulungen durchgeführt (ITIL-Foundation Ausbildung für Mitarbeiterinnen und Mitarbeiter in den Prozessen). Zwei Mitarbeiterinnen und Mitarbeiter auf der Leitungsebene haben zudem eine Ausbildung zum ITIL-Experten erhalten.

Rekrutierung von Fachkräften

Die personelle Situation an der ETH Zürich gestaltet sich im Gegensatz zu anderen öffentlichen Arbeitgebern einfacher: Die Hochschule gilt als attraktiver Arbeitgeber mit konkurrenzfähigen Löhnen, entsprechend niedrig ist die Fluktuation. Es ist ein eigenes flexibles Lohnsystem (15 Lohnklassen mit flexiblen Stufen innerhalb der Klassen) etabliert. Zusätzlich besteht ein flexibles Anreizsystem mit der Möglichkeit zur leistungsabhängigen Bezahlung (ca. 1,2 % der Lohnsumme, Sonderprämien- und Gruppenprämien). Diese Instrumente werden ebenfalls bei der Prozessimplementierung genutzt, indem z. B. Aspekte der Prozessarbeit Teil der abgeschlossenen Leistungsvereinbarungen sind und somit auch über Prämien bzw. die Gehaltsentwicklung gesteuert werden können.

Ein weiteres Beispiel für den Einsatz von Anreizsystemen ist die Organisation von Rufbereitschaften. Diese Regelung wurde auf freiwilliger Basis eingerichtet. Die Mitarbeiterinnen und Mitarbeiter erhalten hierfür eine eher symbolische Entschädigung (geringer Geldbetrag und Arbeitszeitentlastung von einem halben Tag je zwei Wochen Rufbereitschaft). Im Störungsfall wird die aufzubringende Arbeitszeit vergütet.

Dieses Verfahren hat sich als sehr erfolgreich erwiesen. Durch die Übernahme der Rufbereitschaft wird Verantwortung übernommen, wodurch die Identifikation mit den ID steigt. Da die Verfügbarkeit von Systemen Teil der Leistungsvereinbarungen der Systemverantwortlichen ist, treten wenig Störungen auf, sodass die Regelung nur zu geringer Mehrbelastung führt und nicht „missbraucht" werden kann.

Ressourcen für die ITIL-Implementation

Der Aufwand für die Einführung des Qualitätsmanagementsystems und für die Prozessimplementation können nur schwer quantifiziert werden. Alle Tätigkeiten wurden als Teil der Regelaufgaben neben dem Tagesgeschäft bearbeitet, einzige Ausnahme ist die dedizierte Stabsstelle Qualitätsmanagement. Nach Aussagen der ID wird geschätzt, dass in sechs Jahren ca. 15 Personenjahre investiert wurden (exklusive der externen Beratung). Eine Wirtschaftlichkeitsbetrachtung ist aufgrund des strukturellen Wandels und der weichen Faktoren bzgl. der Qualitätsverbesserung nicht durchgeführt worden. Nach eigener Aussage ist der „Return on Invest" jedoch durch die strukturelle Verbesserung und die wahrnehmbar gesteigerte Servicequalität bereits gegeben.

Rollenmodell

Die Service-Prozesse und Rollen wurden zusammenfassend mit folgenden Grundsätzen in der Organisation der ID verankert:

- Qualitätsmanagement und Controlling liegen bei der Stabsstelle Qualitätsmanagement. Sie agiert als Prozess-Owner der Prozesse. Gemeinsam mit der Leitung liegt bei ihr im Falle einer hierarchischen Eskalation faktisch die Weisungsbefugnis im Prozess.
- Die Prozessmanager sind in den übergeordneten Prinzipen auf Leistungsebene der Abteilungen installiert, um die Weisungsbefugnis im Prozess zu erleichtern.
- Verantwortlichkeiten für einzelne Vorhaben in den Prozessen werden durch wechselnde Verantwortliche organisiert (Bsp.: Change-Koordinator, Ticket-Owner im Incident Management). Je nach Reichweite und Auswirkung der Aktivitäten wird die Verantwortlichkeit in der Hierarchie höher angesiedelt (Bspw. Change Management).
- Die übergeordnete Koordination (zwischen Prozessen) erfolgt durch Abteilungsleiter und Leitungsebene.

Die Regelungen, insbesondere zur Weisungsbefugnis, wurden mit allen Abteilungsleitungen abgestimmt und nicht per Dekret angeordnet.

6.1.3.5 Kontinuierlicher Verbesserungsprozess

Zur Etablierung eines kontinuierlichen Verbesserungsprozesses wurden unterschiedliche Ansätze erprobt. Zunächst wurde in der ID-Direktion ein Qualitätszirkel etabliert, der mit Mitgliedern der Leitungsebene besetzt ist. In regelmäßigen Sitzungen werden abteilungsübergreifende Themen aufgegriffen. Entstanden ist dieser Zirkel aus dem ISO 9000-Vorhaben, mit der ITIL-Implementation fand eine thematische Ausweitung auf Prozessthemen statt. Hierfür hat sich die Organisation jedoch als nicht optimal erwiesen: Eine personelle Besetzung ausschließlich mit Mitarbeiterinnen und Mitarbeitern aus der Leitungsebene ist nur bedingt geeignet, um Detailaspekte aus ITIL-Prozessen zu diskutieren. Für eine effiziente Bearbeitung solcher Fragestellungen ist eine Teilnahme von Mitarbeiterinnen und Mitarbeitern aus dem operativen Bereich erforderlich.

Es wurden daher zusätzlich Qualitätszirkel innerhalb der einzelnen Servicegruppen (auf Abteilungsebene) etabliert, in denen kontinuierliche Prozessthemen besprochen werden. Aufgrund der Zusammensetzung ist eine tiefere thematische Bearbeitung von Themen möglich. Eine Beteiligung der Leitungsebene erfolgt nur nach Bedarf, ein Großteil der abgeleiteten Verbesserungsmaßnahmen wird eigenständig direkt umgesetzt. Aus eigener Sicht hat sich dieses Verfahren zur Prozessverbesserung sehr bewährt.

Neben den kontinuierlichen Zirkeln werden zur Qualitätsverbesserung regelmäßig interne Audits durchgeführt, die ein- bis zweimal jährlich wiederholt werden. Hierbei stehen die Themenfelder des ISO-20000 Standards innerhalb der Abteilungen im Fokus. Die Durchführung der Audits erfolgt durch die Stabsstelle QM anhand des ISO-20000 Fragenkatalogs (Self-Assessment). Zur Vorbereitung erfolgt eine Befragung der Mitarbeiterinnen und Mitarbeiter in den operativen Bereichen der Abteilung mit Hilfe von Fragebögen.

Die Ergebnisse des ISO-20000-Audits wurden mit den eigenen Ergebnissen ergänzt und zu einem Verbesserungsplan zusammengefasst, der durch die regelmäßigen Audits kontinuierlich fortgeschrieben wird.

Für den Bereich des ISO 9000 Qualitätsmanagements fand zudem einmalig eine Selbstbewertung anhand des EFQM-Modells statt (European Foundation for Quality Management). Hieraus wurden Ergebnisse mit konkreten Umsetzungsmaßnahmen gewonnen, die ebenfalls als hilfreich für die ISO 9000 Zertifizierung angesehen werden.

Zudem werden in den regelmäßig durchgeführten Personalumfragen Themenbereiche identifiziert, die für die Prozessimplementation Relevanz haben (z. B. bzgl. Aus- und Weiterbildungschancen, Durchlässigkeit der Organisation/Prozesse).

6.1.4 Umsetzungsstand der ITIL-Prozesse

6.1.4.1 Service Desk und Incident Management

Der in der neu geschaffenen Abteilung organisierte „ID-Helpdesk" ist primärer zentraler Anlaufpunkt für alle Belange bezüglich der angebotenen IT-Services und kann von allen Angehörigen der ETH Zürich (Studierenden und Mitarbeiterinnen und Mitarbeitern in Forschung, Lehre und Verwaltung) genutzt werden:

- Im Störungsfall wird 1st-Level Support geboten. Falls keine Behebung möglich ist, wird die Anfrage durch den Service Desk weitergeleitet.
- Darüber hinaus werden Beratung und Auskünfte zu allen Dienstleistungen der ID angeboten.

Die Kontaktaufnahme ist telefonisch (Werktags 8-18 Uhr), per E-Mail oder Web-Formular möglich.

Der ID-Helpdesk hat primär die Aufgabe des First Level Supports ohne spezifische Problemlösungsaufgabe. Der Helpdesk hat bei Anfragen geringer Komplexität Lösungskompetenz. Die Lösungsquote von 60 % ermöglicht es den speziellen IT-Services, sich auf die komplexeren Probleme zu konzentrieren und damit der IT-Organisation, effizient zu arbeiten. Das SPoC-Konzept wird derzeit noch in einigen Bereichen bewusst durchbrochen: Bei Anfragen zur sehr speziellen IT-Services können die zuständigen Mitarbeiterinnen und Mitarbeiter weiterhin direkt kontaktiert werden, da in diesen Fällen ein Großteil der Anfragen nicht durch den ID-Helpdesk gelöst werden könnte und somit der direkte Weg effizienter ist. In jedem Fall werden auch für diese Anfragen Tickets erstellt, so dass der Prozess zur Störungsbearbeitung bei der weiteren Bearbeitung in gleicher Weise gewährleistet ist (siehe Abbildung 6.8). Darüber hinaus gibt es weitere Hotlines für unterschiedliche Services (z. B. Support zu SAP im Verwaltungsbereich, Research Reporting).

Alle Anfragen werden in einem Ticketsystem auf Basis des Open Source Tools *OTRS* erfasst, Anwenderinnen und Anwender können dort jederzeit den Bearbeitungsstatus ihrer Anfragen einsehen. Aus den gelösten Problemen wird eine

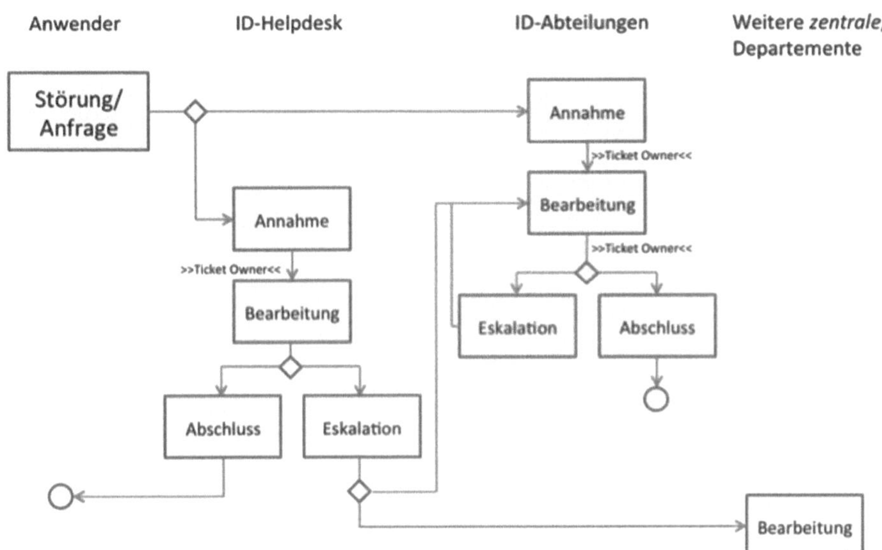

Abb. 6.8 Incident Management der ID (eigene Darstellung)

Lösungsdatenbank aufgebaut, die (in Teilen) als Frequently Asked Questions (FAQ) öffentlich zugänglich ist.

Wenn eine Störung nicht vom Service Desk gelöst werden kann, erfolgt eine Weiterleitung in die Service-verantwortliche Abteilung der ID. Die Steuerung der Störungsüberwachung erfolgt über das Rollenkonzept des Ticket-Owners, der die Verantwortung für die Überwachung der Störungsbearbeitung und innerhalb des Prozesses Weisungsbefugnis hat. Ticket-Owner ist zunächst der ID-Helpdesk bzw. die Bearbeitergruppe, die das Ticket erstellt hat. Bei Weitergabe des Tickets an eine für den betroffenen Service zuständige Abteilung wird auch die Rolle des Ticket-Owners weitergegeben. Ticket-Owner wird jeweils die Gruppenleiterin bzw. der Gruppenleiter, der auch für das Dispatching innerhalb seiner Gruppe verantwortlich ist. Durch die Zuordnung des Ticket-Owners auf die Ebene der Gruppenleiterin bzw. des Gruppenleiters ist jeweils eine Weisungsbefugnis innerhalb der Linienorganisation sichergestellt, wodurch die Steuerung der Störungsbearbeitung effektiv möglich ist.

Eine Weitergabe an andere zentrale Einheiten (z. B. an das NET) erfolgt zum Zeitpunkt der Erhebung noch per E-Mail, da diese noch nicht an das Ticketsystem angebunden sind. Der Bearbeitungsstatus wird jedoch weiter von den ID überwacht, sodass ein dedizierter Störungsabschluss gewährleistet ist.

Um einen 24/7-Betrieb der Server gewährleisten zu können, wurde eine Regelung zur Rufbereitschaft eingerichtet. In einem rollierenden System übernehmen die Mitarbeiterinnen und Mitarbeiter die Rufbereitschaft außerhalb der Arbeitszeit („Piquet-Dienst"). Im Störungsfall versuchen diese zunächst die Störung zu beheben, bei schwerwiegenden Störungen werden die Systemverantwortlichen kontaktiert und, falls erforderlich, zum Einsatz vor Ort aufgeboten.

6.1.4.2 Change und Release Management

Change Management und Release Management sind vollständig implementiert für alle Services, die durch die zentralen Informatikdienste erbracht und verantwortet werden. Eine klare Abgrenzung besteht auch in diesen Prozessen für Services, die durch andere zentrale Einheiten oder in den Departementen erbracht werden: Eine Steuerung von Änderungen über die ID hinaus ist aufgrund der organisatorischen Rahmenbedingungen (Selbstständigkeit der Departemente und fehlende Prozessreife) derzeit noch nicht möglich.

Change und Release Management sind als integrierter Prozess definiert, in welchem der Release als letzter Schritt im Change Management verstanden wird. Die Prozessaktivitäten aus beiden Prozessen sind jedoch vollständig und getrennt beschrieben, sodass Changes und Releases unterschieden werden. Die Steuerung sämtlicher Änderungen erfolgt daher „ITIL-konform" über die Aktivitäten des Change Managements. Die Tätigkeiten des Release Managements werden durch das Change Management gesteuert.

Die Dokumentation der Changes erfolgt vollständig über RfCs, die im Ticketsystem abgebildet sind.

Um eine effiziente Steuerung der Changes in Abhängigkeit von Umfang und Auswirkung zu ermöglichen, werden die Change-Verantwortlichen in Abhängigkeit von der Klassifikation innerhalb der Linienorganisation unterschiedlich besetzt (siehe Tabelle 6.2):

Tabelle 6.2 Klassifikation von Changes (Quelle: ETHZ-ID)

Change-Typ	Beschreibung	Verantwortlichkeit
Minor Change	Kleinere Änderungen, ein Service betroffen, geringes Risiko, RfC nicht unbedingt erforderlich (bei Routine-Updates)	Change-Verantwortlichkeit liegt bei Service-Verantwortlichem
Normal Change	Funktionale Änderungen eines Services, Abhängigkeiten zu weiteren Services sind zu berücksichtigen, vollständige Steuerung über RfC	Change-Verantwortlichkeit liegt bei Gruppenleiter der Abteilung, die die Hauptlast des Change trägt
Major Change	Auswirkungen auf andere Services, abteilungsübergreifende Abstimmung erforderlich, vollständige Steuerung über RfC	Change-Verantwortlichkeit liegt bei Abteilungsleiter

Nach eigener Aussage konnte in den ID durch diese unterschiedlichen Verantwortlichkeiten schnell eine effiziente Steuerung im Change-Management erzielt werden. Eine Abstimmung dieser Regelung erfolgte auf Abteilungsleiterebene. Durch die wechselnden Verantwortlichkeiten im Prozess konnten nach Aussagen der ID schnell die abteilungsübergreifende Zusammenarbeit verbessert und die Fehlerquote bei Changes verringert werden. Die Besetzung der Change-Verantwortlichkeit auf Leitungsebene bei Major Changes sei erforderlich, um ausreichende Weisungsbefugnis zu erhalten.

Die Rollenbesetzung im Release-Management ist analog organisiert. Die jeweiligen Change-Verantwortlichen sind auch für die resultierenden Releases verantwortlich.

Zur Steuerung des Prozesses und der Identifikation werden regelmäßig KPI ausgewertet (insb. umgesetzte RfC, abgewiesene RfC, Anteil entdeckter unauthorisierter Changes, Anteil der RfC, die in Zeitplanung umgesetzt wurden, Anteil der RfC, die neuen Zeitplan erfordern).

6.1.4.3 Service Level Management

Ein besonderer Fokus der Prozessimplementierung an der ETH Zürich lag auf dem Bereich des Service Level Managements und der Entwicklung von SLA .

Dieser Schritt muss vor dem Hintergrund der eingangs erläuterten tradierten Organisationskultur in Hochschulen als besondere Herausforderung gesehen werden. Die vollständige Beschreibung von Services mit messbarer Qualität in SLA stellt einen völligen Paradigmenwechsel gegenüber der vorher üblichen Dienstleistungserbringung in „Best-Effort-Qualität“ dar. Der durch SLA induzierte Kulturwandel hat sowohl interne als auch externe Auswirkungen. In Richtung der Anwenderinnen und Anwender und der Kunden an der ETH Zürich wurden das gesamte Leistungsspektrum der zentralen Informatikdienste transparent und damit auch Basis-IT-Services sichtbar, die vorher vielfach nicht bewusst wahrgenommen wurden. Gleichzeitig erfolgt aber auch eine klare Abgrenzung zu Dienstleistungen, die nicht (mehr) erbracht werden. Dieses ist gegenüber den bisher „verwöhnten“ Anwenderinnen und Anwendern oftmals schwierig zu kommunizieren. Insbesondere im Falle von Departementen bzw. Lehrstühlen, die vormals eine gute personelle Ausstattung für den IT-Support hatten, erscheint der Wechsel zu zentralen Angeboten oftmals als Einschränkung, da die Flexibilität der Dienstleistungserbringung abnimmt. Die dadurch erzielten Vorteile bzgl. Effizienz, Gewährleistung der Verfügbarkeit etc. werden erst später sichtbar und müssen daher detailliert kommuniziert werden.

Intern können durch SLA ebenfalls zunächst Widerstände (oder im Extremfall Ängste) geschürt werden, da durch die definierten Service-Verfügbarkeiten und die Reaktionszeiten klar messbare Vorgaben für Prozessziele beschrieben werden, bei deren Nichterreichung Konsequenzen befürchtet werden. Auch hier kann ein erheblicher Wandel gegenüber der bisherigen Art der Dienstleistungserbringung im Hochschulumfeld bestehen, das durch ein hohes Maß an Freiheiten geprägt ist.

Eine weitere Herausforderung bestand bei der Definition der SLA-Zielwerte: da bisher keine Messungen erfolgt sind und die Prozesse im Rahmen des Vorhabens erst neu aufgebaut wurden, gab es keine belastbaren Erfahrungen zu den realistisch lieferbaren Servicequalitäten. Für die SLA-Einführung war es daher erforderlich, eine notwendige „Lernkurve“ zu berücksichtigen.

Die ID sind dieser Problematik bei der SLA-Einführung mit folgendem Konzept gefolgt: Die Lösungszeit wird als „Time to repair target“ (TTRT) definiert, als die Zeit, in der im Normalfall eine Störung behoben werden kann. Diese wird aber bewusst als Zielzeit verstanden, die (insbesondere in den Einführungsphasen) auch in Ausnahmefällen überschritten werden kann. Dabei wird auf die Metapher einer „Zielscheibe“ zurückgegriffen: Ziel ist der „Treffer ins Schwarze“, die nächsten Ringe entsprechen der nächsten Zielzeit bei Überschreitung (z. B: 1. Ring: 2 Tage, 2. Ring: 4 Tage, siehe Abbildung 6.9).

Anhand dieser Metapher erfolgt die Kommunikation der SLA. Durch die weiche Formulierung konnten ID-interne Widerstände gegen die Entwicklung von SLA abgebaut werden, die Lösungszeiten werden dennoch in den meisten Fällen erreicht. Auch nach außen wird so deutlich kommuniziert, dass zunächst Zeiten erprobt werden, deren Einhaltung unter Umständen nicht gewährleistet ist. Im Rahmen des kontinuierlichen Verbesserungsprozesses ist eine Verkürzung der Zeiten möglich.

Für die Services der ID werden drei Serviceklassen mit gestaffelten Reaktions- und Wiederherstellungszeiten (TTRT) unterschieden. Außerhalb der Kern-Servicezeit (werktags 8 bis 17 Uhr) sind für Basisdienste (z. B. Netz) abweichende Qualitäten mit Monitoring und Rufbereitschaft (Piquet-Dienst) definiert.

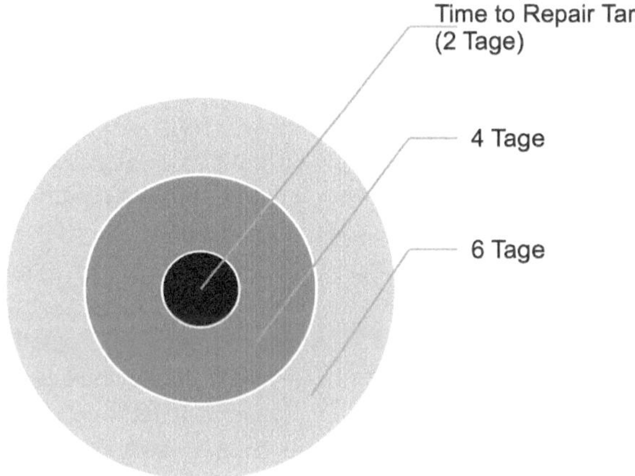

Abb. 6.9 Definition von „weichen" SLA an der ETH Zürich

SLA wurden, soweit möglich, für alle Services entwickelt, die Definition von Abhängigkeiten (Service-Bäume) war zum Zeitpunkt der Erhebung in Bearbeitung.

Die Service-Beschreibungen sind für alle Angehörigen der ETH Zürich transparent dargestellt (siehe Tabelle 6.3): Die SLA der Basisdienste können auf der internen Webseite eingesehen werden. In unterschiedlichen Broschüren und auf

Tabelle 6.3 Beispiel eines SLA der ID (Quelle: ETHZ-ID)

ETH Zürich - Informatikdienste

Qualitätsmanagement ID

Prozesseigner	Dienstleistungserbringung	Prozess Fam	Reg.	Dokument-Nr.	Seite
ID-KOM D&S	Service Level Agreement Datenkommunikation	6	6	6-32 SLA Datenkommunikation	Seite 1 von 1

Service Level Agreement Datenkommunikation

Service Level Agreement Datenkommunikation	**Leistungen Datenkommunikation**	**Reaktionszeit 08.00-17.00**	**17.00 – 08.00**	Feiertage	**TTR (time to react)**	**time to repair target (not guaranteed)**
Die Service Level Agreements geben Ihnen einen Überblick über die Leistungen der Daten-Kommunikation. Diese Angaben gelten nicht für Neuinstallationen. ➢ Die SLA garantieren Ihnen Reaktionszeiten und Abarbeitungszeiten (MTTR) ➢ SLA zeigen Ihnen Leistungen für Einzelanfragen ➢ Weitere Informationen finden Sie unter http://www.network.ethz.ch **Erreichbarkeit des Supports:** Werktags Mo-Fr: 08.00 – 17.00 Sa, So, Feiertage: über Web / E-Mail **Reaktionszeiten:** O (Alarm) = sofort O (Normal) = 4 Stunden **TTR** Die Reaktionszeit ist die Zeit zwischen Annahme der Meldung und Start der Bearbeitung **TTRT** TTRT (time to repair target) ist die Zeit, die üblicherweise vergeht zwischen Annahme des Calls und der Erledigung des Problems. Nicht durch die ITC beeinflussbare Zeit (z.b. Bewilligung durch andere Abteilung) wird nicht gezählt.	Netzwerkanschluss (Ethernet)				1/2 Tag	1/2 Tag
	Wireless Netzwerkanschluss (WiFi)				1 Tag	2 Tage
	Domain Name Service (DNS)				2 Stunden	1/2 Tag
	Dynamic Host Control Protocol (DHCP)				2 Stunden	1/2 Tag
	IP-Adressenverwaltung	---			1 Tag	2 Tage
	Firewall				1/2 Tag	2 Tage
	Virtual Private Network (VPN)				1/2 Tag	2 Tage
	Datennetz Überwachung - Reaktionszeit Überwachung / Pikett Service ROT					
		Reaktionszeit 08.00-17.00	**17.00 – 08.00**	**Feiertage**		
	24 Std Überwachung und Monitoring		---	---	1/2 Tag	2 Tage
		7*16h 06.00-22.00	**7 *24h 22.00 – 06.00**			
	Reaktion Pikett	7*16h innerhalb 1h	keine Reaktion		30 Min. in der Zeit von 06.00 bis 22.00 Uhr	4h in der Zeit von 06.00 bis 22.00 Uhr
	Einsatz Alarmierungsgruppe	so schnell wie möglich	keine Reaktion			

erstellt, bzw. geändert und geprüft		Publikation		überprüft und freigegeben	
Datum: 04.05.2009	gez. Derk Valenkamp	Datum: 2. 3. 2009	gez. Beat Müller	Datum : 16.2. 2009	gez. Armin Wittmann

https://portal.id.ethz.ch/ISO 20000 in Arbeit/6 Service Delivery Processes/6-30 Kommunikation/6-32 Datennetz/6_32_SLA-Data-Services-001.doc der Webseite werden die Dienstleistungen im Sinne eines Servicekatalogs zudem zielgruppenspezifisch beschrieben (s. Abschn. 6.1.3.3).

In den ID fand die eindeutige Abgrenzung zwischen Dienstleister, Kunden und Anwenderinnen bzw. Anwendern wie folgt statt: Auftraggeber ist die Schulleitung, da mit dieser die Strategie abgestimmt und das Budget von dieser zugewiesen wird. Als Anwenderinnen und Anwender sind alle Angehörigen der ETH Zürich definiert (wissenschaftliches und nicht-wissenschaftliches Personal in den Departementen, im Rektorat, bei den ID), Studierende sowie ggf. Anwenderinnen und Anwender externer Organisationen.

Die Definition der SLA-Anforderungen und -Definitionen wurde von den ID gesteuert: Sie entwickelten SLA auf Basis der bisher (undefiniert) erbrachten Leistungen. Diese wurden als Diskussionsgrundlage der Schulleitung vorgelegt und abgestimmt. Intern erfolgte die SLA-Entwicklung analog zur Prozessdefinition: Auf Basis eines SLA-Templates erfolgte die Definition innerhalb der verantwortlichen Abteilung, die Zusammenführung anschließend durch die Stabsstelle Qualitätsmanagement.

Die SLA werden aus eigener Sicht als ein wesentliches sichtbares Ergebnis des ISO 20000-Vorhabens und als maßgeblich für den Erfolg bewertet. Aus Kunden- und Anwendersicht wurde die Leistungsfähigkeit sichtbar und die Transparenz begrüßt. Für die internen Prozesse konnten klare Vorgaben geschaffen und ein „Druck“ zur Einhaltung erzeugt werden; den beteiligten Akteuren wird die Bedeutung der eigenen Arbeit klarer sichtbar.

6.1.4.4 Financial Management

Auf Basis der in der ICT-Strategie formulierten Zielsetzungen erhalten die ID ein Budget, dessen Verwendung intern eigenverantwortlich gesteuert wird.

Die Dienstbereitstellung für die Organisationseinheiten der ETH Zürich erfolgt entgeltfrei, lediglich für Dienste, die nach individueller Anforderung nur für einzelne Departemente angeboten werden, erfolgt eine separate Verrechnung.

Die ID sind somit großteils (pauschal) budgetiert. Das Pauschalbudget wird in die servicebezogenen Kosten aufgeteilt, aber nicht als Kosten-Leistungsmodell ausgewiesen.

6.1.4.5 Security Management

Das Security Management ist als abteilungs- und prozessübergreifendes Prinzip (Verantwortung durch Stabs- bzw. Leitungsebene) implementiert. Der Security-Manager ist innerhalb der ID als Gruppenleiter in der Abteilung Kommunikation angesiedelt, da hier der größte inhaltliche Bezug besteht. Als Regelaufgabe werden proaktiv die Netzwerke und Dienste unter Sicherheitsaspekten kontrolliert (Monitoring, Scanning, Virenschutz etc.). Für Betrieb und Nutzung bestehen umfangreiche Security-Policies (Benutzerordnung Telematik). Durch bauliche Maßnahmen wurden unterschiedliche Sicherheitsbereiche definiert.

Bei Sicherheitsvorfällen ist der Security-Manager abteilungs- und prozessübergreifend weisungsbefugt, soweit die Tätigkeiten die Behebung der Störung betreffen. Dies bedeutet auch eine Übernahme der Steuerung des Incident-Prozesses und die entsprechende Priorisierung der Störungen.

Ergänzend gibt es übergeordnet für die gesamte Hochschule einen „Security-Officer“. Eine Abstimmung erfolgt in allen Bereichen, in denen aus IT-Sicherheitsaspekten heraus personal- und/oder strafrechtliche Konsequenzen entstehen können.

6.1.5 Bewertung der Fallstudie

Die ursprünglichen Ziele der zentralen Informatikdienste bei der Prozessimplementation wurden vollständig erreicht. Aus eigener Sicht wird das gewählte Vorgehen als gut bewertet. Für die Unterstützung sämtlicher Prozesse durch ein entsprechendes **Tool** wurde sehr früh schon auf ein Open Source Ticketingsystem gesetzt. Die **Prozessreife** muss aufgrund der Zertifizierung mit ISO 20000 als sehr hoch eingestuft werden. Durch den Top-Down-Ansatz, bei dem zunächst Management-Prozesse betrachtet wurden (ISO 9000-Zertifizierung), fand eine Sensibilisierung der Mitarbeiterinnen und Mitarbeiter auf Management-Ebene zur Prozessorientierung statt. Diese umfangreichen **Vorerfahrungen** haben die relativ schnelle Prozessimplementation und die ISO 20000 Zertifizierung im operativen Bereich maßgeblich unterstützt. Dadurch war das **Prozessdenken** insbesondere auf der mittleren Managementebene weitgehend etabliert und konnte dann sukzessive auf die Gesamtorganisation ausgeweitet werden. Bei der Einführung wurden von Anfang an Kompetenzen im **Projektmanagement** aufgebaut bzw. auf bestehende Expertise zurückgegriffen. Hierfür wurde eine Stabstelle geschaffen, die den gesamten Einführungsprozess steuert. Ein wichtiger Fokus in der ersten Phase der Prozessdefinition war die Entwicklung eines **Serviceportfolios**, das in Absprache mit der Hochschulleitung und den Departementen entwickelt wurde. Daraus ergab sich auch die klare Abgrenzung zwischen verbindlichen Basisdiensten für alle Organisationseinheiten der ETH Zürich und den Zusatzdiensten, die nach einem Verrechnungsschlüssel bestellt werden können. Damit entsprechen die zentralen Informatikdienste dem besonderen Charakter einer dezentral orientieren Organisation und erreichen gleichzeitig eine breite Versorgung der Universität. Hieraus entstand auch der Ansatz, „weiche“ **SLA** zu definieren, um den spezifischen Bedingungen eines Dienstleisters innerhalb einer Universität gerecht zu werden. Als Standortvorteil lässt sich ausmachen, dass die ETH Zürich durch ihr Renommee als sehr attraktiver Arbeitsplatz gilt und daher relativ leicht **hochqualifizierte** Mitarbeiterinnen und Mitarbeiter gewinnen kann. Quer zu diesem konkreten Vorgehen können weiche Faktoren als unterstützend bewertet werden: Nur durch das persönliche Engagement vieler Mitarbeiterinnen und Mitarbeiter und die für Kommunikation und Änderungen offene Organisation war die schnelle Reorganisation möglich. Durch die Maßnahmen wurden schnelle Verbesserungen (Quick-Wins) erzielt, die in den Service-Abteilungen sichtbar wurden und somit schnelles Feedback gaben.

Die ITIL-Implementation wurde nicht als isoliertes Projektvorhaben gestartet, sondern von Beginn als Teil eines **Reorganisationsprozesses** der Organisation gesehen, bei dem die strategische Neuausrichtung der Organisation zur Serviceorganisation im Vordergrund stand. Dabei fand eine Anpassung der Organisationsstrukturen in Hinblick auf die effektive Prozessimplementation statt. Das klare **Management Commitment** sowohl auf Seiten der Leitung der zentralen Informatikdienste als auch in der Hochschulleitung ist eine zentrale Stärke des Ansatzes. Die Schaffung der Stabsstelle Qualitätsmanagement als zusätzliche **Ressource** war und ist wesentlicher Treiber für die zügige Prozessoptimierung. Die Zertifizierungen waren konkrete Ziele, auf die hingearbeitet werden konnte. Die Erreichung der ISO 20000 Zertifizierung wird zwar im Nachhinein als schwieriger als ursprünglich angenommen bewertet, aber dennoch aufgrund der klaren Vorgaben innerhalb des Normenkataloges als hilfreich angesehen. Aus Sicht der ID wäre eine detaillierte Vorbereitung des Vorhabens auf Management-Ebene hilfreich gewesen, da zahlreiche Aspekte erst bei der Umsetzung in den Abteilungen sichtbar wurden. Die **Laufzeit** über insgesamt mehrere Jahre (inkl. ISO 9000) wurde benötigt, um Erfahrungen zur Prozessimplementierung zu sammeln und Prozessbewusstsein auf allen Ebenen zu entwickeln. Dem zugrunde lag eine eindeutige IT-Strategie und eine **Vision,** die mit allen Beteiligten abgestimmt worden ist und die auch bei den Mitarbeiterinnen und Mitarbeitern angekommen ist. Sie stehen auch im Zentrum der Organisationsentwicklung durch entsprechende **Personalentwicklungsmaßnahmen**. So werden umfangreiche Schulungen angeboten, Zielvereinbarungen ausgehandelt, in denen die Service- und Prozessorientierung eine Rolle spielen und durch ein Anreizsystem verstärkt werden. Aufgrund der hohen Kompetenz innerhalb der zentralen Informatikdienste wurde bis auf die Schulungsmaßnahmen weitgehend auf **externe Unterstützung** verzichtet.

Auch die Außensicht (aus den dezentralen Departementen) auf die zentralen Informatikdienste wurde durch das Implementierungsvorhaben stark verbessert und hat sich in Richtung Service-Dienstleister mit entsprechender **Kundenperspektive** entwickelt. Die zentralen Informatikdienste sind sehr stark auf **IT-Business-Alignment** ausgerichtet, da aufgrund der Vorarbeiten im Qualitätsmanagement ein Grundverständnis in Bezug auf die Unterstützung der zentralen Geschäftsprozesse einer international ausgerichteten Forschungsuniversität vorhanden war. Teil der Governanceperspektive ist die Fokussierung auf die **Informationssicherheit** als zentrales Thema für den IT-Dienstleister. Die Servicedefinitionen im Bereich der Basisdienste entsprechen diesem Grundgedanken und die Etablierung einer Stabsstelle unterstreicht diesen Ansatz. Die Zertifizierung nach ISO 20000 und ISO 9000 beinhaltet ausdrücklich ein Verfahren für den **kontinuierlichen Verbesserungsprozess**. Daher ist dies bereits weitgehend in der Organisation verankert und ist durch die Stabsstelle Qualitätsmanagement auch organisatorisch verankert. Die Zertifizierungen wurden nach eigenen Aussagen in den anderen Organisationseinheiten der ETH Zürich und auch extern positiv wahrgenommen – sie können als Symbol für die Qualitätsverbesserung und Serviceorientierung der zentralen Informatikdienste verstanden werden. Ausschlaggebend für die verbesserte Außenwahrnehmung waren die spürbaren Qualitätsverbesserungen. Die erstellten Dokumentationen (Service-Beschreibungen) sind dabei konkretes Werkzeug, um die angebotenen Services besser darstellen zu können.

Die durch den Reorganisationsprozess und die Zertifizierungen gewonnenen Erfahrungen sollen auf andere Bereiche der ETH Zürich übertragen werden, in denen die zentralen Informatikdienste unterstützend tätig sind. In diesem Rahmen wird durch die zentralen Informatikdienste der Aufbau des Qualitätsmanagements im neuen Hochleistungsrechenzentrum maßgeblich unterstützt. Aus Gesamtsicht der Hochschule kann das Vorhaben somit als hilfreich für viele Bereiche gesehen werden, da spezifisches Organisations-Know-how an zentraler Stelle geschaffen wurde, das für viele Bereiche zunehmende Relevanz erhält.

6.2 Departement Informatik – IT Service Group

6.2.1 Allgemeine Informationen zur IT-Organisation

Zur Analyse des Zusammenwirkens zwischen zentralen Diensten (v.a. ETHZ-ID) und den dezentralen Organisationseinheiten wurde mit der Informatik das Beispiel eines IT-affinen Departements ausgewählt.

Das Departement Informatik (D-INFK) blickt im Verhältnis zu anderen Departementen an der ETH Zürich auf eine relativ junge Geschichte zurück: 1981 ist die „Abteilung Informatik" gegründet worden. Dies war die erste Neugründung einer Abteilung an der ETH Zürich seit 1935. Hervorgegangen ist sie aus dem 1948 gegründeten „Institut für angewandte Informatik". Dort wurde im Informatikbereich geforscht und frühzeitig anderen Bereichen der Hochschule Rechenleistung zur Verfügung gestellt (erstmals 1957 mit dem System „ERMETH" auf Basis einer Z4). In den 1980er Jahren ist der Informatikbereich rasant gewachsen, sodass 1988 das heutige D-INFK gegründet wurde. Heute lehren und forschen ca. 30 Professorinnen und Professoren mit einer starken interdisziplinären Ausrichtung am D-INFK.

Die „IT Service Group of the Computer Science Departement" (isginf) ist als interner Dienstleister für den Betrieb der IT-Dienste und der generellen Hardware-Infrastruktur am Departement Informatik der ETH Zürich verantwortlich. Den Mitarbeiterinnen und Mitarbeitern in den Forschungs- und Lehrgruppen und den Studierenden werden IT-Services zur Verfügung gestellt und Unterstützung beim Test und bei der Entwicklung von Hardware für Projekte angeboten. Das Serviceportfolio umfasst u.A. die Dienste

- Network-Basisdienste (Identity Management, Storage, Printservice etc.),
- Web-Services (Webhosting, Wiki, Foren, Infoportal, . . .),
- Server-, Desktop-, Laptopinstallationen und Wartung,
- Beschaffung,
- Helpdesk und Support,
- Betrieb von Computerräumen (Studentenpools),
- Hörsaalbetreuung und Ausleihe Multimediageräte.

Es werden grundsätzlich nur Dienste angeboten, die nicht von den zentralen Informatikdiensten (ETHZ-ID) bezogen werden können. Falls aus der Informatik heraus besondere Anforderungen an bestimmte Dienste bestehen (bzgl. Erweiterungen, Qualität etc.), so werden diese von der IT Service Group nach Möglichkeit auf Basis der zentralen Dienste mit eigenen Erweiterungen (im Sinne eines Mehrwerts) angeboten. Alle anderen Angebote werden autark entwickelt und betrieben. Von den zentralen Informatikdiensten werden u.a. die Dienste Telefonie, Netzwerk, E-Mail, Active Directory, LDAP, CMS, Storage ganz oder in angepasster Form genutzt.

Neben dem D-INFK wird ein externer Kunde mit IT-Dienstleistungen versorgt: das Forschungslabor „Disney Research Zurich" des Disney-Konzerns wird vollständig durch die IT Service Group betreut. Die Dienstleistungen sind vertraglich vereinbart und werden verrechnet, die Abstimmung erfolgt über den Vorsitzenden des Labors, der zugleich Professor am Departement Informatik ist.

6.2.1.1 Organisationsstruktur

Die IT Service Group ist als zentrale Gruppe im Bereich „Management und Verwaltung" des D-INFK angesiedelt (siehe Abbildung 6.10). In der Gruppe sind zum Erhebungszeitpunkt (Ende 2009) elf Mitarbeiterinnen und Mitarbeiter Vollzeit beschäftigt.

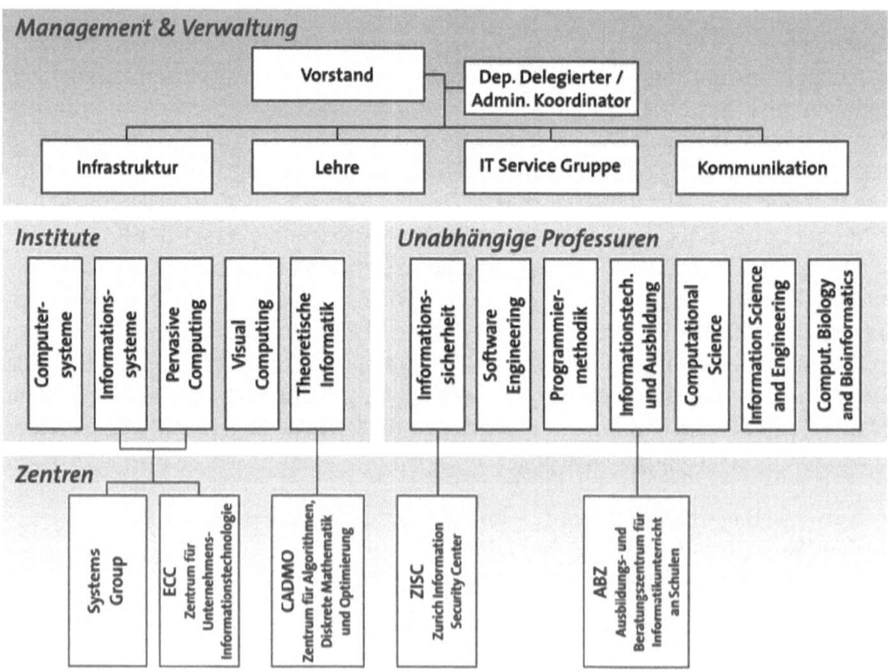

Abb. 6.10 Organigramm des Departement Informatik (D-INFK)

Zusätzlich gibt es in den Instituten und Professuren IT-Koordinatorinnen und -Koordinatoren, die für den IT-Support vor Ort und für organisatorische Fragen verantwortlich sind. Die Rolle wird in den meisten Fällen durch wissenschaftliches Personal in Teilzeit wahrgenommen, in einem Fachbereich (Cluster-Forschung) gibt es aufgrund des hohen Administrationsaufwands zusätzlich dedizierte Administratoren (drei VZÄ). Die IT-Koordinatorinnen und -Koordinatoren sind jeweils einer Professur zugeordnet und somit nicht der IT Service Group unterstellt; sie bilden die primäre Schnittstelle zwischen der IT Service Group und den Organisationseinheiten innerhalb des Departements. Die Zusammenarbeit ist sehr eng, die IT-Koordinatorinnen und -Koordinatoren werden in der Rolle des Kunden gesehen.

Die Leitung der IT Service Group berichtet direkt an die Leitung des D-INFK. Seit dem Jahr 2005 ist zudem ein Steuergremium eingerichtet (*isginf* Advisory Committee, IAC), das die Leitungsebene in strategischen Fragestellungen (bzgl. technischer Ausrichtung, Finanzen etc.) in unregelmäßigen Abständen berät. Das IAC ist besetzt mit Professorinnen und Professoren sowie mit IT-Koordinatorinnen und -Koordinatoren des Departements Informatik, einem Vertreter des Departements Mathematik sowie der Leitung der zentralen Informatikdienste (ETHZ-ID).

6.2.1.2 IT-Strategie

Das Ziel des Departements Informatik ist es, zusammen mit anderen Departementen die internationale Spitzenposition der ETH Zürich in den Informations- und Kommunikationswissenschaften weiter auszubauen. Eine explizite Strategie der IT Service Group wurde nicht festgeschrieben. Ziel ist es, im Rahmen der vorhandenen Ressourcen eine bestmögliche Unterstützung der Forschungs- und Lehrtätigkeiten entsprechend der aktuellen Anforderungen zu bieten. Eine Abstimmung der Anforderungen erfolgt mit den IT-Koordinatorinen und -Koordinatoren in den Bereichen sowie mit dem beratenden Gremium IAC.

Vergleichbar mit anderen Bereichen der ETH Zürich ist auch am D-INFK die Arbeit von einer hohen Autonomie geprägt. Entsprechend „frei“ sind Einsatz und Nutzungsform der IT, dies wird verstärkt durch die extrem hohe Informatik-Affinität in allen Bereichen. Eine Standardisierung von IT-Services ist somit wenig sinnvoll und nur bedingt gewollt.

Grundlage für die Service-Erbringung ist der mit den Professuren abgestimmte Servicekatalog (s. Abschn. 6.3.3.4), in dem auch grundlegende Verfahren und Priorisierungen abgestimmt sind. Zudem gibt es einige Richtlinien (z. B. Aufgabenbeschreibungen der IT-Koordinatorinen und -Koordinatoren). Durch diese Dokumentationen ist der grundsätzlich angebotene Service-Umfang festgeschrieben.

6.2.2 Implementierung von Service-Prozessen

6.2.2.1 Ausgangssituation und Vorgehen bei der Prozessimplementierung

Die Einführung von Service-Prozessen erfolgt seit 2005. Ausgangspunkt war ein großer „System-Crash“ mit Datenverlust im Bereich der zentralen Server, der in der Nachbetrachtung die Notwendigkeit offenlegte, den IT-Betrieb und Support im D-INFK grundlegend neu zu organisieren. Das Vorhaben wurde somit aus dem Departement heraus ohne externen Einfluss gestartet. Ziel dabei war, den Support verlässlicher und effizienter zu gestalten, zudem fehlte es an Kostentransparenz. Störungen im erlebten Ausmaß galt es zukünftig durch proaktive Maßnahmen zu vermeiden. Erreicht werden sollte dies durch die Definition von Prozessen, die von Beginn an nach ITIL ausgerichtet wurden. Bei der Reorganisation erfolgte parallel eine teilweise personelle Neubesetzung in der IT Service Group.

Mit der Einführung von Prozessen fand in gewisser Weise ein Paradigmenwechsel statt: Vorher bestand die Anspruchshaltung, dass den Instituten pauschal sämtliche gewünschten IT-Services in beliebiger Heterogenität mit Support bereitgestellt werden. Eine Priorisierung von Tätigkeiten fand primär einzelfallbezogen statt (oft aufgrund persönlicher Beziehungen bzw. hierarchischer Stellung) – Schemata zur Klassifikation existierten nicht. Mit der Neuausrichtung wurden grundlegende Regelungen fest definiert, wodurch die „Freiheit" auf Anwenderseite eingeschränkt wurde.

Die Prozessimplementation erfolgte in zwei Schritten: Im ersten Schritt wurden im Jahr 2005 Richtlinien („ISG Guidelines") und ein Servicekatalog entwickelt. Hierin wurden die Aufgaben der IT Service Group beschrieben und abgegrenzt. Beschrieben sind hierin z. B. angebotene Dienste, Kompetenzen, Abgrenzung der unterstützten Hardware und Software sowie die Regeln zur Priorisierung von Tätigkeiten. Insbesondere die Priorisierung ist wesentliche Grundlage für die Arbeitsorganisation und maßgeblich für die Transparenz der Tätigkeitsreihenfolge gegenüber Anwenderinnen und Anwendern.

Die Guidelines wurden in der Departement-Konferenz mit allen Professorinnen und Professoren des D-INFK einstimmig abgestimmt. Dieses war ein wesentlicher Schritt für die weitere Reorganisation, da der „Selbsteinschränkung" durch die Leitungsebene zugestimmt wurde und somit ein klares Management Commitment für das Vorhaben erreicht wurde.

Im zweiten Schritt wurde mit der Definition von Prozessen begonnen. Startpunkt war die Reorganisation des Service Desk und die Definition des Prozesses zum Incident Management, der vorher nur in wenig strukturierter Form etabliert war. Parallel wurde ein neues Ticketsystem eingeführt, das gegenüber dem Altsystem erweiterte Funktionalitäten bietet und die Prozesssteuerung verbessert.

Da der Service Desk als direkte Schnittstelle zu den Anwenderinnen und Anwendern im gesamten Departement sichtbar ist, wurden die Verbesserungen deutlich wahrgenommen. Die neue Organisation wurde als Symbol zur Service-Orientierung der IT Service Group verstanden.

Mit der Prozessdefinition wurde auch eine ITIL-Ausbildung der Mitarbeiterinnen und Mitarbeiter in der IT Service Group gestartet. Hierfür wurde das Schulungsangebot der zentralen Informatikdienste (ETHZ-ID) genutzt. Eine Unterstützung durch externe Berater wurde nicht in Anspruch genommen.

6.2.2.2 Information und Dokumentation der Prozessimplementierung

Im Reorganisationsprojekt wurde von Beginn an auf eine hohe Transparenz und eine möglichst gute Sichtbarkeit der durch die Reorganisation erzielten Verbesserungen geachtet. Exemplarisch hierfür ist das oben dargestellte Vorgehen zur frühzeitigen Entwicklung der Guidelines.

Zentraler Informationspool für alle Anwenderinnen und Anwender ist die Webseite der IT Service Group. Neben Informationen zum Service-Angebot, aktuellen Nachrichten und dem Status der Systeme sind von hier aus auch alle Prozessdefinitionen frei und vollständig öffentlich abrufbar. Von den Mitarbeiterinnen und Mitarbeitern der IT Service Group wird zudem ein internes Wiki genutzt.

Umfang und Stand der Prozessdefinition sind als Prozesslandkarte in Form einer Mind-Map dokumentiert, die ca. 60 Prozesse in acht Kategorien umfasst. Neben den ITIL-Prozessen sind weitere operative („nicht-ITIL") Prozesse (Bereitstellung von Services, Einrichtung von Accounts etc.) beschrieben (siehe Abbildung 6.11).

Die Dokumentation der Prozesse selbst erfolgt in Form kommentierter Flowcharts (siehe Abbildung 6.12). Die in den Prozessaktivitäten verantwortlichen bzw. beteiligten Akteure (intern und extern) sind durch „Swimlanes" zugeordnet. Für jeden Prozessschritt werden die von der IT Service Group benötigten Arbeitszeiten und mögliche Laufzeitverlängerungen, die durch externe Abhängigkeiten (z. B. zu den zentralen Informatikdiensten) entstehen, dargestellt; zudem wird auf (externe) Dokumentationen verwiesen. Eine weitere Beschreibung der Prozesse (z. B. in Form eines Prozesshandbuches) erfolgt nicht.

Abb. 6.11 Prozesslandkarte der IT Service Group (Stand: Juli 2010)

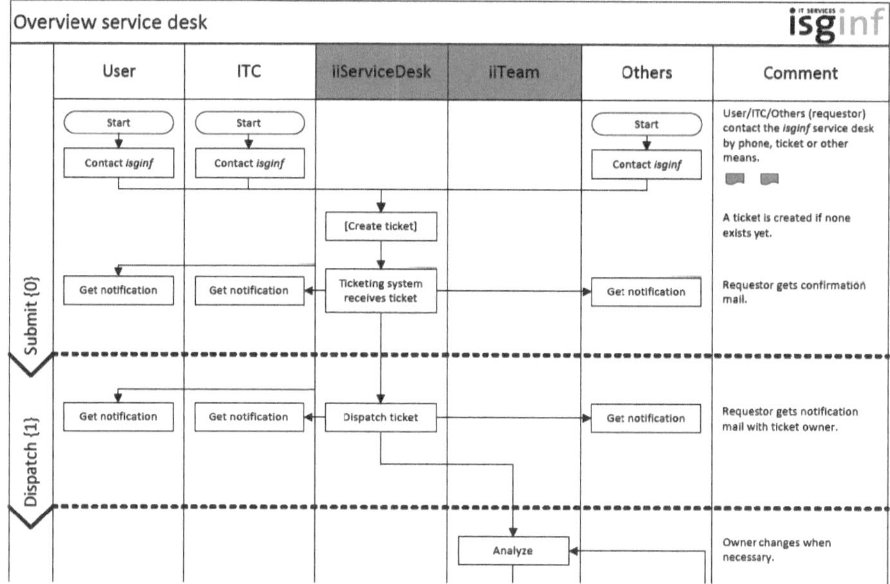

Abb. 6.12 Prozessdokumentation der IT Service Group (Beispiel)

Service Katalog und Guidelines sind textuell beschrieben und ebenfalls im Portal als einzelne Dokumente hinterlegt.

Die Dokumentationen dienen somit zum einen als Arbeitsmittel zur Strukturierung der internen Abläufe, zum anderen werden für Externe die Abläufe und Abhängigkeiten in den Prozessen transparent dargestellt.

6.2.2.3 Personalentwicklung und -ressourcen

Der IT Service Group ist eine feste Anzahl Stellen zugewiesen, die entsprechend den Anforderungen besetzt werden können. Da die einzelnen Stellen nicht an starre Gehaltsstrukturen gebunden sind, ist eine Besetzung mit entsprechenden Fachkräften sehr gut möglich. Insgesamt sind die Mitarbeiterinnen und Mitarbeiter überdurchschnittlich hoch qualifiziert, fast alle haben eine akademische Ausbildung im IT-Bereich und mehrere Jahre Berufserfahrung. Aufgrund des hohen IT-Know-hows im Departement sind auch die IT-Koordinatorinnen und -Koordinatoren entsprechend hoch qualifiziert.

Angebote zur Weiterbildung werden aus eigener Motivation wahrgenommen; dies gilt in den meisten Fällen auch für die angebotenen ITIL-Schulungsmaßnahmen.

Zur Unterstützung der Weiterentwicklung in Richtung Serviceorientierung wird versucht, in den Personalgesprächen einen direkten Bezug zu den IT-Services herzustellen; so werden beispielsweise bei Mitarbeiterinnen und Mitarbeitern, die für einen IT-Service verantwortlich sind, Service-Verfügbarkeiten als persönliche Entwicklungsziele definiert.

6.2.2.4 Kontinuierlicher Verbesserungsprozess

Ein formeller kontinuierlicher Verbesserungsprozess ist (noch) nicht etabliert, Verbesserungen in diesem Bereich werden aber als dringend erforderlich angesehen. Es erfolgt jedoch eine kontinuierliche Fortschreibung der Prozessdefinitionen (zum Erhebungszeitpunkt Ende 2009 nicht abgeschlossen) und eine Auswertung von KPI (z. B. für Service-Verfügbarkeiten), aus denen Maßnahmen abgeleitet werden.

6.2.3 Umsetzungsstand der ITIL-Prozesse

6.2.3.1 Übersicht zum Stand der Prozessimplementierung

Zum Erhebungszeitpunkt waren die Organisation des Service Desk und die Prozesse zum Incident und Problem Management definiert, das Change Management war in Bearbeitung. Daneben waren einige „Nicht-ITIL“-Prozesse definiert (Einkauf, Reparatur, Abstimmung einer neuen Dienstleistung, Paketierung Software).

Aufgrund der relativ geringen Anzahl von Mitarbeiterinnen und Mitarbeitern und der Organisationsstruktur mit flacher Hierarchie sind keine prozessspezifischen Rollen definiert. Eine „Überregulierung“ soll vermieden werden. Aktivitäten werden den beteiligten Organisationseinheiten zugeordnet, dabei werden folgende Rollen unterschieden (in Klammern werden die entsprechenden Bezeichnungen im oben dargestellten Prozessdiagramm genannt):

- Anwenderinnen und Anwender (User)
- IT-Koordinatorinnen und -Koordinatoren im D-INFK (ITC)
- Mitarbeiterinnen und Mitarbeiter im *isginf* Service Desk (iiServiceDesk)
- Mitarbeiterinnen und Mitarbeiter im *isginf* Team (iiTeam)
- Andere wie z. B. Partner, Lieferanten, Provider, die jeweils definiert werden (Other)

Für sämtliche Services und Support-Aktivitäten wurden Verantwortlichkeiten mit Stellvertreterregelung definiert.

Die Rollen des Prozess-Managers und des Prozess-Owners sind nicht explizit definiert. Die Aufgaben (Steuerung und Weiterentwicklung des Prozesses) werden de facto durch die Leitung der IT Service Group wahrgenommen.

Die insgesamt stark ausgeprägte Zusammenarbeit in der IT Service Group hat sich schnell auf die Arbeit in den Prozessen übertragen.

6.2.3.2 Service Desk und Incident Management

Der Support im Departement Informatik ist in einem dreistufigen Modell konzipiert (siehe Abbildung 6.13):

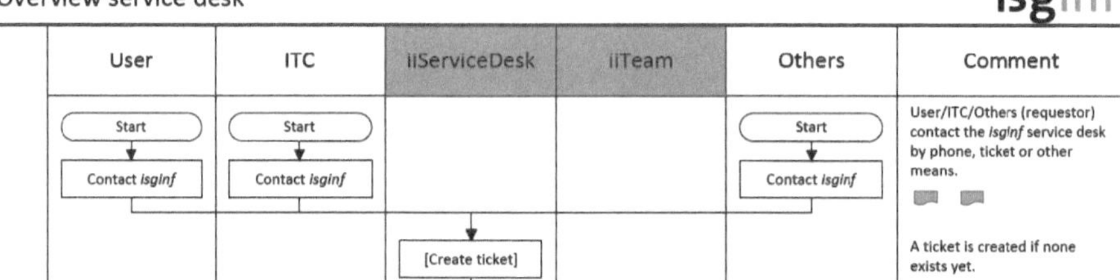

Abb. 6.13 Störungsannahme am Help Desk der IT Service Group (Auszug)

- IT-Koordinatorinnen und -Koordinatoren sind in den Instituten und Professuren erste Ansprechpartner (1st Level). Sie sind gleichzeitig die Schnittstelle zur IT Service Group.
- der *isginf* Help Desk wird durch die IT-Koordinatorinnen und -Koordinatoren kontaktiert, wenn diese die Anfrage nicht abschließend bearbeiten können (Help Desk als 2nd Level). Alternativ können Externe und Studierende den Help Desk direkt kontaktieren (Help Desk als 1st Level).
- Wenn eine Bearbeitung nicht innerhalb der IT Service Group möglich ist (z. B. bei Netzstörung), wird die Störung an die zentralen Informatikdienste (ETHZ-ID) weitergeleitet. Dies erfolgt meist durch direkten Kontakt zu den verantwortlichen Mitarbeiterinnen und Mitarbeitern der ETHZ-ID, der dortige Service Desk wird nicht genutzt.

Der *isginf* Help Desk ist werktags zwischen 9:00 und 11:30 Uhr sowie zwischen 13:30 und 16:30 Uhr erreichbar. Es werden alle Anfragen zu den im Servicekatalog beschriebenen Services bearbeitet (Störungen und Service-Requests).

Die interne Organisationsstruktur basiert auf einem rollierenden System: Dem Help Desk sind keine Personen zugewiesen, sondern es erfolgt ein wöchentlicher Wechsel zwischen sämtlichen Mitarbeiterinnen und Mitarbeitern der IT Service Group. Vorteil dieser Form der Besetzung durch Technikerinnen und Techniker ist, dass die Ansprechpartner in unterschiedlichen Bereichen hoch qualifiziert sind und vielfach im Erstkontakt auch zu komplexen Fragestellungen Support geben können. Nachteilig ist, dass die Qualität des Help Desk jede Woche abweichend wahrgenommen wird, da die Mitarbeiterinnen und Mitarbeiter unterschiedliche Erfahrungen im Telefonsupport besitzen und zudem unterschiedlich motiviert sind. Es wurden deshalb viele Abläufe im Help Desk standardisiert und relativ fein granuliert beschrieben, so dass die Tätigkeiten in möglichst gleichbleibender Qualität von den Kunden wahrgenommen werden.

Die Dokumentation und Steuerung der Tickets erfolgt intern in der IT Service Group über das Ticketsystem (auf Basis des Open Source Systems *OTRS*), die IT-Koordinatorinnen und -Koordinatoren und die zentralen Informatikdienste sind jedoch nicht in das System eingebunden (Weiterleitung erfolgt per E-Mail oder telefonisch).

Eine Priorisierung der Tätigkeiten erfolgt entsprechend der abgestimmten Richtlinie nach Dringlichkeit und Auswirkung der Störung (siehe Tabelle 6.4):

Tabelle 6.4 Priorisierung von Störungen in der IT Service Group

Priorisierung von Anfragen am Help Desk / im *isginf*-Team:
1. Störung an Basis-Infrastruktur (z. B. Web- oder Fileservice)
2. Störung an Server einer Arbeitsgruppe
3. Störung an Arbeitsplatz-PC einer Mitarbeiterin / eines Mitarbeiters
4. Störung an Arbeitsplatz-PC von Studierenden
5. Andere Anfragen und Projekte

Die Störungsbearbeitung erfolgt eigenverantwortlich durch das Team, eine zusätzliche operative Steuerung (z. B. Dispatching von Tickets) ist nicht erforderlich. Die Verantwortlichkeiten im Falle einer funktionalen Eskalation ergeben sich durch die definierten Service-Verantwortlichkeiten.

Für den Fall, dass während der Störungsbearbeitung Probleme an der Schnittstelle zu den zentralen Informatikdiensten auftreten, erfolgt eine hierarchische Eskalation durch die Leitung der IT Service Group auf informellem Weg zur Gruppen- oder Abteilungsleitung. Aufgrund der guten Zusammenarbeit sind keine formellen Eskalationswege erforderlich, Kommunikation wird als wesentlicher Faktor gesehen: „Ein Mittagessen ist hier oft effektiver als definierte Prozeduren".

6.2.3.3 Change Management

Zum Erhebungszeitpunkt war das Change Management noch in der Konzeptionsphase und es gab keinen formellen Prozess. Eine Steuerung von technischen Weiterentwicklungen sowie Projekten erfolgt durch eine Abstimmung mit dem Beratungsgremium IAC, von dort erfolgt eine departementweite Information der IT-Koordinatorinnen und -Koordinatoren.

Es bestehen noch keine formellen Schnittstellen zum Change Management der zentralen Informatikdienste. Informationen über anstehende Changes werden großteils auf informellem Wege verteilt. Für die weitere Optimierung wird in diesem Bereich ein großes Handlungsfeld gesehen.

6.2.3.4 Service-Definition und Steuerung

Grundlage für die Service-Erbringung sind die bereits in Abschn. 6.2.3.1 genannten Guidelines, die eine Rahmenvereinbarung mit grundlegenden Regelungen zum Support darstellen. Neben der Definition und Abgrenzung des Service-Umfangs und der Kompetenzen der IT Service Group sind die Aufgaben und die Abgrenzung der IT-Koordinatoren definiert. Die Beschreibungen umfassen folgende Dokumente:

- Rahmenrichtlinien zum IT Betrieb im D-INFK (*isginf* Guidelines),
- Service Katalog (*isginf* Service Catalog),

- Beschaffungsvorgaben (D-INFK IT Infrastructure Purchase Regulation),
- Hardware-Richtlinien (*isginf* Hardware Infrastructure Guidelines).

Ergänzt werden diese Richtlinien durch die übergreifenden Regelungen zum IT-Betrieb an der ETH Zürich, die durch die zentralen Informatikdienste bereitgestellt werden.

Sämtliche Dokumente sind in möglichst kurzer Form beschrieben – dies wird als wesentliches Kriterium gesehen, um eine Beachtung durch die Benutzer zu erzielen. Die Form hat sich bewährt und wurde bereits von anderen Departementen übernommen.

Die Dokumentationen wurden durch die Leitung der IT Service Group beschrieben und mit der Professorenkonferenz 2005 abgestimmt. Damit stellen die darin beschriebenen Services und Rahmenbedingungen den „offiziellen" Dienstleistungsauftrag des D-INFK für die IT Service Group dar.

Formelle SLA sind noch nicht definiert, aus unterschiedlichen Gründen wird dies kurzfristig auch nicht erfolgen:

- Eine Definition von Service-Verfügbarkeiten wird nur als sinnvoll angesehen, wenn regulative Maßnahmen für den Fall einer Nichteinhaltung vereinbart werden können. Dies ist aufgrund der Organisationsstruktur (IT-Service nach „best effort") nicht möglich und auch nicht gewünscht.
- Die zugrundeliegenden Basisdienste der zentralen Informatikdienste sind zwar mit Servicequalitätsbeschreibungen hinterlegt, es gibt jedoch keinen Vertrag zwischen IT Service Group und den ID, der eine Verfügbarkeit garantieren würde.
- Ein wesentlicher Aspekt wird zudem darin gesehen, dass die Entwicklung formeller SLA nicht der Organisationskultur des D-INFK und der ETH Zürich entspräche und somit nicht zwingend zu Verbesserungen führen würde.

Zielzeiten für Bearbeitung von Störungen (Reaktionszeiten) bzw. Service Requests sind jedoch zu Teilen im Servicekatalog und in den Guidelines beschrieben, zudem ergeben sich Laufzeiten aus den Prozessdefinitionen.

Mit dem externen Kunden Disney Research Zurich wurde ein Vertrag mit Beschreibung der Service-Leistungen geschlossen, formelle SLA mit definierten Servicequalitäten bestehen hier ebenfalls nicht.

Die Dokumente sind statisch, denn eine Notwendigkeit zur Anpassung besteht nur in seltenen Fällen (z. B. sind die *isginf* Guidelines in der Version von 2005 noch aktuell), sodass hierfür kein formeller Prozess als Service Level Management als erforderlich angesehen wird. Umfangreiche Service-Erweiterungen (z. B. neuer Web-Server) werden mit dem IAC, den IT-Koordinatorinnen und -Koordinatoren und ggf. den zentralen Informatikdiensten abgestimmt.

Es ist kein formelles Controlling von KPI etabliert, aber es werden Messwerte zu Service-Verfügbarkeiten für alle Services im Rahmen des (technischen) Monitoring erfasst und ausgewertet. Zudem erfolgt eine Auswertung der Statistiken des Ticketsystems. Auf Basis dieser Daten findet im Bedarfsfall ein Reporting Richtung Anwenderinnen und Anwender bzw. IAC statt (z. B. bei Beschwerden zu Service-Verfügbarkeiten), sodass eine Dokumentation der durch die IT Service Group erbrachten Service-Leistungen möglich ist.

6.2.3.5 Configuration Management

Ein umfassender Prozess zum Configuration Management ist noch nicht definiert. Alle Geräte mit einem Anschaffungswert ab 1.000 CHF werden zentral beschafft und vollständig an zentraler Stelle inventarisiert. Im Sinne des Configuration Managements besteht im D-INFK ebenfalls eine Übersicht über die vorhandene Infrastruktur, allerdings in verteilten, nicht abgeglichenen Datenbanken. Installationen von Endgeräten auf Basis von Linux und Windows werden zentral durchgeführt und dokumentiert, dezentrale Änderungen werden nicht erfasst.

Ein umfassendes Projekt zur Einführung eines Inventarisierungssystems (für Hard- und Software) ist in Planung, dabei soll auch eine vollständige Erhebung des Ist-Zustandes erfolgen. Die Projektlaufzeit ist auf zwei Jahre ausgelegt.

6.2.3.6 Financial Management

Bis zum Jahr 2008 wurden den Departementen dedizierte IT-Budgets zugewiesen; seit 2009 sind diese Mittel Teil des Globalhaushalts der Departemente. Die Verwendung wird innerhalb der Departemente abgestimmt. Im D-INFK ist die Summe etwa gleich geblieben (ehemaliger Schlüssel: 2.000,- CHF pro Mitarbeiter + Investitionsbudget). Zusätzlich ist ein jährliches Budget vorhanden, das nach Antrag und Beratung durch das IAC für große Projekte (z. B. Ausstattung von Rechnerpools) verwendet werden kann.

Personalmittel werden außerhalb dieses Budgets verwaltet, der IT Service Group wird eine feste Stellenzahl zugewiesen. Beschaffungen erfolgen im Rahmen des Investitionsbudgets.

Eine Kosten-Leistungs-Rechnung ist am D-INFK (und an anderen Departementen der ETH) nicht etabliert, sodass keine vollständige Kostentransparenz erzielt werden kann. Allerdings gibt es im D-INFK eine Verrechnung mit pauschalen Ansätzen:

- Basisdienstleistungen stehen den Instituten pauschal zur Nutzung bereit und werden nicht verrechnet.
- Zusatzdienstleistungen, die nicht im Service Katalog definiert sind, werden mit den Arbeitsgruppen bzw. Instituten, die diese beziehen, mit jährlichen Pauschalen verrechnet. Diese werden auf Basis des erforderlichen Personalaufwands (z. B. Personalkosten für 0,5 VZÄ) und der entstehenden Einzelkosten (z. B. für Lizenzen und Hardware) kalkuliert.

Gemeinkosten für Räume und Unterstützungsleistungen aus anderen ETH-Bereichen (Strom, Möbel, Leistungen der Personal- und Finanzabteilung etc.) werden dem D-INFK nicht berechnet und sind daher in der Kalkulation nicht berücksichtigt.

6.2.4 Bewertung der Fallstudie

Das Beispiel der IT Service Group beschreibt einen Fall, in dem in einer verhältnismäßig kleinen Organisationseinheit erfolgreich erste Service-Prozesse in Anlehnung an ITIL definiert wurden. Dabei wurde sehr fokussiert auf einzelne Elemente zurückgegriffen, die für die eigene Situation hilfreich sind. Die Initiative hierzu wurde aus einem sehr konkreten Anlass (Systemstörung mit Datenverlust) ergriffen. Es konnten nachweisbar „Quick Wins" erzielt werden, auch wenn aus idealtypischer Sicht des ITIL-Rahmenwerks viele Aspekte noch offen sind. Hervorzuheben ist die sehr hohe Prozesstransparenz und die kompakte Form der Dokumentation, die vollständig öffentlich verfügbar ist. Durch das erzielte **Management Commitment** und die erstmalig in den Richtlinien definierte Leistungsabgrenzung wurde im D-INFK ein gewisser Kulturwandel im IT-Support angestoßen.

Aus Sicht der IT Service Group wird das Vorhaben als erfolgreich bewertet, folgende Aspekte werden dabei als wesentlich gesehen:

- Die Einführung des Service Desk und des Incident Managements hat zu einer deutlichen Verbesserung der Störungsbearbeitung geführt. Gleichzeitig wurde die Reorganisation im Fachbereich (symbolisch) sichtbar.
- Die ITIL-**Schulungen** waren sehr hilfreich, um ein gemeinsames Begriffsverständnis zu erlangen.
- Die interne Akzeptanz der Prozesseinführung ist sehr hoch, da schnelle **Verbesserungen der Arbeitsorganisation** sichtbar wurden.
- ITIL als Rahmenmodell ist zur Orientierung sehr hilfreich, wenngleich viele Aspekte für die IT Service Group aufgrund der geringen Größe nicht relevant sind und daher eine starke Fokussierung auf Einzelthemen erfolgte. Das gesamte Rahmenwerk wird für große Organisationseinheiten mit einheitlicher Management-Struktur als geeignet angesehen.

Gleichzeitig werden Handlungsfelder in mehreren Bereichen gesehen. Die Definition eines Prozesses zum Change Management erweist sich als sehr komplex, da aufgrund der heterogenen Infrastruktur und der hohen Dynamik insb. im Forschungsbereich flexibel und schnell Änderungen möglich sein müssen und ein Zusatzaufwand durch einen formellen Prozess vermieden werden muss. Weiterer Verbesserungsbedarf wird im Bereich des Prozesscontrollings gesehen, was bisher nur in geringem Umfang erfolgt. Hier wird in der Etablierung eines kontinuierlichen Verbesserungsprozesses erhebliches Potenzial gesehen.

Das Zusammenspiel zwischen einer fachkompetenten dezentralen Organisationseinheit (Departement) und den zentralen Informatikdiensten wurde an diesem Fallbeispiel einer Forschungsuniversität sehr deutlich. Während die Basisdienste von der Zentrale erbracht werden und dies auch vom Departement ausdrücklich gewünscht ist, leistet die dezentrale Serviceeinheit die forschungsnahen Spezialdienste. In beiden Fällen hat sich die Ausrichtung nach ITIL als vorteilhaft erwiesen, da hierüber auch eine Kommunikation und damit die Verabredung der entsprechenden Services erleichtert werden.

6.3 Bibliothek der ETH Zürich

6.3.1 Allgemeine Informationen zur IT-Organisation

Die Bibliothek der ETH Zürich wurde 1855 gegründet und ist die größte Bibliothek in der Schweiz. Ihr kommen drei Kernfunktionen zu:

- Zentrale Hochschulbibliothek für die ETH Zürich,
- Schweizerisches Zentrum für technische und naturwissenschaftliche Informationen,
- Informationsversorgung für Mitarbeiterinnen, Mitarbeiter und Studierende der ETH Zürich, für naturwissenschaftlich-technisch interessiertes Publikum und für Firmen aus Forschung und Entwicklung.

Der von der Bibliothek verwaltete Informationsbestand ist sehr umfangreich: Insgesamt werden ca. 7,4 Millionen Quellen unterschiedlicher Art verwaltet (Bücher, Zeitschriften, Dissertationen, elektronische und audiovisuelle Medien usw.). Die Bedeutung elektronischer Medien steigt rapide an, zum Erhebungszeitpunkt (Ende 2009) wurden ca. 255.000 elektronische Ressourcen und 142 Datenbanken vorgehalten.

In der Gesamtorganisation der ETH Zürich ist die Bibliothek als zentrale Abteilung dem Vizepräsidenten Personal und Ressourcen zugeordnet (siehe Abbildung 6.14). Der Handlungsauftrag kommt durch die Schulleitung. Insgesamt sind rund 240 Mitarbeiterinnen und Mitarbeiter auf 170 Stellen beschäftigt.

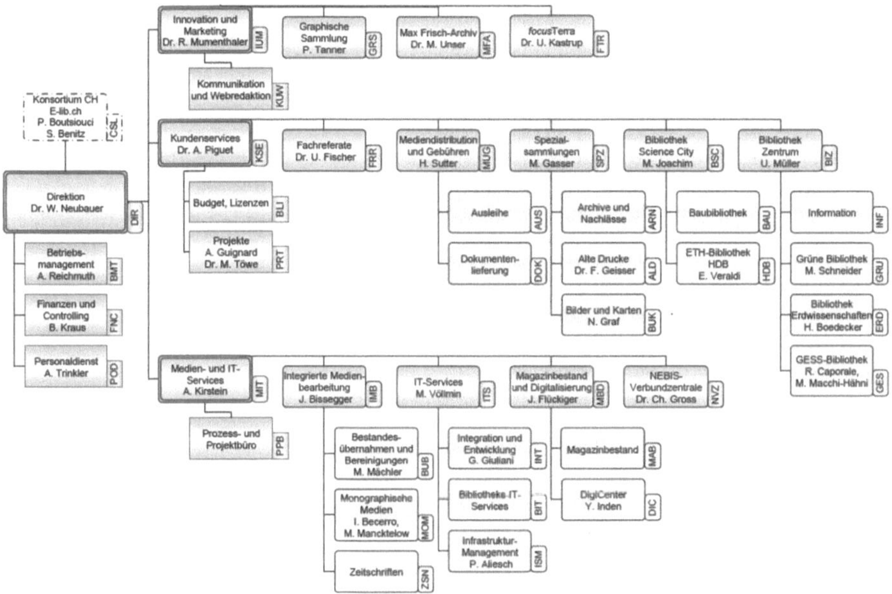

Abb. 6.14 Organigramm der ETHZ-Bibliothek (Stand: 1. Oktober 2010)

6.3.1.1 IT-Betrieb in der Bibliothek

In der Bibliothek der ETH Zürich hat die IT eine lange Tradition, seit 1967 werden eigene Systeme betrieben. Entsprechend besteht von jeher ein hoher Einfluss auf die technischen Entwicklungen innerhalb des schweizerischen Bibliothekswesens.

Das Serviceportfolio lässt sich in drei wesentliche Bereiche aufteilen:

- Vollständiger Betrieb und Support der IT für Bibliotheksmitarbeiter inkl. Betrieb interner Informationssysteme (z. B. Sharepoint als Intranet und Kollaborationsplattform),
- Betrieb bibliotheksspezifischer Fachapplikationen für die interne Nutzung,
- Betrieb des (IT-)Bibliothekssystems für ca. 90 Verbundbibliotheken. Die Verbundzentrale ist zentrale Anlaufstelle für die Verbundbibliotheken. Sie übernimmt die Koordination und Administration des Verbundes und stellt eine kontinuierliche Information der Verbundpartner sicher.

Die Bibliothek ist zudem an nationalen IT-Projekten im Bibliotheksbereich beteiligt, in denen auch eigene Systementwicklungen stattfinden (z. B. das Projekt „E-Lib-Ch: Elektronische Bibliothek Schweiz"). Insgesamt werden rund 100 unterschiedliche IT-Services betrieben. Die für externe Kunden betriebenen Systeme (insb. im Fall des Bibliotheksverbundes) werden mitbedient und der in diesem Rahmen erbrachte Service ist klar vertraglich vereinbart. Die Bibliothek versteht sich jedoch nicht als IT-Dienstleister im eigentlichen Sinne – die primären Aufgaben werden in den bibliothekarischen Kernprozessen gesehen.

Die IT ist in der Abteilung „IT-Services (ITS)" organisiert, die aus drei Bereichen besteht, in denen ca. 23 Personen (mit ca. 18 Stellenanteilen) beschäftigt sind. Die Leitung ist gleichzeitig stellvertretende Leitung der Bibliothek.

Aus Sicht des IT-Service-Managements kommt der Abteilung „Prozess- und Projektbüro" eine besondere Bedeutung zu: Diese hat (faktisch als „Stabsbereich") eine unterstützende Rolle bei der Definition, Implementation und Steuerung der Service-Prozesse. Die Unterstützung beschränkt sich jedoch nicht auf IT-Prozesse, sondern steht im Rahmen des Reorganisationsprozesses bibliotheksweit für alle Prozesse und Projekte bereit. Besetzt ist das Prozessbüro mit dem Projektbüro (0,2 VZÄ), dem Prozessbüro und der Projektassistenz Reorganisation ETH-BIB (1,0 VZÄ) und der IT-Beschaffung und Vertrag (0,9 VZÄ).

IT-Strategie

Die Bibliothek hat in ihrer Gesamtstrategie in einem Szenario als strategisches Fernziel den Wandel von einer derzeit hybriden zu einer rein elektronisch basierten Bibliothek formuliert. Dieses Gesamtziel wurde vor dem Hintergrund der sich (aufgrund der zunehmenden Digitalisierung) rapide wandelnden Bedeutung der „klassischen" Bibliotheken entwickelt. Um eine adäquate Organisation zu schaffen, wurde im Herbst 2008 das umfassende Reorganisationsprojekt „Restrukturierung der ETH-Bibliothek“ gestartet, in dem alle bibliotheksinternen Prozesse und Produkte evaluiert werden.

Die IT-Strategie wurde direkt aus der Gesamtstrategie der Bibliothek abgeleitet. Ziel bei der strategischen Ausrichtung der Bibliotheks-IT ist es, die Tätigkeiten zukünftig auf bibliotheksspezifische IT-Services zu fokussieren. Im Rahmen der Entwicklung der digitalen Bibliothek ist es verstärkt erforderlich, spezifische Systeme zu entwickeln und zu integrieren, sodass eine bibliotheksinterne IT-Entwicklung weiterhin erforderlich ist. Im Bereich der Basisdienste soll hingegen eine Verlagerung zu den zentral durch die ID bereitgestellten Diensten erfolgen.

6.3.2 Implementierung von Service-Prozessen

6.3.2.1 Ausgangssituation und Vorgehen bei der Prozessimplementierung

Die Implementation von ITIL-Prozessen wurde 2008 gestartet (siehe Abbildung 6.15). Das Vorhaben wurde von Beginn an als umfangreiches Reorganisationsprojekt innerhalb des IT-Bereiches verstanden (Projekt „Change IT“), um eine adäquate Organisationsstruktur für die Einführung von Prozessen schaffen zu können. Ziel der Reorganisation war es, die IT so aufzustellen, dass der Transformationsprozess der Bibliothek optimal unterstützt werden kann. Die IT-Unterstützung wird als sehr gut bewertet, es sollen jedoch die Voraussetzungen für zukünftige Herausforderungen verbessert werden. Der Anstoß für das Vorhaben wurde aus der IT heraus gegeben.

Vor Beginn des Vorhabens waren noch keine ITIL-Prozesse implementiert. Es war jedoch bereits ein umfangreiches Prozessverständnis vorhanden, das maßgeblich aus einem vorherigen Reorganisationsprojekt im Jahre 2001 hervorgegangen ist, in dem (IT-unspezifische) Leistungsprozesse definiert wurden.

In Bibliotheken ist zudem oft ein anderes Serviceverständnis als in klassischen IT-Dienstleistungsorganisationen zu beobachten. Die Service- und Kundenorientierung sowie das prozessbasierte Arbeiten stehen seit jeher stark im Fokus. Dieses Grundverständnis ist als förderlich für die Implementierung von ITIL-Prozessen zu sehen. Eine entsprechende Kultur wird auch in der ETH-Bibliothek gelebt (als Beispiel gilt der seit langem vorhanden zentrale Anlaufpunkt für Kunden außerhalb der IT).

Zu Beginn des Projektes stand ein Kick-off mit allen Mitarbeiterinnen und Mitarbeitern, auf dem über Ziele und Vorhaben des Projektes und die strategischen Herausforderungen der IT diskutiert wurde. Zur Unterstreichung des Management Commitment wurde die Schulleitung regelmäßig über das Vorhaben informiert.

Als wesentliche organisatorische Maßnahme wurde zunächst die IT-Abteilung in o.g. Form zur Abteilung „IT-Services“ umgestaltet. Eine Unterstützung der Prozessentwicklung durch das Projekt- und Prozessbüro war somit von Beginn an möglich.

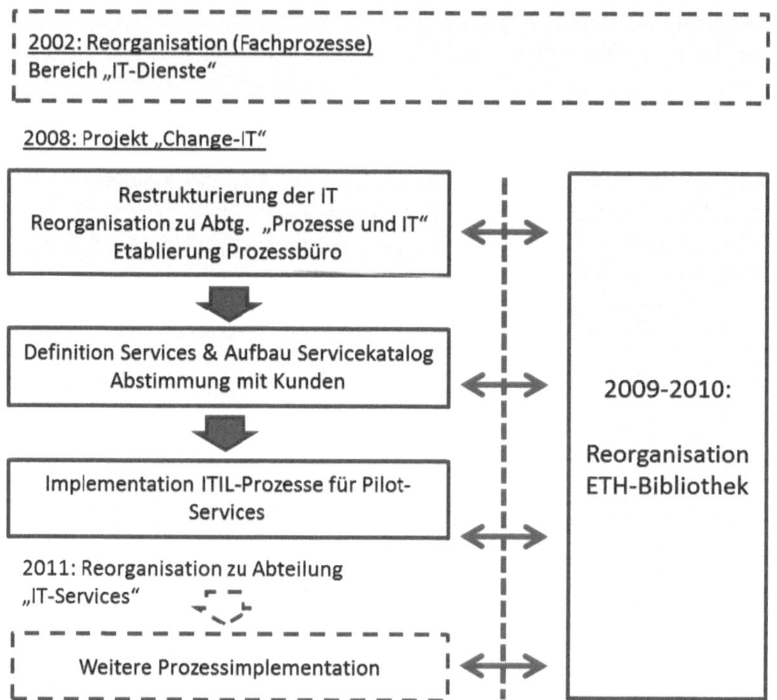

Abb. 6.15 Vorgehen bei der ITIL-Prozessimplementierung an der ETH-Bibliothek (eigene Darstellung)

Zur Projektdurchführung wurde eine Projektgruppe gebildet, die mit den Gruppenleiterinnen und Gruppenleitern, der Leitung der Abteilung Prozess und IT (PIT) und dem Prozessbüro besetzt war.

Bei der Prozessimplementation lag der Fokus zunächst auf der Beschreibung des von der Abteilung IT-Services erbrachten Service-Umfangs. Begonnen wurde daher mit den Prozessen zum Serviceportfolio- und dem Service-Catalogue-Management. Im ersten Schritt wurden alle erbrachten Services identifiziert und in einheitlicher Struktur beschrieben (bis Mitte 2009), sodass im Ergebnis ein Servicekatalog mit einer vollständigen Service-Definition vorlag (s. Abschn. 6.3.3.4).

Im nächsten Schritt wurden für ausgewählte Services operative ITIL-Prozesse implementiert, der Fokus lag hierbei auf dem Incident- und dem Change-Management. Die Prozessdefinition im operativen Bereich erfolgte durch die an der Service-Erbringung beteiligten Akteure. Für jeden Service wurden von Beginn an Service-Owner definiert, die für die Service-Erbringung und die Definition und Umsetzung der Prozesse verantwortlich sind. Während der gesamten Umsetzung wurde versucht, alle Mitarbeiterinnen und Mitarbeiter soweit möglich in die Prozesse zu involvieren, um Prozessverständnis und Service-Gedanken zu stärken.

6.3.2.2 Information und Dokumentation der Prozessimplementierung

Für die abteilungsinterne Verwendung in PIT sind alle Services umfangreich in einem Wiki dokumentiert, das gleichzeitig als zentrale Plattform für die technischen Dokumentationen dient. Prozesse und Rollen sind zudem im Tool *Dinkum* abgebildet. Diese Kombination stellt die aktuelle Prozessdefinition dar. Die Steuerung der Prozesse erfolgt über ein Ticketsystem (*Jira*).

Services werden im Servicekatalog dokumentiert, für einige Services sind SLA vorhanden (s. Abschn. 6.3.3.4). Diese sind für alle Kunden vollständig einsehbar.

Die Öffentlichkeit wird auf der Web-Seite der Bibliothek (www.library.ethz.ch) über aktuelle Aktivitäten informiert, zudem werden Jahresberichte erstellt. Hierin werden als Aktivitäten des IT-Bereiches auch die Vorhaben zur ITIL-Implementation beschrieben. Eine vollständige Dokumentation wird in der Bibliothek als ein wesentlicher Erfolgsfaktor für die Prozessimplementation bewertet.

6.3.2.3 Personalentwicklung und -ressourcen

Die ITIL-Prozessimplementation wird auch aus der Perspektive der Personalentwicklung betrachtet. Aspekte der Service-Orientierung sind Bestandteil von Personalgesprächen; ITIL-Qualifikationen wurden als persönliche Entwicklungsziele definiert, auf Ebene der führenden Mitarbeiterinnen und Mitarbeiter wurde die Prozessimplementation teilweise als Jahresziel definiert.

Den Mitarbeiterinnen und Mitarbeitern werden generell Anreize durch finanzierte Weiterbildungen geboten. Zum Thema ITIL wurde ein Schulungsangebot aufgesetzt mit dem Ziel, ein einheitliches Begriffsverständnis zu erlangen. Hieran haben zum Erhebungszeitpunkt (Ende 2009) ein Drittel aller Mitarbeiterinnen und Mitarbeiter der IT-Services teilgenommen.

Dieses Vorgehen wird aus Sicht der Abteilung PIT als sehr hilfreich für die Umsetzung bewertet. Ebenfalls hilfreich war die permanente Information aller Mitarbeiterinnen und Mitarbeiter, die schnell Verständnis und Motivation für den Change entwickelt haben. Das Projekt wurde aus mancher Perspektive als „Pionier" innerhalb der ETH Zürich verstanden. Die personelle Besetzung ist bei der Umstrukturierung gleich geblieben.

6.3.2.4 Kontinuierlicher Verbesserungsprozess

Verbesserungen in den Prozessen erfolgen im Rahmen der weiteren Implementation, eine Qualitätssicherung wird durch das Prozess- und Projektbüro sichergestellt. Aufgrund des frühen Stadiums der ITIL-Einführung war zum Erhebungszeitpunkt noch kein kontinuierlicher Verbesserungsprozess in institutionalisierter Form vorhanden. Dieser soll aber beim weiteren Roll-out über alle Services hinweg installiert werden.

Die Einführung und Zertifizierung eines Qualitätsmanagementsystems (ISO 9000/20000) ist in der Abteilung PIT nicht geplant.

Als Besonderheit kann die Einführung des bibliotheksweiten Prozesses „Innovation und Marketing" gesehen werden, der in einer eigens geschaffenen Abteilung organisiert ist. Ziel des Prozesses ist es, die Produktentwicklung der Bibliothek aktiv voran zu treiben, Ideen zu bündeln und regelmäßig Machbarkeitsstudien durchzuführen. Nach eigener Aussage wird der Innovationszyklus der Bibliothek hierdurch massiv beschleunigt.

Für die Abteilung PIT besteht aus diesem Prozess heraus sicher die Chance, Innovationsvorhaben wie z. B. die ITIL-Implementation aktiv zu unterstützen.

6.3.3 *Umsetzungsstand der ITIL-Prozesse*

6.3.3.1 Übersicht zum Stand der Prozessimplementierung

Zum Zeitpunkt der Erhebung waren in der ETH-Bibliothek die Prozesse Serviceportfolio- und Service Level Management implementiert. Die Prozesse des Incident-, Change- und Release Managements wurden zunächst für ausgewählte Services definiert (z. B. E-Collection) und waren somit in sehr unterschiedlicher Reife vorhanden. Die Bearbeitung der Bereiche Availability-, Capacity- und IT Service Continuity Management wurde begonnen, zum Erhebungszeitpunkt lagen jedoch noch keine Prozessbeschreibungen vor.

Prozesssteuerung

Die operative Prozesssteuerung erfolgt vollständig über das Ticketsystem *Jira*, in dem alle Tätigkeiten (Anfragen, Störungen, Changes, allgemeine Arbeiten) erfasst werden. Für alle Aktivitäten erfolgt zwingend eine Zuordnung zu den betroffenen Services, die gemäß dem Servicekatalog im System abgebildet sind. Damit ist die Grundlage für eine service-spezifische Auswertung der Aufwände geschaffen. Die Aufwände werden derzeit nur punktuell in Projekten geschätzt und dokumentiert. Die Einführung einer IT-weiten Ressourcenplanung ist aktuell in Arbeit.

Ein Reporting über offene Tickets ist für Gruppenleiterinnen und Gruppenleiter im System ersichtlich, sodass eine Überwachung des Bearbeitungsstatus möglich ist.

Rollenmodell

Die Definition von Prozessrollen erfolgte in Anlehnung an ITIL, es wurden folgende grundlegende Rollen definiert:

- Produktmanager: verantwortlich für alle Produkte der Bibliothek, besetzt mit dem Bibliotheksleiter
- Prozess-Manager: der „übergreifende Prozessmanager" ist für die Prozesse verantwortlich (im Sinne eines Prozess-Owners), besetzt durch die Bereichsleitung

in PIT. Die konkrete Ausgestaltung der Prozesse für einzelne Services erfolgt in Verantwortung der Service-Owner
- Service Catalogue Manager: besetzt durch Prozess- und Projektbüro
- Service-Owner: verantwortlich für die vertragsgemäße Erbringung „ihres" Services (einzelne Changes, Incidents), Prozessmanager für den Teil der Prozesse, die den Service betreffen, besetzt durch Applikationsverantwortliche in den Abteilungen.

Die Bestimmung von Rollen und Verantwortlichkeiten wurde als kritischer Erfolgsfaktor erkannt und erfolgte daher frühzeitig. Die so erzielte Transparenz über Aufgaben, Verantwortlichkeiten und notwendige Qualifikationen hat das Verständnis bei allen Prozessbeteiligten nach eigenen Aussagen stark unterstützt.

6.3.3.2 Service Desk und Incident Management

Im ITS-Bereich wurde ein Service Desk zur Annahme von Anfragen eingerichtet. Von dort findet eine vollständige Erfassung im Ticketsystem statt.

Da zum Erhebungszeitpunkt die ITIL-Prozesse noch nicht für alle Services definiert waren, erfolgt die Bearbeitung von Anfragen auf unterschiedliche Weise:

- Anfragen zu Services, die bereits in das „ITIL-Konzept" aufgenommen waren (definierter Prozess zur Störungsbearbeitung), werden über den Service Desk erfasst.
- Bei Anfragen zu anderen Services kontaktieren Anwenderinnen und Anwender großteils noch direkt die verantwortlichen Mitarbeiterinnen und Mitarbeiter, es erfolgt jedoch in jedem Fall eine Dokumentation im Ticketsystem.

Die Bearbeitung von Störungen erfolgt mehrstufig analog zum Incident Management nach ITIL: Primär verantwortlich ist der Service-Owner, der die Störungsmeldung vom Service Desk zugewiesen bekommt bzw. direkt von der Anwenderin bzw. dem Anwender kontaktiert wird. Sollte dieser die Anfrage nicht abschließend bearbeiten können, erfolgt eine funktionale Eskalation innerhalb der Abteilung PIT. Sofern die Ursache der Störung im Verantwortungsbereich der zentralen Informatikdienste liegt (Netzstörungen, Server-Basisdienste etc.), werden die Anfragen dorthin per E-Mail bzw. telefonisch weitergeleitet, da diese nicht in das Ticketsystem der Bibliothek eingebunden sind (auf Seiten der ID werden diese manuell im dortigen System erfasst).

Für den Fall, dass IT-spezifische Anfragen am „allgemeinen" Auskunftspunkt der Bibliothek gemeldet werden, erfolgt ebenfalls eine Erfassung im Ticketsystem. Requests zu Service-Erweiterungen können durch alle Kunden gestellt werden. Der Eingangskanal ist analog zur Störungsbearbeitung noch uneinheitlich über den Service Desk oder direkt durch Mitarbeiter. Alle Service-Requests werden ebenfalls im Ticketsystem dokumentiert. Die Klassifikation aller Anfragen (Service-Request, Incident, Change, ...) erfolgt durch die Person, die das Ticket entgegennimmt.

6.3.3.3 Change Management

Das Change Management war zum Erhebungszeitpunkt für zwei Services als Pilotvorhaben definiert und entsprechend gering ausgeprägt. Das Konzept sieht vor, alle Änderungen für diese Services, die aus Service Requests oder aus dem laufenden Betrieb entstehen, als RfC im Ticketsystem zu erfassen.

RfCs werden in Abhängigkeit von der Auswirkung klassifiziert, dies erfolgt durch die Rolle des Service-Coaches. Bei geringem Aufwand erfolgt eine Umsetzung ohne weitere Abstimmung.

RfCs, die eine Beratung erforderlich machen (bzgl. Aufwand, strategischer Notwendigkeit etc.), werden im System entsprechend deklariert und gesammelt.

Zur Abstimmung wurde ein „Change-Board“ (im Sinne eines Change Advisory Board) installiert, das mit den Teamleiterinnen und Teamleitern besetzt ist. Im Rahmen regelmäßig stattfindender Abstimmungsrunden werden alle RfCs mit hohem Aufwand bewertet, priorisiert und zeitlich geplant.

Für die beiden im Change Management pilotierten Services können durch dieses Verfahren bereits Bewertung und Planung verbessert werden, im Zuge der weiteren Prozessimplementation soll das Change Management ebenfalls auf weitere Services übertragen werden.

6.3.3.4 Service-Definition und Steuerung

Wie eingangs beschrieben, war die Definition von Services Ausgangspunkt der Prozessimplementation. Entsprechend früh wurden die erbrachten Leistungen in einem Servicekatalog definiert (siehe Tabelle 6.5). Der Katalog ist tabellarisch gestaltet. Jeder Service ist mit folgenden Attributen erfasst:

- ID und Service-Name,
- Service-Erbringer (zuständige ITS-Gruppe),
- Service-Owner (verantwortliche ITS-Mitarbeiter),
- Nutzen aus Kundensicht.

Tabelle 6.5 Servicekatalog der ETHZ Bibliothek (Ausschnitt)

Prozesse und IT

IT der ETH-Bibliothek: Facts and Figures

Serviceportfolio (99 aktive Services)

ID	Service	Service Erbringer	PIT-MA	FTE	Servicebezüger	Nutzen Kundensicht
Bibliotheks-IT Services						
PIT.1	IT-Systeme und Applikationen integrieren/entwickeln (Projekte)	Integration und Entwicklung	Giuliani, Grubenmann, Jauslin, Scowen, Sujata	250	ETH-Bibliothek, NEBIS, Konsortium, E-Lib.ch, IDS, ETH-Bereich	Mit Fachbereichen integriert Projekte umsetzen
PIT.3.O	E-Collection System betreiben (Operation)	Bibliotheks-IT-Services	Lanz, Schahabi	5	ETH-Bibliothek: Digitale Bibliothek	Zugriff auf Open Access Dokumente der ETH Zürich
PIT.3.T	E-Collection System erweitern/verändern (Transition)	Integration und Entwicklung	Giuliani, Grubenmann, Jauslin		ETH-Bibliothek: Digitale Bibliothek	Ausbau Open Access Plattform der ETH Zürich
PIT.4.O	Urchin Web Traffic Analyse System betreiben (Operation)	Bibliotheks-IT-Services	Hediger	1,5	ETH-Bibliothek: Information und Spezialbibliotheken, Spezialsammlungen	Zugang zu Zugriffsstatistiken von Online-Diensten bieten

Die Beschreibungen sind bewusst kurz gehalten, Ziel war die Darstellung des Gesamtportfolios zur Kommunikation mit den Abnehmern.

In gleicher Weise sind für die interne Verwendung Übersichten über die von Kunden bzw. Kundengruppen bezogenen Services (mit Service-Zuordnungen und SLA) erstellt. Die Bibliothek hat drei Kundenkreise: ETH Zürich mit Hochschulangehörigen, Öffentlichkeit und Unternehmen aus Industrie und Handel. Aus Sicht der IT der Bibliothek werden folgende Kunden unterschieden (s. Tabelle 6.6):

Tabelle 6.6 Kundenübersicht der Abteilung Prozess und IT (PIT)

Kunde	Merkmale
ETH-Bibliothek	7 Bereiche, ca. 200 Mitarbeiter/innen.
NEBIS-Verbund	89 Bibliotheken mit insgesamt ca. 450 Mitarbeiter/innen.
Konsortium der Schweizer Hochschulbibliotheken	53 Bibliotheken insgesamt, 26.000 Wissenschaftler/innen und 132.000 Studierende (2005).
E-Lib.ch-Programm	20 Projekte der Elektronischen Bibliothek Schweiz, davon 7 an der ETH-Bibliothek. Koordinationsstelle E-Lib.ch
Informationsverbund Deutschschweiz (IDS)	über 450 Bibliotheken mit über 13,5 Millionen Titelaufnahmen mit über 19,5 Millionen Exemplaren.
ETH-Bereich	ETH Zürich, EPF Lausanne und vier Forschungsanstalten

SLA wurden zunächst für einzelne Services pilotiert, um Erfahrungen zu sammeln. Bei der Auswahl wurde der Prozess-Reifegrad bei den Abnehmern berücksichtigt, da Vorkenntnisse auf Abnehmerseite als erforderlich angesehen werden, um eine effektive Abstimmung zu ermöglichen. Dies erschien in Hinblick auf die fehlenden Erfahrungen bei der SLA-Erstellung besonders wichtig. Pilotiert wurde zunächst ein SLA für das interne Bibliothekssystem, der „weich“ formuliert wurde (als messbarer Faktor wurde die Definition der Gesamtverfügbarkeit verwendet).

Mit externen Abnehmern sind Verträge und in einigen Fällen SLA vorhanden (z. B. mit Nicht-ETH-Bibliotheken oder dem Konsortium Schweiz). Wenn erste Erfahrungen mit der internen Pilotierung vorliegen, sollen die SLA einheitlich ausgebaut bzw. gebündelt werden. Da in den angebotenen Services zum Teil auf Basisdienste zurückgegriffen wird, die nicht in Verantwortung der Bibliothek stehen, bestehen Lücken, die explizit benannt und von der definierten Verfügbarkeit ausgeschlossen werden.

Parallel wurde ein Operational Level Agreement (OLA) mit den zentralen Informatikdiensten für einen zentral bereitgestellten Service pilotiert (ITS als interner Leistungsbezieher). Aus Sicht der Bibliothek hatte dies ebenfalls einen hohen Lerneffekt, da die unterschiedlichen Sichten von Dienstleister und Abnehmer im Aushandlungsprozess deutlich wurden. Der Aushandlungsprozess wird als zu aufwändig und kommunikationsintensiv bewertet, um zu guten Ergebnissen zu kommen. Als sinnvoll hat sich die gemeinsame Entwicklung der SLA auf Arbeitsebene erwiesen. Perspektivisch ist die Entwicklung von SLA für alle Dienste (auch interne) denkbar, jedoch noch nicht konkret geplant.

Zur übergreifenden Abstimmung strategischer IT-Entwicklungen zwischen den zentralen Informatikdiensten und der Bibliothek wurde das „Koordinationsgremium Informatikdienste – ETH-Bibliothek (KOBID)" gegründet, dessen Sekretär der Bereichsleiter von Medien- und IT-Services ist. Besetzt ist das Gremium mit jeweils sechs Vertreterinnen und Vertretern der beiden Einrichtungen (Direktion, Bereichsleitungen), zusätzlich nimmt das Konsortium der Schweizer Hochschulbibliotheken an den zweimal jährlich stattfindenden Sitzungen teil.

Aus Sicht der Abteilung IT-Services war die SLA-Entwicklung hilfreich für die Abstimmung mit den Kunden und hat zusätzliches Vertrauen geschaffen. Gleichzeitig wird aber die Notwendigkeit einer intensiven Kommunikation mit internen Abnehmern gesehen, wenn auch in diesem Bereich SLA eingeführt werden – die Notwendigkeit wird ggf. in Frage gestellt, denn dieses eher formelle Verfahren würde einen Paradigmenwechsel gegenüber der bisherigen formlosen (und damit vermeintlich flexiblen) Service-Erbringung darstellen.

6.3.4 Financial Management

Das Budget der Abteilung ITS ist Teil des gesamten Bibliotheksbudgets. Eine Verteilung erfolgt eigenständig innerhalb der Bibliothek, eine Zuweisung dedizierter Mittel erfolgt nicht. Eine Kostenrechnung ist für den IT-Bereich nicht implementiert. Dies wird als Manko bewertet, da keine Kostentransparenz erzielt werden kann. Entsprechend schwer ist es, den Aufwand zwischen Services zu ermitteln und damit ein Kostenbewusstsein durch die Verrechnung zu schärfen.

6.3.5 Bewertung der Fallstudie

Das Vorgehen zur Implementation der ITIL-Prozesse wird aus Sicht der Abteilung IT-Services an der ETH-Bibliothek insgesamt positiv bewertet. Dabei werden verschiedene Aspekte als kritische Erfolgsfaktoren gesehen. Die zu Anfang durchgeführte Definition der Services hat sehr motivierend auf die Mitarbeiterinnen und Mitarbeiter gewirkt, da die durch die Abteilung IT-Services erbrachten Leistungen und damit die Bedeutung einzelner Tätigkeiten sichtbar wurden (**Vorerfahrungen**). Alle durchgeführten Tätigkeiten müssen in einem **Tool** (Ticketing-System) vollständig dokumentiert und einem Service zugeordnet werden (i.S. einer „Kostenstelle"). Der Service-Bezug wird somit regelmäßig sichtbar. Durch dieses Verfahren wurde die Verbesserung des Service- und **Prozessverständnisses** bei den Mitarbeiterinnen und Mitarbeitern im operativen Bereichen unterstützt. Damit konnte die Bibliothek auf einer relativ guten **Personalqualifikation** aufbauen, die insbesondere im Hinblick auf die Ausrichtung als Dienstleister für die Kunden bei der Implementierung von IT-Serviceprozessen hilfreich war. Unterschätzt wurde im Projekt der für administrative Abläufe der Reorganisation anfallende Aufwand. Die Erstellung von Anforderungen und Prozessdokumentation war deutlich aufwändiger gewesen als gedacht, und die erforderlichen Ressourcen waren daher zu knapp bemessen. Durch die eigenständige Projektdurchführung ohne **Projektmanagement** fehlten entsprechende Erfahrungen. Das **Serviceportfolio** ist sehr gut dokumentiert und spiegelt die Tradition einer kundenorientierten Bibliothek (mit Ausleihservice) wider. Allerdings sind die IT-Prozesse bisher nur zu einem geringeren **Reifegrad** eingeführt. Dagegen waren Rolle und Aufgaben des Service-Owners frühzeitig vollständig beschrieben. Da dieser Rolle von Beginn an eine wesentliche Aufgabe zukam, wurde durch die geschaffene Transparenz die anschließende Prozessimplementation erleichtert. Mit **SLA** wird derzeit für einzelne Services experimentiert – insbesondere in Bezug auf Dienstleistungen, die im Rahmen des schweizerischen Bibliotheksverbunds für Dritte erbracht werden.

Die Erfahrungen der ETH-Bibliothek haben gezeigt, dass ein umfassendes **Management Commitment** zwingend erforderlich ist, da eine Überzeugung der Mitarbeiterinnen und Mitarbeiter letztendlich nur auf der Basis von Wohlwollen möglich ist. Somit galt den Personalentwicklungsmaßnahmen auch große Aufmerksamkeit. Die Bibliothek beteiligte sich von Anfang an den ETH-weiten Aktivitäten zur ITIL-Schulung. Dennoch war das Projektverständnis zu Beginn des Vorhabens zunächst unscharf. Als dieses Problem sichtbar wurde, erfolgte die Ausarbeitung einer **Vision** auf der Management-Ebene („Die digitalisierte Bibliothek"), aus der dann konkrete Ziele abgeleitet wurden. Trotz der umfangreichen Vorerfahrungen und der Einbindung in andere **Organisationsentwicklungsprozesse** gab es Defizite bei der Projektumsetzung. Dies galt insbesondere für die **Zeitplanung**. Daher wäre im Rückblick die Unterstützung eines **externen Beraters** hilfreich gewesen. Die Einrichtung des Prozessbüros als **Ressource** hat sich als sehr günstig herausgestellt. Aus Sicht der ITS ist die Kommunikation über das Projekt innerhalb der Organisation ein sehr entscheidender Erfolgsfaktor. Auch wenn dies von Beginn an berücksichtigt worden sei, wäre eine Intensivierung erwünscht gewesen.

Auf der Governance-Ebene lässt sich die ausgewiesene **Kundenorientierung** der Bibliothek und das Grundverständnis der Mitarbeiterinnen und Mitarbeiter in Bezug auf ihre Dienstleistungsqualität deutlich hervorheben. Dies ist selbstverständlicher Bestandteil der Organisationskultur. Dies lässt sich auch für die klare Ausrichtung auf die Zukunftsfelder der „digitalen Bibliothek" konstatieren. Somit ist ein **IT-Business-Alignment** in Bezug auf die Kernprozesse der Bibliothek deutlich erkennbar. Aus organisatorischer Sicht wird als hilfreich angesehen, dass parallel ähnliche ITIL-Organisationsvorhaben in anderen Organisationseinheiten in der ETH Zürich durchgeführt wurden. Insgesamt wurde so ein Wandel im gesamten IT-Umfeld angestoßen, wodurch Verständnis und Bereitschaft zur Prozessimplementation begünstigt wurden. Somit ist ein Einstieg in einen **kontinuierlichen Verbesserungsprozess** gegeben.

Kapitel 7
Fallstudie 4: Zentraler IT-Betrieb der niedersächsischen Justiz

7.1 Allgemeine Informationen zur IT-Organisation

7.1.1 Organisationsstruktur

Der Zentrale IT-Betrieb (ZIB) der niedersächsischen Justiz umfasst die Organisationseinheiten der Leitung, IT-Verwaltung, der IT-Koordination, des Technischen Betriebszentrums (TBZ), des Service Desk (SD), der IT Aus- und Fortbildung, der Gruppen zur Betreuung von Fachverfahren (FVT). Hinzu kommt die Stabstelle des IT-Sicherheitsbeauftragten, die im Justizministerium (nicht im ZIB) beheimatet ist (siehe Abb. 7.1).

Somit ist der ZIB sowohl zentralisiert als auch regional verteilt (siehe auch Tabelle 7.1):

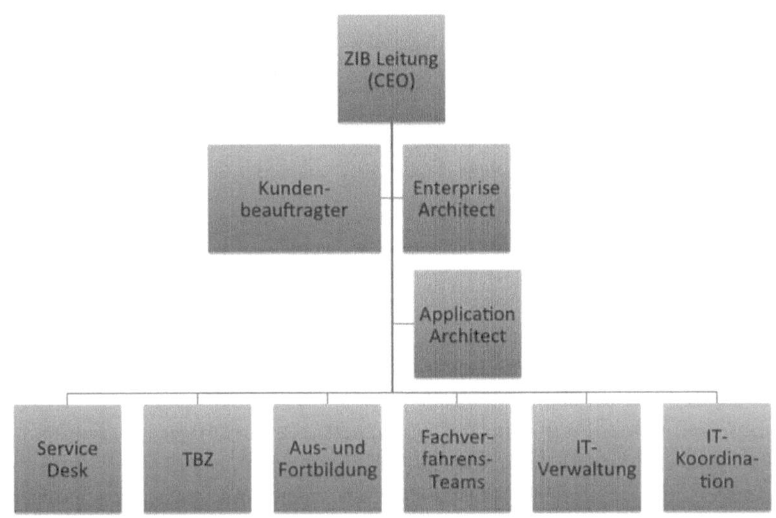

Abb. 7.1 Organigramm des Zentralen IT-Betriebs der niedersächsischen Justiz (Stand: 1.1.2010)

A. Breiter, A. Fischer, *Implementierung von IT Service-Management*, Xpert.press, DOI 10.1007/978-3-642-18477-2_7, © Springer-Verlag Berlin Heidelberg 2011

Tabelle 7.1 Der ZIB in Zahlen (Stand: 31.12.2010)

Der ZIB in Zahlen	
Mitarbeiterinnen und Mitarbeiter:	238
Unterstützte Büroarbeitsplätze:	15.000
Fachverfahren	300

- vier Fachbereiche (SD, Technischer Betrieb, FVTs, Aus- und Fortbildung)
- vier Standorte (Celle, Oldenburg, Lüneburg, Wildeshausen),
- kleinere Einheiten bzw. einzelne Mitarbeiterinnen und Mitarbeiter sitzen zudem an weiteren Standorten (insbesondere Mitarbeiterinnen und Mitarbeiter in den FVTs).

Vor der Umstrukturierung waren die IT-Aufgaben dezentral in den verschiedenen Behörden und Unterbehörden verteilt. Es gab dezentrale IT-Administratoren, die zumeist unabhängig voneinander agierten. Der Aufbau orientierte sich an den Geschäftsbereichen und das Dienstleistungsangebot stellte sich heterogen durch fachspezifische Besonderheiten dar.

7.1.2 Serviceportfolio

Im ZIB konzentrieren sich die IT-Dienste für alle Dienststellen der niedersächsischen Justizverwaltung, d. h.:

- Staatsanwaltschaften,
- Ordentliche Gerichte,
- Fachgerichte
- Justizvollzugsanstalten.

Dabei sind die Verwaltungseinheiten verpflichtet, das Angebot des ZIB anzunehmen. Der Serviceumfang umfasst folgende Bereiche:

- Standardisierter PC-Arbeitsplatz inkl. Standard-Software,
- Zentrale Basisdienste (E-Mail, Storage etc.),
- Full-Support (abgestuftes Support-Konzept mit zentralem Service Desk und Regionalsupport vor Ort, soweit erforderlich),
- Betrieb von Fachverfahren (ca. 300),
- Entwicklung von Fachverfahren (bei einigen Verfahren im Verbund mit anderen Bundesländern,
- Umfangreiches Schulungsangebot inklusive E-Learning.

Die IT-Beschaffungen des gesamten Justizbereichs in Niedersachsen werden zentral durch den ZIB durchgeführt, sofern die Komponenten Teil des angebotenen Serviceumfangs sind. Dabei wird (soweit möglich) der Großteil der Bestellungen über den LSKN abgewickelt und auf dort vorhandene Rahmenverträge zurückgegriffen. Sofern die geforderten Komponenten nicht über das LSKN erhältlich sind, werden durch den ZIB auch Vergabeverfahren selbst durchgeführt.

Der Netzbetrieb (WAN) erfolgt vollständig durch den „Landesbetrieb für Statistik und Kommunikation“ (LSKN). Bei Netzstörungen werden diese durch den ZIB entgegen genommen und weitergeleitet.

7.1.3 IT-Strategie

Die IT-Strategie manifestierte sich im Projekt mit@justiz im Jahr 2006. Die Motivation war der Umgang mit der gewachsenen und zunehmend komplexeren IT-Infrastruktur und der parallel erfolgten Verknappung der Ressourcen. Damit war auch eine Verbesserung der bisherigen Dienstleistungsqualität verbunden. Mit der Begründung des ZIB wurde das Ziel verfolgt, standardisierte Services anzubieten und die Arbeit der niedersächsischen Justiz mit qualitativ hochwertigen Services bei gleichzeitig bestmöglicher Kosteneffizienz unterstützen zu können. Die zentralen Projektbestandteile waren:

- Zentralisierung des IT Betriebs und Schaffung der entsprechenden Organisationsstruktur
- Konsolidierung der Systemlandschaft (Definition Standard-Client, neues Client-OS, Konsolidierung der Software-Infrastruktur)
- Prozesseinführung (ITIL/MOF)
- Erreichen von politisch möglichen, IT-technisch sinnvollen und kundengerechten Services

Aufgrund der Situation der öffentlichen Haushalte wurden auch in Niedersachsen Konsolidierungen vorangetrieben, die sich insbesondere im Bereich der zentralen IT-Dienste (LSKN) ergaben. Dazu zählen Effizienzsteigerungen durch Optimierung und Standardisierung der angebotenen Services und die Erbringung von Dienstleistung für andere (Shared Services).

Die heutige IT-Strategie des ZIB setzt sich entsprechend der ursprünglichen Ziele fort, Servicequalität und Effizienz der Serviceerbringung sollen kontinuierlich weiter gesteigert werden, sodass kommenden Herausforderungen im Wettbewerb begegnet werden kann (vor diesem Hintergrund wird auch die Optimierung der ITIL-Prozesse vorangetrieben).

Gleichzeitig wird die strategische Ausrichtung in vielen Bereichen durch rechtliche Rahmenbedingungen gesteuert: Durch Gesetzesänderungen entstehen häufig kurzfristig Auswirkungen auf die angebotenen IT-Services (z. B. Anpassung von Fachverfahren, Anforderungen an rechtssichere Archivierung o.ä.). Änderungen müssen entsprechend umgesetzt werden, wodurch teils ein erheblicher Aufwand „von außen vorgegeben“ wird und strategische Entscheidungen beeinflusst werden.

Abstimmung zwischen Ministerium und Dienstleister

Die strategische Steuerung und Abstimmung zwischen dem neuen zentralen Dienstleister und dem Ministerium erfolgt über ein IT-Board, dem auch Vertreterinnen und Vertreter der Anwenderorganisation angehören.

Für die Abstimmung wurde der Prozess des „Anforderungsmanagement“ etabliert, in dessen Umfang alle strategischen Fragestellungen abgestimmt werden. Dies betrifft insbesondere die Neueinführung oder Änderungen von IT-Services (das Anforderungsmanagement bildet somit einen Großteil eines strategischen Change Managements ab). In Hinblick auf interne Personalentwicklungsprozesse weist der organisatorische Aufbau des ZIB ebenfalls einige Besonderheiten auf: die Mitarbeiterinnen und Mitarbeiter im ZIB sind dem CEO fachlich unterstellt. Die Mitarbeiterinnen und sind bei der Umstrukturierung jedoch ihren originären Dienststellen zugeordnet geblieben (dezentral an den Gerichten), weshalb die disziplinarische Weisungsbefugnis nur zu Teilen beim CEO liegt. Durch dieses Konstrukt bedarf die personelle Besetzung von Stellen einer Abstimmung außerhalb des ZIB, was zu Verzögerungen im Verfahren führen kann. Darüber hinaus wesen Sachmittel- und Personalbudgets völlig isoliert bewirtschaftet, wodurch die strategische Steuerung des ZIB eingeschränkt wird. Diese Form des Abstimmungsprozesses berücksichtigt die komplexe Situation der Rollenverteilung:

- Der ZIB ist verantwortlich für die Erbringung der IT-Services in definierter Qualität und muss entsprechend alle (technischen und organisatorischen) Aspekte für einen sicheren Betrieb berücksichtigen.
- Das Justizministerium ist Kunde und verantwortlich für die strategische Steuerung des ZIB und stellt die Budgets bereit; es vertritt die Interessen der nachgeordneten Mittelbehörden und ist verantwortlich für die strategische Ausrichtung der IT innerhalb der niedersächsischen Justiz;
- die Vertreter der Mittelbehörden repräsentieren Kunden- und Anwender gleichzeitig, da sie direktes Anwenderfeedback einbringen und die Vertreter die IT-Services selbst nutzen, gleichzeitig die Mittelbehörden als erweiterter Kundenkreis verstanden werden (das Justizministerium nutzt die Dienstleistungen des ZIB noch nicht.

Dieser komplex (teils widersprüchlich) erscheinenden Situation, in der das Ministerium verantwortlich steuert, aber nicht direkt die IT-Services nutzt, wurde mit dem IT-Board mit folgender Aufgabenverteilung begegnet (s. Tabelle 7.2):

Tabelle 7.2 Aufgabenverteilung in der Steuerungsstruktur des ZIB

Ministerium	IT-Board
■ Definition und Durchsetzung politischer Vorgaben für die IT-Organisation ■ Strategische Planung und Weiterentwicklung ■ Abstimmung des Servicekataloges mit der Leitung des IT-Dienstleisters nach vorheriger Beratung mit dem IT-Board ■ Steuerung der Sachmittelverwendung und des Personalbedarfs ■ Steuerung der landesübergreifenden Entwicklungsverbünde	■ Definition der fachlichen Anforderungen auf Grundlage der Bedürfnisse der dezentralen Einheiten ■ Beratung des Servicekataloges sowie der SLA mit der Leitung des IT-Dienstleisters

7.2 Implementierung von Service-Prozessen

7.2.1 Ausgangssituation und Stand der Prozessimplementierung

Die Justizverwaltung des Landes Niedersachsen hat im Rahmen des Projekts mit@justiz eine Zentralisierung ihrer IT-Services vorgenommen und in diesem Zusammenhang auch die Anzahl der eingesetzten Fachverfahren reduziert sowie die weitere Migration auf künftige Produkte der Fa. Microsoft (Windows Vista, Office 2007, Longhorn-Server) vorbereitet. Vom Projekt mit@justiz waren insgesamt 180 Justizbehörden mit ca. 15.000 Bildschirmarbeitsplätzen betroffen. In der neuen Struktur ist der Zentrale IT-Betrieb (ZIB) gegründet worden.

Im Zuge der Reorganisation wurden die IT-Aufgaben mit Hilfe eines externen Beratungsunternehmens nach ITIL ausgerichtet.

Zu Beginn des Projektes mit@justiz führte die niedersächsische Justiz mit externer Unterstützung einen ITIL-Reifegradcheck für den damaligen dezentral organisierten IT-Betrieb durch. Als Gesamtergebnis wurde ein Prozessreifegrad von 1,5 für die Prozesse des Incident-Management, Problem-Management, Change-Management, Configuration-Management, Release-Management und Service-Level-Management sowie der Funktion des Service Desk ermittelt, die Reifegrade an den einzelnen Standorten sind jedoch teilweise erheblich voneinander abgewichen.

Im Laufe des Projektes mit@justiz sind die standardisierten Prozesse für den Bereich des Service Support sowie des Service-Level-Managements in einzelnen Betriebsführungskonzepten beschrieben worden. Die Prozessimplementierung ist nach Aussage des ZIB in unterschiedlicher Qualität und Nachhaltigkeit zunächst in den Jahren 2006 bis 2008 erfolgt. Eine valide Aussage über die Güte der Prozessimplementierung im ZIB konnte daher nur nach subjektiven Gesichtspunkten erfolgen.

Die Projektdurchführung zum Aufbau des ZIB erfolgte mit Hilfe einer externen Begleitung durch eine Unternehmensberatung. Dabei wurde neben den Reifegradanalysen auch verschiedene Rahmenkonzepte entwickelt und die technische Konsolidierung in Richtung einer Homogenisierung vorangetrieben.

Im nächsten Schritt erfolgte die sukzessive Migration der verteilten Standorte, die bis Ende 2010 abgeschlossen wurde.

Nachdem der Großteil der Arbeit zur Migration abgeschlossen wurde und sich die neue Organisationsform gefestigt hatte, wurde der Logik eines kontinuierlichen Verbesserungsprozesses folgend anschließend an die Initialisierungsphase in 2009 eine Untersuchung des Reifegrades der umgesetzten Prozesse gestartet. Diese Untersuchung hatte auch die Erfolgskontrolle der bisherigen Implementierung zum Ziel. Daraus sollten Erkenntnisse für die weitere Prozessoptimierung gewonnen werden, die danach operativ umgesetzt und zu einer direkten Verbesserung führen sollten. Dazu wurden die wichtigsten Prozessoptimierungen in den Service-Support-Prozessen und beim Service-Level-Management herausgearbeitet, sowie durch operatives Coaching die Umsetzung der erarbeiteten Prozessoptimierungen mit der Zielsetzung einer grundsätzlichen Reifegraderhöhung voran getrieben. Um dies zu erreichen wurde insbesondere auf die Schnittstellen zwischen Prozessen und innerhalb der Prozesse auf eine verbesserte Abstimmung zwischen den beteiligten Organisationseinheiten fokussiert.

7.2.2 Vorgehen bei der Reifegraduntersuchung

Die Ermittlung der Reifegrade der zentralen Prozesse wurde mithilfe eines moderierten Self Assessment durchgeführt. Dies erfolgte mit Unterstützung einer externen Unternehmensberatung, die langjährige Erfahrungen im Bereich der ITIL-Implementierung in der öffentlichen Verwaltung und in Unternehmen vorweisen konnte. Die Erhebung erfolgte in eintägigen Workshops mit den zuständigen Prozessverantwortlichen sowie den operativ tätigen Mitarbeiterinnen und Mitarbeitern. Als Grundlage diente das Process Maturity Framework (PMI). Dabei wurde in den Workshops deutlich gemacht, dass es sich nicht um eine objektivierbare Benotung handelt, sondern um subjektive Einschätzungen einer Gruppe, um eine Basis für weitere Handlungen zu haben. Dabei spielte auch der Einfluss der Moderatorinnen und Moderatoren in den Workshops eine wichtige Rolle. Von Anfang wurde sich darauf verständigt, zu einem Konsens bei den einzelnen Prozessbewertungen zu kommen und damit den individuellen Interpretationsspielraum zugunsten einer gruppenorientierten Bewertung zu verringern.

Ziel war es, die Handlungsfelder zu priorisieren und über den Beteiligungsprozess auch ein Verbindlichkeit beim Top-Management zu erreichen. Die Ermittlung des Reifegrad-Levels erfolgte in Hinblick auf die messbare Überprüfung der erzielten Verbesserungen und sollte nicht einem externen Benchmarking dienen, so dass die beschriebene Vorgehensweise valide war.

Jeder Workshop teilte sich in einen beschreibenden Teil mit der Selbstauskunft über die bisherigen Prozessschritte und der konkreten Reifegradbestimmung entlang der vorgegebenen Checklisten auf (siehe Abb. 7.2).

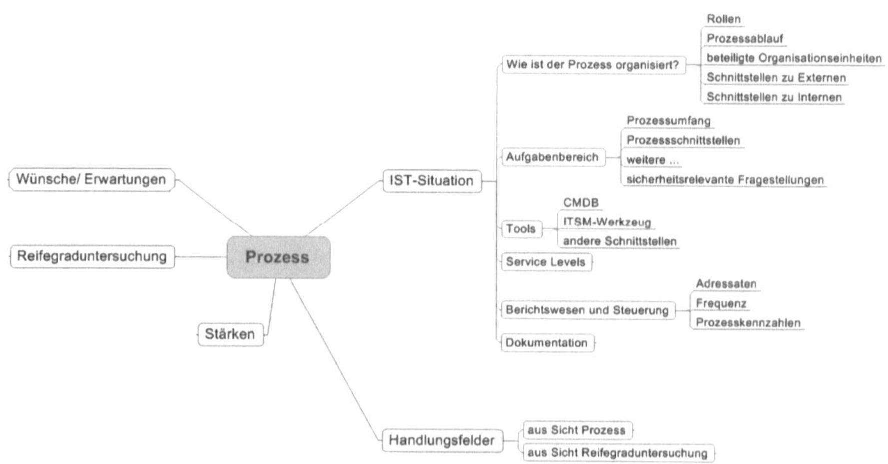

Abb. 7.2 Leitfaden für den Einstieg in die Workshops zur Reifegraduntersuchung

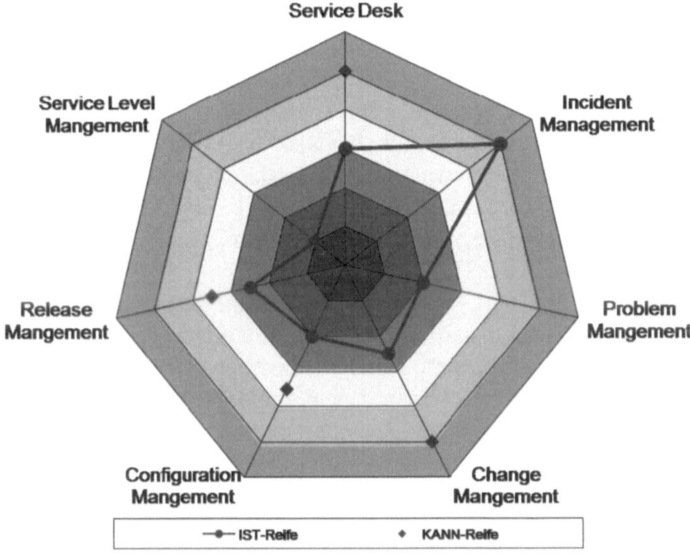

Abb. 7.3 Ergebnisse der Reifegraduntersuchung

In der Bestandsaufnahme konnten 2009 folgende Reifegrade ermittelt werden (s. Abb. 7.3).

Die Ausweisung der „KANN-Reife“ ergibt sich aus der Aufbaulogik des PMI-Modells. Demnach kann ein Reifegrad nur dann erreicht werden, wenn alle Muss-Kriterien der jeweiligen Stufe erfüllt sind. Wenn darüber hinaus noch weitere Kriterien der darüber liegenden Stufe vollständig abgedeckt sind, wird dennoch nur der niedrigere Reifegrad berechnet. Die „KANN-Reife“ beschreibt also die mögliche Reifegradstufe (z. B. 4 bei Change Management), sofern die Muss-Kriterien in der niedrigsten Stufe (z. B. 1,5 bei Change Management) erfüllt werden.

7.2.3 Vorgehen bei der Prozessimplementierung

In der Implementierungsphase wurde sehr darauf geachtet, dass die Veränderungen kompatibel zu den bisherigen Erwartungen und Anforderung aus den dezentralen Organisationseinheiten waren. Somit wurde der Einführungsprozess sehr behutsam vorangetrieben und auch in der Reihenfolge immer auf die Überzeugung durch regelmäßige Konsensgespräche geachtet. Dabei bestand von Anfang an die Überzeugung sowohl bei der Leitung des ZIB als auch im Ministerium, dass es sich um einen langfristigen Organisationsentwicklungsprozess handelt und die nötige Rückendeckung wurde auf oberster Ebene erwirkt.

Die treibenden Kräfte kommen aus dem juristischen Fachgebiet und verfügen damit über den notwenigen „Stallgeruch", wodurch sich auch die Kommunikation zum Kunden vielfach einfacher gestaltet, als dies bei „reinen IT'lern" möglich wäre. Dies spiegelte sich auch in dem spezifischen Anforderungsmanagement wider, das ebenfalls über das IT-Board abgewickelt wurde.

Wesentliche Erfolgskriterien waren die Fokussierung auf eine durchgehende Personalentwicklung mit Hilfe von Schulungsangeboten und die regionale Verortung und Rekrutierung. Die bisherigen Standorte des Ministeriums wurden genutzt, um die zentralen Angebote in der Fläche zu verteilen.

Alle Mitarbeiterinnen und Mitarbeiter wurden umfangreich informiert, es gab zahlreiche Informationsveranstaltungen für alle Leitungen und die Beschäftigen in den Gerichten, Staatsanwaltschaften und Justizvollzugsanstalten. Über den Intranetauftritt wurden die Schritte transparent dargestellt und zusätzlich sowohl der Personalrat als auch das IT-Personal gesondert einbezogen.

Die Fokussierung auf ITIL für die Ausrichtung der IT-Dienstleistungen wurde anfangs eher mit Skepsis bei dem betroffenen dezentralen IT-Personal aufgenommen. Durch die Schulungen und die Überzeugungsarbeit konnte aber sukzessive ein gemeinsames Vokabular aufgebaut werden und damit auch ein Servicegedanke entwickelt werden, der bisher in der öffentlichen Verwaltung eher unbekannt war. Die Überzeugung der dezentralen Organisationseinheiten wurde immer wieder durch die entsprechenden Kundenbefragungen in Bezug auf deren Zufriedenheit überprüft. Durch die mutige Kombination einer technischen Konsolidierungsmaßnahme mit einer Reorganisation der IT-Prozesse konnte der notwendige Veränderungsdruck aufgebaut werden.

Im Rahmen der weiteren Optimierung wurden die in der Reifegraduntersuchung ermittelten Handlungsfelder gezielt bearbeitet (siehe Vorgehen in Abb. 7.4) und in verschiedenen Workshops mit den Mitarbeiterinnen und Mitarbeitern betrachtet. Dabei wurde das Prozessverständnis in den jeweiligen Prozessen auf der einen Seite geschärft und vor allem die Frage nach den prozessübergreifenden Themen thematisiert (siehe Abb. 7.5).

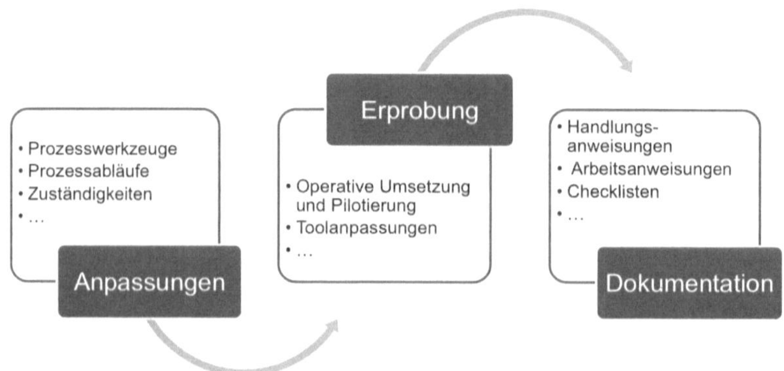

Abb. 7.4 Operative Umsetzung der Prozesse im ZIB

Abb. 7.5 Vorgehensweise zur Prozessoptimierung im ZIB am Beispiel Problem Management

Für das Optimierungsvorhaben wurde ein umfassender Ansatz gewählt, um unterschiedliche Sichtweisen berücksichtigen zu können. Das Vorhaben war u.a. durch folgende Faktoren charakterisiert:

- Unterstützung und Qualitätssicherung durch externe Beratung und Bewertung,
- Definition messbarer Ziele für das Projekt und Überprüfung anhand der wiederholten Durchführung der Reifegradmessungen,
- Formative wissenschaftliche Begleitung,
- Initiierung der Erstellung der vorliegenden Fallstudien, um auf Erfahrungen anderer zurückgreifen zu können,

Aus dem Projekt sind grundlegende organisatorische Maßnahmen resultiert, die prozessübergreifende Auswirkungen haben. Dies sind z. B.:

- Einrichtung von regelmäßigen Abstimmungstreffen innerhalb von Prozessen mit dem Ziel, explizit Prozessthemen zu besprechen und dadurch Kommunikation und Abstimmung zu verbessern.
- Einrichtung eines Prozessbüros mit der Zielsetzung, die Prozessverbesserungen übergreifend zu steuern und voran zu treiben,
- Entwicklung eines Rollenmodells, u.a. Einrichtung der Rollen lokaler Prozessmanager, um die lokale Prozesssteuerung zu verbessern
- Maßnahmen zur Verbesserung des Prozessverständnisses (Prozessschulungen, Apollo-Simulation)
- Erstellung einheitlicher Prozesshandbücher und Konsolidierung gewachsener Informationen.

Ressourcen für die ITIL-Implementation

Für die operativen Prozessaktivitäten wurden keine zusätzlichen Ressourcen bereitgestellt. Die Rolle der zentralen Prozessmanager (besetzt auf OE-Leitungsebene) wird als zentrale Führungsaufgabe verstanden, so dass die erforderlichen Ressourcen einen expliziten Bestandteil der Arbeitszeit darstellen. Im Rahmen der weiteren Optimierung wird insbesondere auf die Herausstellung der Vorteile struktureller

Prozesse fokussiert. Den Mitarbeiterinnen und Mitarbeitern wurde verdeutlicht, dass ein Großteil der Prozessaktivitäten bereits auf uneinheitlich strukturierte Weise ausgeführt wird und die Einführung neuer Strukturen daher mittelfristig zu einer Effizienzsteigerung und nicht zu Mehrarbeit führt. In zentralen Prozessen wurden vorhandene Defizite bereits vielfach auch von Mitarbeiterinnen und Mitarbeitern aus dem operativen Bereich erkannt, wodurch die Akzeptanz für weitere Prozessdefinitionen gestiegen ist.

Rollenbesetzung

In der ursprünglichen Konzeption bei Begründung des ZIB wurden die Rollen der Prozess Manager für die definierten Prozesse besetzt. Innerhalb der Aufbauorganisation wurden diese Rollen auf hoher Ebene (Betriebs- oder Abteilungsleitung) besetzt. Die gesamte Prozessverantwortung lag bei den Prozess Managern, weitere Rollen wurden nicht geschaffen. In dieser Konstruktion zeigten sich folgende Probleme:

- Strategische und operative Verantwortung waren nicht ausreichend voneinander getrennt,
- eine abteilungsübergreifende Implementation und Steuerung der Prozesse auf lokaler Ebene war für die Prozess Manager nur schwer möglich,
- die kontinuierliche Prozessverbesserung war somit nur schwer umzusetzen.

Bei der Optimierung wurde daher ein Rollenmodell implementiert, das bei folgenden Grundsätzen folgt:

- Prozess-Eigentümer (Prozess-Owner): Strategische Verantwortung für die ITSM Prozesse, auf Leitungsebene (CEO) angesiedelt.
- Zentrale Prozessmanager: verantwortlich für Prozessentwicklung und -steuerung, operativer Eingriff bei hoch priorisierten Vorfällen oder bei Eskalation der lokalen Prozessmanager. Die zentralen Prozessmanager sind auf Eben der Leitung einer Organisationseinheit bzw. Stabsebene angesiedelt.
- Lokale Prozessmanager: verantwortlich für die operativen Abläufe innerhalb ihres Fachbereichs (besitzen fachspezifische Kompetenz), Unterstützung der zentralen Prozessmanager. Je Prozess sind mehrere lokale Prozessmanager bestimmt, die direkt in den Fachbereichen sitzen.
- Zentrale Prozesskoordinatoren: prozessweite abteilungsübergreifende Unterstützung der Prozess Manager bei der operativen Prozesssteuerung.
- Service Manager: verantwortlich für die prozessübergreifende Abstimmung, Unterstützung der Prozess Manager bei Definition und Verbesserung ihrer Prozesse, aktives „Vorantreiben“ des kontinuierlichen Verbesserungsprozesses und Abstimmung zwischen Prozess-Eigentümer und Prozess Managern.

Etablierung eines Prozessbüros

Parallel zum neuen Rollenmodell wurde die Aufbauorganisation durch die Etablierung eines Prozessbüros ergänzt. Dieses bildet die zentrale Anlaufstelle für die Prozess Manager zu allen Prozessthemen und unterstützt diese bei Fragen des Prozessdesigns, Abstimmung mit anderen Prozessen etc. Mit dem Prozessbüro wurde eine Möglichkeit geschaffen, die kontinuierliche Verbesserung voran zu treiben. Dies erschien (insbesondere aufgrund der Organisationsgröße und der verteilten Standorte) erforderlich, um den Verbesserungsprozess prozessübergreifend gestalten und kontinuierliche vorantreiben zu können.

7.2.4 Information und Dokumentation der Prozessimplementierung

In der Konzeptionsphase des ZIB wurden Betriebsführungshandbücher erstellt, in denen die grundsätzliche Organisationsstruktur und Prozessdefinition dokumentiert wurde. Zunächst waren die operativen Prozesse, insbesondere das Verfahren zur Störungsbearbeitung dokumentiert. Hierfür wurden umfangreiche Handlungsanweisungen erstellt, deren Fortschreibung im operativen Bereich kontinuierlich fortgesetzt wurde (s. Abb. 7.6: Dokumentationsansatz beim ZIB auf 3 Ebenen).

Im Laufe der Jahre haben sich unterschiedliche Dokumente angesammelt, die vielfach unkontrolliert und nur in Teilbereichen vorlagen, so dass eine insgesamt uneinheitliche Dokumentation entstanden ist. Der Umfang an Informationen führte somit zu sehr uneinheitlichen Kenntnisständen. Mit steigender Prozessreife wurde die Bedeutung einer umfangreichen und einfach erschließbaren Dokumentation zunehmend erkannt und eine Verbesserung insbesondere aus dem operativen Bereich gefordert. Im Rahmen der aktuellen Optimierungsvorhaben findet daher eine Konsolidierung statt.

Einen ersten Schritt zur Verbesserung stellte die Überarbeitung und Vereinheitlichung von Prozessdokumentationen dar. Den Rahmen für die definierten Prozesse

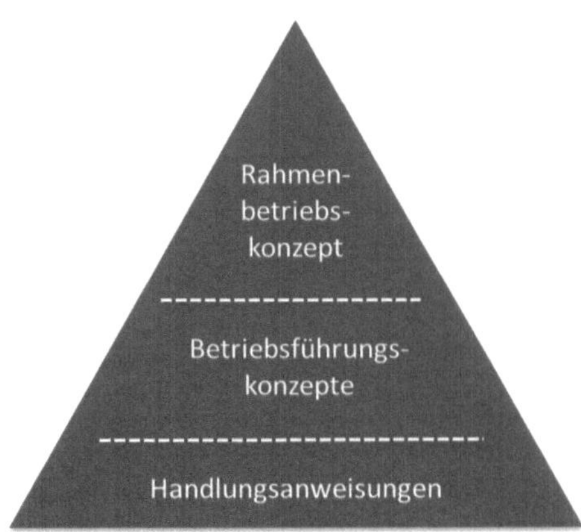

Abb. 7.6 Dokumentationsansatz beim ZIB auf 3 Ebenen

bilden jeweilige Prozesshandbücher (detaillierte Definition von Aktivitäten und Prozesshandbüchern), die nach Abstimmung verbindlich durch die Betriebsleitung in Kraft gesetzt werden. Die Prozesse werden zudem sukzessive zentral in einem Prozessmodellierungstool dokumentiert, wodurch insbesondere operative Prozesse genau definiert werden können.

Um eine einheitliche Steuerung aller Informationen zu erreichen, wurde parallel zur Verbesserung der ITIL-Prozesse mit der Definition eines Prozesses zur Dokumentenlenkung (Definition von Genehmigungsprozessen, Dokumententypen etc.) begonnen (abgeschlossene Ergebnisse lagen zum Zeitpunkt der Fallstudienerstellung noch nicht vor).

7.2.5 Personal

Die Personalentwicklung stellt im Justizministerium sowie im ZIB eine besondere Aufgabe dar. So wird ein Fortbildungsbudget vom Ministerium definiert, um allen Mitarbeiterinnen und allen Mitarbeitern umfangreiche Schulungen anzubieten. Zu Beginn des Projekts war das Prozessverständnis in der Organisation noch gering ausgeprägt. Um dieses aufzubauen wurden ITIL Foundation Schulungen für die Mitarbeiterinnen und Mitarbeiter durchgeführt. Damit wurde bei den Mitarbeiterinnen und Mitarbeitern die Voraussetzung für eine Beteiligung an der Prozessimplementierung geschaffen und gleichzeitig die Motivation zur aktiven Mitarbeit erhöht.

Die Rekrutierung von Fachpersonal variiert im ZIB. Einerseits besteht durch die Konzentration bestimmter Dienstleistungen in strukturschwachen Regionen die Chance, sehr gut qualifizierte Mitarbeiterinnen und Mitarbeiter wohnortsnah zu gewinnen. Andererseits wird sehr viel Wert auf die Laufbahn innerhalb der Justizverwaltung mit zusätzlicher IT-Qualifikation gelegt, um den besonderen Anforderungen des Geschäftsbereichs entsprechen zu können.

7.2.6 Qualitätsmanagement und kontinuierlicher Verbesserungsprozess

Der ZIB hat noch kein explizites Qualitätsmanagementsystem eingeführt. Es werden zwar zahlreiche vereinzelte Aktivitäten (meist auf lokaler Ebene) durchgeführt, die allerdings vielfach wenig koordiniert und strukturiert erfolgen. Im Zuge der aktuellen Optimierungsvorhaben wurden dieses Handlungsfeld erkannt und verschiedene Aktivitäten zur Qualitätsverbesserung zunehmend strukturiert durchgeführt. Um die Koordination aktiv vorantreiben zu können wurde (zunächst auf Projektebene) ein „Projektbüro“ gegründet, dessen Aufgabe es ist, die Prozessverbesserungen auf übergreifender Ebene zu koordinieren und in gebündelter Form aktiv voran zu treiben. Die Prozessmanager bestehender Prozesse erhalten Unterstützung bei allen Fragen zum Prozessdesign, Verbesserungsmaßnahmen werden gemeinsam abgestimmt. Insbesondere wird die Berücksichtigung von Prozessschnittstellen verbessert. Darüber hinaus wird die Definition weiterer Prozesse (und damit der

Ausbau der ITIL Implementation insgesamt) durch das Prozessbüro aktiv voran getrieben.

Zwischen Betriebsleitung und Prozessmanagern fungiert das Prozessbüro als Schnittstelle, geplant ist es, die Prozesssteuerung auf strategischer Ebene (high-Level KPI) durch das Prozessbüro zu unterstützen.

Geplant ist außerdem die Beteiligung an einem regelmäßigen Audit mit dem niederländischen GDI und der IT-Organisation in der Justiz anderer Bundesländer, bei dem zunächst die Prozessperformance und Kundenzufriedenheit im Bereich des Service Desk / Incident Managements verglichen und Erfahrungen zu Verbesserungsmaßnahmen diskutiert werden.

7.3 Umsetzungsstand der ITIL-Prozesse

7.3.1 Übersicht zum Stand der Prozessimplementierung

Zum Erhebungszeitpunkt sind Prozesse nach ITIL V2 im ZIB sehr weit entwickelt. Eine erneute Überprüfung der Reifegrade nach der Durchführung weiterer Verbesserungen führte zu folgendem Ergebnis:

- die Prozesse Incident-, Change, Service-Level- und Configuration-Management sind mit hohem Reifegrad vollständig umgesetzt,
- das Release-Management ist ebenfalls in definierter Form vorhanden, wird aber derzeit restrukturiert, um zu einer Gesamtverbesserung zu kommen,
- der Prozess zum Problem-Management wird derzeit nur in nicht definierter Form gelebt, eine vollständige Definition ist in Planung.

Eine Definition der Prozesse zum Availability und Capacity Management wurde bisher nicht begonnen, da diese Aufgaben zum größten Teil noch dezentral (ohne zentrale Steuerung) erbracht werden.

Die wiederholte Reifegradmessung wurde in einem „kompakten" Evaluationsverfahren durchgeführt, in dem nur wenige Akteure beteiligt waren. Die Messung fällt damit ggf. abweichend gegenüber der Reifegradmessung in umfangreichen Workshops aus, da einzelne Aspekte ggf. abweichend bewertet werden. Unabhängig von der sehr hohen Reifegradbewertung zeigen die Unterschiede zur ursprünglichen Situation aber das Potenzial eines kontinuierlichen Verbesserungsprozesses. Zugleich wird aber auch deutlich, dass noch einige Prozesse fehlen, um zu einer sehr guten Gesamtbewertung zu kommen.

7.3.2 Service Desk / Störungsbearbeitung

Dem Aufbau des Service Desk und des Incident Managements wurde bei der Gründung des ZIB sehr hohe Aufmerksamkeit geschenkt, da dieser als „Aushängeschild" und seine Bedeutung für die Anwenderzufriedenheit erkannt wurde. Der Service

Desk wurde als zentralisiert konzipiert und ist somit Anlaufpunkt für sämtliche Störungsmeldungen für alle betreuten Anwenderinnen und Anwender (ca. 15.000). Die Service-Zeiten sind 7-17 Uhr (bzw. 7-15 Uhr an Freitagen). Er ist mit ca. 30 Personen besetzt und wurde im Justizgebäude in Wildeshausen bei Bremen angesiedelt, in dem auch das IT-Schulungszentrum des ZIB untergebracht ist.

Der hohe Reifegrad spiegelt die Qualität des Service Desk wider. Als besondere Stärken aus eigener Sicht werden insbesondere folgende Punkte genannt:

- Hohe Akzeptanz bei den Anwenderinnen und Anwendern,
- Ausgeprägte Prozessorientierung (insbesondere innerhalb des 1st Level),
- Engagierte Mitarbeiterinnen und Mitarbeiter, teamorientiertes Arbeiten,
- Gute Mischung aus Fachlichkeit und IT-Bezug,
- Kontinuierlicher Verbesserungsprozess vorhanden,
- Zahlreiche Dokumentationen zur internen Nutzung des Service Desk (die prozessübergreifende Dokumentation ist jedoch zu verbessern).

Gleichzeitig wurde eine weitere Verbesserung der Dokumentationen als ein Handlungsfeld genannt. Die „gewachsenen" Dokumentationen, die oft nur lokal am Service Desk vorliegen, erschweren eine effiziente Informationssuche. Für eine verbesserte Lösungseffizienz soll eine Verbesserung des Wissensmanagements auf Basis des Ticketsystems stattfinden. Deutliches Verbesserungspotenzial wird zudem in einer einheitlichen Definition des Problem Managements gesehen.

Des Weiteren soll eine weitere Verbesserung der Zusammenarbeit bei der Störungsbearbeitung zu nachgelagerten Support-Level erreicht werden. Das Prozessverständnis ist zwar (insbesondere im 1st Level) sehr ausgeprägt, an der Schnittstelle kommt es jedoch häufig zu Ineffizienzen. Im Zuge der Optimierungen haben einzelne Maßnahmen die Informationsweitergabe bereits deutlich verbessert: z. B. wird durch den gezielten Einsatz von im Tool hinterlegten Checklisten, die den jeweiligen Störungskategorien zugeordnet sind, die Störungsaufnahme verbessert, da die erforderlichen Informationen explizit abgefragt werden. Durch den Einsatz von Workflows werden Routine-Prozesse (z. B. Standard-Changes) standardisiert abgearbeitet. Weiteres Potenzial zur Verbesserung der Erstlösungsquote liegt zum einen in der Ausweitung der technischen Befähigung der Berater am Service Desk, so dass weitere 2nd-Level Routinearbeiten übernommen werden können. Zum anderen ist nach eigenen Aussagen eine Verbesserung durch eine Optimierung in angrenzenden Prozessen (z. B. operatives Change Management oder Problem Management) möglich, da aufgrund des hohen Reifegrades der Prozess zur Störungsbearbeitung nur bedingt weiter optimiert werden kann.

Die kontinuierliche Verbesserung wird durch einen regelmäßigen Austausch mit dem Service Desk des GDI, dem Beratungstelefon IT (BIT) der Justiz des Landes Nordrhein-Westfalen und anderen vergleichbaren Justiz-IT-Support-Organisationen unterstützt, in dem über Fragen zu Verbesserungsmaßnahmen und Prozessgestaltung diskutiert wird sowie ein KPI-Benchmarking auf Basis eines selbst entwickelten Modells durchgeführt wird. Hierbei werden zum Beispiel die Ergebnisse der Kundenzufriedenheitsumfragen am Service Desk regelmäßig verglichen.

7.3.3 Change Management

Das Change Management ist einer der Prozesse bei dem der zu Projektbeginn gemessene Reifegrad mit 1,5 relativ niedrig ausgefallen ist und durch wenige Anpassungen zur Erfüllung der Muss-Kriterien ein großer Reifegradsprung möglich war.

Der Prozess wurde zunächst auf strategischer bzw. taktischer Ebene definiert, so dass insbesondere umfangreiche Changes vollständig im Prozess kontrolliert werden. Teilaktivitäten werden dabei im Bereich des Anforderungsmanagement abgedeckt, in dem (zusammen mit dem Service Level Management, s.u.) eine Qualifikation und Genehmigung von Kundenanforderungen erfolgt, deren Umsetzung durch das Change Management kontrolliert wird. Die Genehmigung und Kontrolle von Changes erfolgt nach einem abgestuften Rollenkonzept, in dem nach Größe des Changes und nach Fachlichkeit die Genehmigung durch die Betriebsleitung bzw. durch die Leitung einzelner Fachbereiche erfolgt.

Verbesserungen sind in folgenden Bereichen möglich:

- Das operative Change Management sollte vereinheitlicht werden, so dass die einheitliche Steuerung aller Änderungen (insbesondere auch operative Standard-Changes) über das Change Management sicher gestellt wird. Aufgrund der ursprünglichen Prozessdefinition aus der Betrachtung „großer" Changes heraus haben sich im operativen Bereich uneinheitliche Verfahrenweisen etabliert, wodurch die Gefahr entsteht, dass nicht alle Änderungen erfasst werden. Hierzu wird auch eine Etablierung neuer Rollen im Prozess diskutiert. Bei der Verbesserung ist insbesondere Augenmerk auf die Einhaltung der Verfahren zur Initiierung von Changes zu legen.
- Die Abgrenzung zum Release Management ist zu schärfen. Aufgrund der im Vergleich noch niedrigeren Prozessreife im Release Management und der späteren Prozessimplementation, die in strukturierter Form erst im derzeitigen Optimierungsvorhaben erfolgt, werden Teile des Release Managements durch das Change Management abgedeckt.
- Ähnliches gilt für die Abstimmung von Changes, die aus Projekten heraus entstehen. Eine Schärfung dieser Schnittstelle erscheint nach Optimierung des operativen Change Managements ebenfalls sinnvoll.

7.3.4 Release Management

Auch beim ZIB wurden die Prozesse zum Release Management nach dem Change Management implementiert und befinden sich in der Entwicklung. Daher erfolgt die Steuerung von Releases zu großen Teilen durch das Change Management, dessen Aktivitäten sehr weit gefasst sind und zu Teilen in das Release Management hinein reichen. Eine klare Abgrenzung zwischen beiden Prozessgruppen ist nicht erfolgt.

Der Release Prozess ist insbesondere im Software-Bereich gut ausgeprägt, nach eigenen Aussagen haben die Mitarbeiterinnen und Mitarbeiter ein sehr gutes fachliches Know-how, wodurch die Fehleranfälligkeit von Releases gering ist.

Allerdings ist der Prozess für einzelne Software- bzw. Fachverfahrensbereiche uneinheitlich ausgeprägt, so dass die zentrale Steuerung und Freigabe nicht durchgehend möglich ist. Der Gesamtprozess gestaltet sich als sehr komplex: durch den ZIB werden neben den Standard-Softwareprodukten ca. 300 Fachverfahren betrieben. Diese werden zu großen Teilen selbst (ggf. im Verbund mit anderen Ländern) entwickelt. Einige weitere Fachverfahren stammen aus deutschlandweiten Entwicklungsverbünden. Zudem gibt es durch Gesetzesänderungen häufig kurzfristige bzw. gebündelte Anpassungen von Fachverfahren (insb. zum Jahresende), was eine starke Häufung von Releases zur Folge hat. Insgesamt ist die Release-Planung durch zahlreiche externe Faktoren beeinflusst, die kaum gesteuert werden können. Innerhalb des ZIB erfolgt die Entwicklung in vier unterschiedlichen Fachverfahrensteams, die teilweise regional weit verteilt tätig sind. Test und Ausbringungen erfolgen an zentraler Stelle durch das Technische Betriebszentrum. Dies Komplexität führte dazu, dass Releases in den Teams teilweise nach eigenen Prozessen durchgeführt werden, die zum Teil aus den Vorgängerstrukturen des ZIB übernommen wurden (die Fachverfahrensentwicklung hat bereits vor Begründung des ZIB in ähnlicher Weise stattgefunden). Die Aufgabenabgrenzung zum zentralen Technischen Betrieb ist unscharf.

Im Zuge der Optimierungsvorhaben wird der Release Prozess derzeit verbessert. Wesentlicher Punkt ist die schärfere Aufgabenabgrenzung zwischen lokalen und zentralen Einheiten. Zum Beispiel werden derzeit zahlreiche Aufgaben an zentraler Stelle durchgeführt, die einen engen fachlichen Bezug zum Release selbst haben und eigentlich an lokaler Stelle durchgeführt werden müssen.

Es soll daher ein geändertes Rollenmodell eingeführt werden, in dem die dezentrale Steuerung des Prozesses durch lokale Prozessmanager erfolgt. An zentraler Stelle soll entsprechend verstärkt übergreifende Steuerung und Überwachung (Planung und Freigabe von Releases) erfolgen. Gestärkte Bedeutung soll auch der (ebenfalls zu definierenden) Rolle der Anwendungsverantwortlichen zukommen, die für die Koordination aller anwendungsspezifischen Release-Aktivitäten verantwortlich sind.

Im ersten Schritt wurde eine ZIB-weite Release-Richtlinie verbindlich eingeführt, wodurch die Grundlage für die Prozessvereinheitlichung gelegt wurde.

Bei der Schärfung von Aufgaben soll auch die Abgrenzung zwischen Change und Release Management verbessert werden. Der Umfang der beiden Prozesse und die in den jeweiligen Organisationseinheiten erforderlichen Aktivitäten sind vielfach nicht klar.

7.3.5 Configuration Management

Der Implementation des Configuration Managements wurde von Anfang an eine gewisse Priorität gegeben, allerdings konnten bisher nur rudimentäre Prozesse etabliert werden, weil die Integration aller Assets eine sehr hohe Komplexität besitzt.

Eine CMDB wurde auf Basis des eingesetzten ITMS-Tools implementiert. Hierin sind alle anwenderseitigen Komponenten (Clients und Peripheriegeräte) vollständig inventarisiert und die Konfiguration erfasst. Die aktuellen Softwarekonfigurationen werden automatisch aus dem Softwareverteilungssystem übernommen. Mit der Inventarisierung werden die Vorgaben der Landeshaushaltsordnung erfüllt, so dass keine zusätzliche Erfassung erforderlich ist. Die Daten neuer Geräte werden durch eine enge Einbindung der Lieferanten halbautomatisch durch Import von Listen mit vorgegebener Struktur erfasst (diese Anforderung ist Bestandteil von Ausschreibungen), so dass der Erfassungsaufwand reduziert wird. Die Daten im Serverbereich sind derzeit noch nicht in einem zentralen System erfasst, sondern werden innerhalb der zuständigen Teams verwaltet. Da so keine Steuerung und Überwachung der Datenqualität durch den Configuration-Prozess möglich ist, sollte in diesem Bereich eine Ausweitung des Prozesses erfolgen. Gleiches gilt für Informationen zur Netzinfrastruktur, da das Netz nicht durch den ZIB selbst betrieben wird, sind die erforderlichen Informationen für den ZIB nicht verfügbar.

Verbesserungen sind somit sowohl für den Prozess selbst als auch für die erfassten Informationen möglich: die in den Prozessen benötigten Informationen sind nicht immer ausreichen, z. B. wäre eine Erfassung von CI-Beziehungen hilfreich. Um die Datenqualität zu erhöhen wäre zudem eine Ausweitung von Prozessaktivitäten hilfreich, insbesondere im Bereiche der Auditierung (z. B. durch Einrichtung eines Qualitätsbeauftragten für die CMDB). Durch eine Ausweitung des operativen Change Management (s.o.) ist ebenfalls eine Verbesserung der Datenqualität zu erwarten, da derzeit nicht alle Änderungen an CIs erfasst werden.

7.3.6 Financial Management

Der ZIB ist nach wie vor durch die enge Anbindung an das Justizministerium auf die Aushandlung der jährlichen Budgets angewiesen. Es findet bisher keine verursachungsgerechte Verrechnung der IT-Services statt. Es bestehen jedoch erste Überlegungen in Richtung einer Kosten-/Leistungsrechnung.

7.4 Bewertung der Fallstudie

Der ZIB hat mit seiner Gründung die Zielsetzung formuliert, neben der Migration des Betriebssystems nicht nur eine strukturelle Organisationsveränderung vorzunehmen, sondern durch die Einführung standardisierter IT-Serviceprozesse den gesamten IT-Betrieb dienstleistungs- und kundenorientiert auszugestalten. Die insgesamt relativ hohe **Prozessreife** spiegelt den Umsetzungsstand einzelner Prozesse wider. In den Einzelbetrachtungen wurde jedoch auch deutlich, dass deutliche Verbesserungspotenziale in der vereinheitlichen Einhaltung der Prozesse im gesamten ZIB und in der prozessübergreifenden Prozessabstimmung und –abgrenzung liegen. Bei den Mitarbeiterinnen und Mitarbeitern ist das **Prozessdenken** zunehmend verinnerlicht und kann auf dieser Basis weiter vereinheitlicht werden. Insgesamt wurde deutlich, dass die Voraussetzungen bei den Mitarbeiterinnen und Mitarbeitern an den unterschiedlichen Standorten sehr heterogen waren. Hierzu wurden zum Aufbau der entsprechenden **Personalqualifikationen** sehr viel Zeit und Ressourcen z. B. in Schulungen investiert. **Vorerfahrungen** bei der Einführung von IT Service Management waren nicht vorhanden – zum Teil wurde das Thema in Eigenregie bzw. durch eine **externe Unterstützung** durch Consultants erarbeitet. Die Prozesse wurden frühzeitig in den entsprechenden ITSM-**Tools** abgebildet, ohne allerdings eine vollständige und umfassende Implementierung bspw. eines Configuration Managements mit CMDB realisiert zu haben. Das **Serviceportfolio** des ZIB ähnelt einem Full-Service-Provider mit Ausnahme den Netzinfrastruktur im WAN-Bereich, auch wenn es so nicht explizit in den entsprechenden Definitionen und deren Umsetzung in Servicekatalogen festgehalten ist. Daher gibt es auch (noch) keine detaillierten **SLA** mit entsprechenden KPI. Im Zuge der Standardisierung der angebotenen Services wurden jedoch frühzeitig das Angebot des ZIB definiert und in einem Servicekatalog beschrieben, der für alle Anwenderinnen und Anwender über das Intranet bereit gestellt wird. Die Beschreibungen sind mit Fokus auf die angebotenen Anwendungen (Standard-Services und Anwendungsliste) erstellt und tragen zur Transparenz der Dienstleistungen bei. Das Dokument gilt gleichzeitig als „Vereinbarung“ über den Standard-Serviceumfang zwischen ZIB und dem Ministerium als Kunden. Für einen perspektivischen Ausbau zu SLA steht mit dem Servicekatalog eine gute Basis bereit. Die Betriebsführungskonzepte wurden im Zuge der Einführungsphase umfangreich erstellt, allerdings konnte weder einer Überprüfung noch eine Revision im engeren Sinne erfolgen.

Sehr auffällig in der Fallstudie war die klare **Vision** des Ministeriums als Initiator und die strategische Vorstellung beim CEO. Hierüber wurde in die neu zu gründende Organisation ein deutliches Signal gesendet, dass eine langfristige Konzeption angestrebt wird. Daraus ergibt sich auch (fast) zwangsläufig ein **Management Commitment**, das sich in dieser Form nicht ohne weiteres in einer öffentlichen Verwaltung erwarten lässt. Aufgrund des Neuaufbaus wurden **Ressourcen** explizit für das Projektvorhaben vorgehalten und auch durch ein entsprechendes **Projektmanagement** unterstützt. Die Reorganisation fand im Zuge einer Systemmigration statt und aus dieser Erfahrung heraus wurden nicht nur eine entsprechende Zeitplanung vorausgesetzt, sondern auch sehr viel Wert auf die **Personalentwicklung** gelegt. Da es sich im Justizbereich um besondere Anforderungen an das inhaltliche Fachwissen handelt, stand von Anfang an die Rekrutierung und Qualifizierung von Personal aus dem eigenen Organisationsbereich im Vordergrund. Auffallend war allerdings, dass zuvor noch nicht mit Prozessmanagement (z. B. im Rahmen von Qualitätsmanagementsystemen) gearbeitet wurde. Somit fiel eine Anbindung an bestehende **Organisationsentwicklungsmaßnahmen** auf der einen Seite aus, auf der anderen Seite war das gesamte Projekt bereits als solche angelegt.

Zentral im Anwendungskontext eines IT-Dienstleisters im Justizbereich sind Anforderungen an die **Informationssicherheit**. Dies kommt auch durch die Bestellung eines IT-Sicherheitsbeauftragten in einer Stabsstelle zum Ausdruck. Allerdings war diese Rolle selten an den Prozessdefinitionen im Rahmen der Einführung des IT Service Management beteiligt. Vorbildlich ist hingegen die strategische Ausrichtung des IT-Dienstleisters für die Justiz im Sinne des **IT-Business Alignment**. Die gesamte Prozessgestaltung durchzieht im oberen Management ein klares Verständnis im Hinblick auf die zu unterstützenden Geschäfts- bzw. Verwaltungsprozesse. Allerdings sind das Dienstleisterverständnis und damit die **Kundenorientierung** nicht durchgehend in der Organisation entwickelt. Hieran wird in den letzten Jahren verstärkt gearbeitet, wobei die Sorge vorhanden ist, dass aufgrund der Herkunft aus der traditionellen öffentlichen Verwaltung eine gewisse Reserviertheit gegenüber neuen Prozessmodellen bei den Mitarbeiterinnen und Mitarbeitern existiert. Dies gilt allerdings auch für die Abnehmer der Dienstleistungen, die bislang einige Probleme mit ihrer Rolle haben und sich selbst noch nicht als Kunden verstehen. Ein **kontinuierlicher Verbesserungsprozess** ist im Kern schon aufgesetzt worden und auch durch externe Unterstützung wird an der Verbesserung der Prozessreife in allen Teilprozessen gearbeitet. Dies gilt insbesondere für eine prozessübergreifende Steuerung, die bisher noch nicht etabliert ist. Die weiteren Schritte zielen in Richtung einer Rollen- und Aufgabenabgrenzung und einer durchgehenden Definition von Prozesszielen mit KPI durch den Aus- bzw. Aufbau eines KPI-Steuerungsmodells.

Kapitel 8
Fallstudie 5: Gemeenschappelijk Dienstencentrum ICT der niederländischen Justiz

8.1 Allgemeine Informationen zur IT-Organisation

Das „Gemeenschappelijk Dienstencentrum ICT“ (GDI) ist der zentrale IT-Dienstleister für den Verwaltungsbereich des niederländischen Justizministeriums.

An der Spitze des niederländischen Justizministeriums stehen der Justizminister und der Staatssekretär. Darunter befinden sich die administrativen Stellen des Generalsekretärs und des stellvertretenden Generalsekretärs, denen die Abteilungen des „zentralen Management Supports“ und des „Operational Managements“ zugeordnet sind, in denen Querschnittsaufgaben bearbeitet werden (Personal, Finanzen). Das GDI ist dem Operational Management als eigenständige Organisationseinheit zugeordnet (siehe Abb. 8.1).

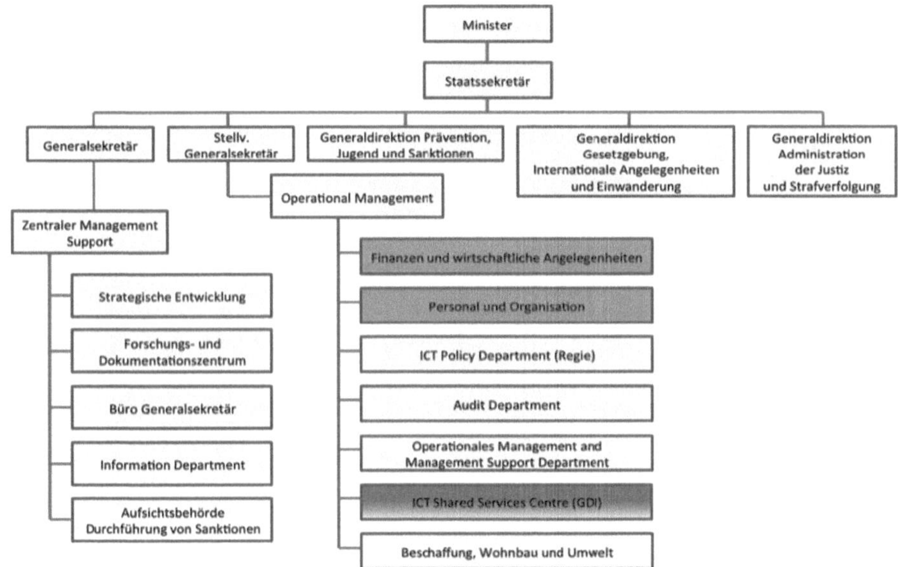

Abb. 8.1 Aufbauorganisation des Justizministeriums der Niederlande (Quelle: GDI, eigene Übersetzung)

A. Breiter, A. Fischer, *Implementierung von IT Service-Management*, Xpert.press,
DOI 10.1007/978-3-642-18477-2_8, © Springer-Verlag Berlin Heidelberg 2011

Aufbauorganisation GDI

Insgesamt arbeiten 30.000 Mitarbeiterinnen und Mitarbeiter im niederländischen Justizministerium, davon sind rund 180 im GDI tätig.

Das GDI gliedert sich in drei Hauptabteilungen, die wiederum in Teams unterteilt sind:

- Front Office: Wahrnehmung von Aufgaben mit direktem Kundenkontakt (Accountmanagement, Projektmanagement, Service Level Management und Service Desk).
- Back Office: Technisch orientierte Aufgaben, für die i.d.R. kein direkter Kontakt zum Kunden erforderlich ist (Domain, Enterprise Ressource Planning (ERP), Enterprise Content Management (ECM) und Operations und Infrastruktur (O&I)).
- Business Development: Übergreifende Steuerung, strategische Geschäftsentwicklung, Projektentwicklung und Anforderungs- / Customer Relation Management.

Die Leitung des GDI erfolgt durch Direktion und Co-Direktion, die dem stellvertretenden Generalsekretär des Justizministeriums unterstellt sind und diesem berichten (siehe Abb. 8.2).

Diese Organisationsstruktur wurde mit Gründung des GDI etabliert. Wesentlicher Gliederungsaspekt bei der Bildung der drei Hauptabteilungen war die Nähe

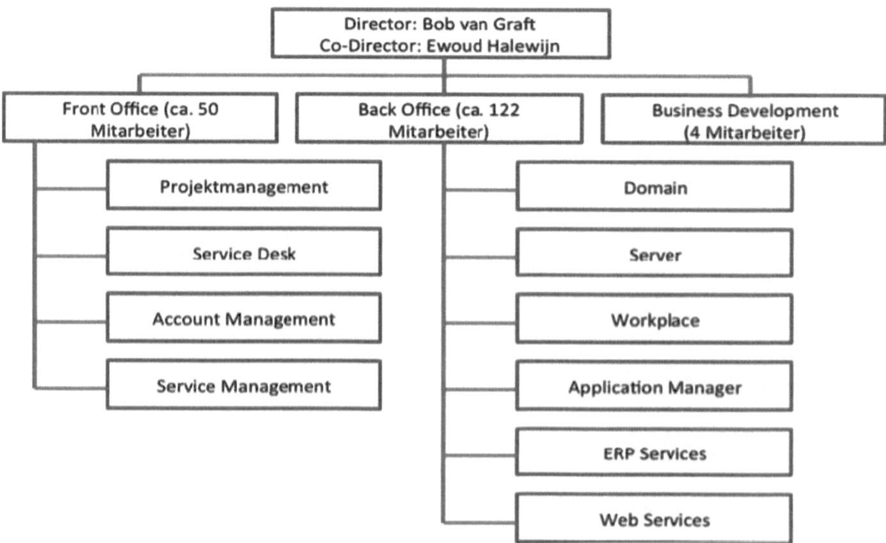

Abb. 8.2 Organigramm des Gemeenschappelijk Dienstencentrum ICT (GDI)

der Tätigkeiten zum Kunden bzw. zur Technik (Front-/Backoffice), ergänzend stellt die übergreifende Geschäftsentwicklung eine Querschnittsfunktion dar. Der Bereich Project Management hat eine verbindende Funktion zwischen allen Bereichen und wurde lediglich aus Gründen der Komplexitätsreduktion nicht als gesonderte Abteilung organisiert, sondern dem Front Office zugeordnet. Diese Aufteilung hat sich als effizient erwiesen, da die gegenseitigen Abhängigkeiten von Aufgaben zwischen den Abteilungen möglichst gering ausfallen und die jeweils benötigten Fähigkeiten ähnlich sind.

Service Portfolio

Das GDI bedient als Shared Service Center mehrere Kundengruppen mit unterschiedlichen Dienstleistungen:

- Der größte Teil der Kernverwaltung des Justizministeriums (Finanzen und wirtschaftliche Angelegenheiten, Personal und Organisation und das GDI selbst) wird mit Arbeitsplatzdiensten (Standard-Arbeitsplatz-PC und Telearbeitsplatz für ca. 2.500 Anwenderinnen und Anwender), ERP-/ECM-Diensten (z. B. SAP, insgesamt ca. 4-5 sehr große Applikationen und ca. 200 kleinere) und Basis-Infrastruktur (z. B. Active Directory, E-Mail, LAN, WAN) versorgt.
- Den übrigen Abteilungen des Justizministeriums und einem Großteil anderer Bereiche der niederländischen Regierung werden die Basis-Infrastruktur und ERP/ECM bereitgestellt (im Active Directory werden ca. 60.000 Accounts erfasst).

Das Serviceportfolio umfasst Standard Services (ca. 65 % des Gesamtaufwands) sowie individuelle Services für einzelne Kunden (ca. 35 %). Die Dienste des GDI sind in 13 Bereiche zusammengefasst (siehe Abb. 8.3).

Es werden insgesamt ca. 1.800 Server und 200 Fachverfahren betrieben. In den Bereichen Applikations-, ERP- und Webdienste übernimmt das GDI die Bereitstellung der Infrastruktur, das Applikationsmanagement und die kundenindividuelle Anpassung bzw. Entwicklung von Anwendungen. Im Bereich SAP hat das GDI den Status eines zertifizierten SAP Customer Competence Center.

Zudem ist das GDI selbst Ausbildungszentrum und bietet Schulungen für das gesamte Justizministerium (Spezialsoftware Justiz, EXIN Prüfungen: ITIL und Prince 2) an. Bei fehlendem Know-how greift das GDI gezielt auf externe Unterstützung zurück, um sein Dienstleistungsportfolio im dargestellten Umfang in hoher Qualität anbieten zu können.

Dem GDI standen im Jahr 2009 zur Erbringung der Services ein Basis-Budget von 28 Millionen Euro sowie ein Projekt-Budget von 10 Millionen Euro zur Verfügung.

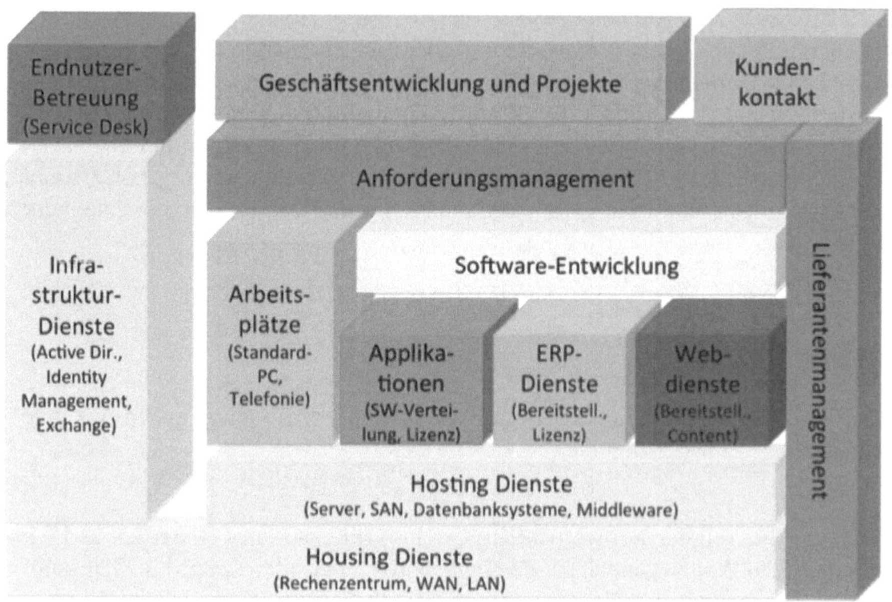

Abb. 8.3 Service Portfolio GDI (eigene Übersetzung)

Grundlagen bzw. Strategie zur Service-Erbringung

Die Bedeutung der IT in der niederländischen Regierung ist in den vergangenen Jahren kontinuierlich gestiegen, die neuen Anforderungen an Servicequalität und Effizienz der Dienstleistungserbringung erforderten eine Reorganisation und Professionalisierung des IT-Betriebs.

Im Zuge von Reorganisationsmaßnahmen ist das GDI im Jahr 2009 aus der Zusammenlegung zweier IT-Abteilungen hervorgegangen. Strategisches Ziel des GDI ist es, in Zukunft weitere Bereiche der niederländischen Regierung mit IT-Services zu versorgen. Um dieses Ziel zu erreichen, wird das Serviceportfolio kontinuierlich ausgebaut und um weitere generische (d. h. nicht justiz-spezifische) IT-Services ergänzt. Zusätzliche Kunden sollen durch Eigenakquisition bzw. im Rahmen von abteilungs- und ressortübergreifenden Fusionen gewonnen werden. So verhandelt das GDI zurzeit zum einen mit anderen Ministerien über durch das GDI zu erbringende IT-Services, zum anderen mit anderen IT-Dienstleistern im Justizministerium über eine Zusammenlegung der Organisationen. Aus Sicht des GDI erscheint die Bildung von mehreren großen, auf bestimmte Themenbereiche (z. B. Arbeitsplatzdienste, Ressourcenplanung etc.) spezialisierte Organisationen innerhalb der niederländischen Regierung sinnvoll. Der eigene Schwerpunkt wird insbesondere in der Bereitstellung von Systemen zum Enterprise Ressource Planning (ERP), Enterprise Content Management (ECM) und Customer Relationship Management (CRM) gesehen.

Das Ziel der Geschäftsentwicklung liegt darin, anhand der Kundenanforderungen ein für die Kunden passendes, zukunftsfähiges Serviceportfolio bereitzustellen. Dazu werden neue Produkte, neue Technologien und Trends wie Web 2.0, Open Source Anwendungen oder Gartner Highlights auf ihre Einsatzmöglichkeiten im Bereich des GDI geprüft. Dabei arbeitet das GDI mit Firmen wie Microsoft und Gartner zusammen. Des weiteren bestehen Bestrebungen zum verstärkten Einsatz von Open Source Software auf ministerieller Ebene. Möglichkeiten zum verstärkten Einsatz solcher Produkte werden ebenfalls durch das GDI geprüft.

Um die Dienstleistungsqualität kontinuierlich steigern und nach außen darstellen zu können, ist u.a. eine Zertifizierung nach ISO 9001:2008 erfolgt. Ein Vergleich der eigenen Leistungsfähigkeit und Kosten mit anderen IT-Organisationen wird durch ein externes Benchmarking ermöglicht (siehe Kapitel 8.2.5). Darüber hinaus wird eine Verbesserung der internen Organisation und insbesondere die Einführung von IT-Service-Prozessen als notwendige Voraussetzung gesehen, um Servicequalität und Effizienz weiter steigern zu können. Mit diesen Maßnahmen versucht das GDI, sich optimal für zukünftige Anforderungen, die durch eine weitere Zentralisierung der IT-Dienstleister in den Ministerien entstehen, zu positionieren.

Die kontinuierliche Fortschreibung der Strategie erfolgt gemeinsam mit der Regierung: Die Direktion des GDI ist an der Diskussion von strategischen Fragen auf Regierungsebene regelmäßig beteiligt, sodass sowohl eine entsprechende Anpassung der GDI-internen Strategie als auch eine Mitarbeit an der Fortentwicklung der Gesamtstrategie möglich ist. Die strategische Abstimmung zwischen Verwaltungskunden und deren IT-Dienstleistern (GDI und weitere Dienstleister) erfolgt durch eine gesonderte Organisationseinheit im Ministerium, der „Regie" (s. Abschn. 8.3.4). Für das GDI stellt die Regie damit das externe strategische Steuerungsgremium dar, an das regelmäßig Bericht erstattet wird.

8.2 Implementierung von Service-Prozessen

8.2.1 Ausgangssituation und Stand der Prozessimplementierung

Das GDI wurde im Januar 2009 durch Fusion des „GBO" (Wartungseinheit des Justizministeriums) und des „DBOB ICT" (IT Provider für die Arbeitsplatzdienste der Kernabteilungen) gegründet. Die Vorarbeiten zur Fusion haben rund zwei Jahre (Beginn 2007) in Anspruch genommen.

Die interne Organisationsstruktur der beiden Einheiten war grundlegend unterschiedlich ausgeprägt: Im Fall des GBO war die Prozessorientierung bereits weit voran geschritten, im Falle des DBOB dominierte eine starke Aufgabenorientierung. Des weiteren waren Art und Umfang der Kostenverrechnung grundlegend verschieden. Aufgrund dieser elementaren Unterschiede herrschten zwei unterschiedliche „Organisationskulturen" vor.

Die größte Herausforderung der Fusion stellte die Vereinigung der verschiedenen Kulturen dar, Mitarbeiterinnen und Mitarbeiter mussten ihre Arbeitsgewohnheiten anpassen, für einige war zudem ein räumlicher Umzug von Den Haag ins benachbarte Zoetermeer erforderlich. Insbesondere die Mitarbeiterinnen und Mitarbeiter des DBOB erfuhren aufgrund der Prozessorientierung im GDI Änderungen auf verschiedenen Ebenen: Z. B. war aufgrund der geänderten Kostenrechnung eine Arbeitszeiterfassung erforderlich, außerdem änderte sich durch den Ortswechsel die Kommunikation zu anderen Organisationseinheiten stark – direkte persönliche Kontakte mussten großteils durch elektronische bzw. telefonische Kommunikation ersetzt werden, was direkte Auswirkung auf die gesamte Arbeitsorganisation zur Folge hatte.

8.2.2 Vorgehen bei der Prozessimplementierung

Eine Implementation von ITIL-Prozessen erfolgt im Zuge der Fusion von Beginn an. Die Definition einheitlicher Prozesse stellte ein wesentliches Instrument dar, um die Arbeitsweisen und Kulturen der vormals getrennten Organisationen zu vereinheitlichen.

Ausgangspunkt waren die in den Vorgängerorganisationen bereits etablierten Abläufe. Im GBO wurden bereits seit 2003 sukzessive einzelne Prozesse nach ITIL ausgerichtet, sodass eine gute Basis für eine Übertragung in das GDI vorhanden war. Die Prozesse mit den höchsten Reifegraden wurden als Basis für eine Konsolidierung und eine Anpassung auf die neue Organisationsstruktur verwendet.

Im ersten Schritt wurden die Prozesse durch Mitarbeit von Kernakteuren (spätere Prozess-Manager und weitere) mit Unterstützung des Qualitätsmanagements definiert. Die Modellierung und Dokumentation erfolgte einheitlich auf Grundlage eines durch das Qualitätsmanagement erstellten Templates in einem zentralen Tool (*Mavin*).

Die definierten Prozesse wurden durch das Management und durch ausgewählte Mitarbeiterinnen und Mitarbeiter auf Teamleiterebene überprüft und ggf. weiter verfeinert. Dabei wurden insbesondere Schnittstellen und mögliche organisatorische Probleme im operativen Bereich fokussiert. Nach der Qualitätsüberprüfung wurden die Prozessdefinitionen als final deklariert, weitere Änderungen erfolgten ab diesem Zeitpunkt zunächst nicht mehr, wodurch eventuell ineffiziente Diskussionen und Änderungen während der Roll-out-Phase vermieden werden konnten.

Zur Vorbereitung der Implementationsphase wurden für jeden Prozess Prozessteams gebildet und die Prozessrollen mit Mitarbeiterinnen und Mitarbeitern besetzt. Diese Akteure waren maßgeblich für das Roll-out der Prozesse verantwortlich. Sowohl innerhalb dieser Teams als auch außerhalb wurde mit regelmäßigen Meetings und anderen Formen der institutionalisierten Kommunikation versucht, das Prozessbewusstsein und das Prozesswissen bei den Mitarbeiterinnen und Mitarbeitern des GDI zu steigern.

Als wesentliche Erfolgsfaktoren wurden eine vollständige Transparenz der Prozessziele, die Definition realistischer Implementationsziele und -zeiträume sowie das kontinuierliche Feedback im Team mit eventuell notwendiger Anpassung des Prozesses in den Fokus gerückt.

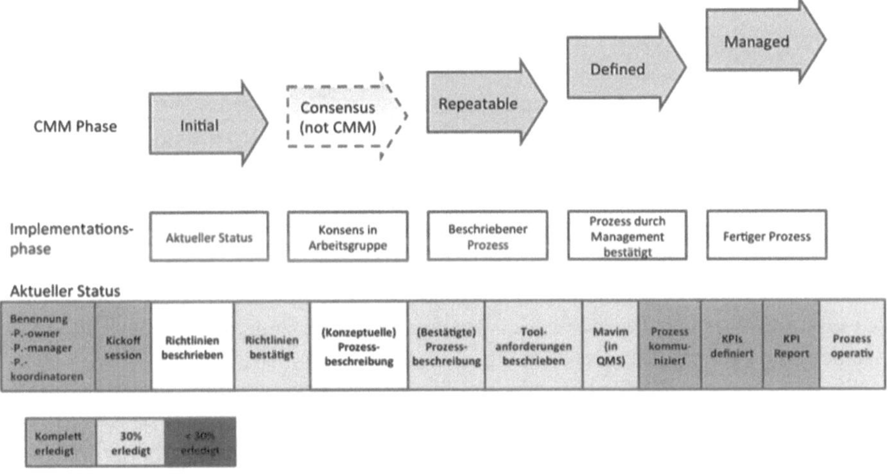

Abb. 8.4 Phasen der Prozessimplementation beim GDI und aktueller Status (eigene Übersetzung)

Der gesamte Definitions- und Implementationsprozess wurde durch externe Berater unterstützt und begleitet. Dies wird als sehr hilfreich bewertet, da durch die Außensicht Definitionslücken und mögliche Probleme benannt wurden, die aus der Innensicht heraus evtl. erst zu spät sichtbar geworden wären.

Kurzfristiges Ziel des GDI ist es, alle Kernprozesse mit einem Reifegrad von zwei („Managed“) nach dem CMMI-Modell zu erhalten, da diese Stufe als notwendig für eine effiziente Steuerung bewertet wird. Dieses Ziel wird ebenfalls intern vollständig kommuniziert und visualisiert (siehe Abb. 8.4).

8.2.3 Information und Dokumentation der Prozessimplementierung

Alle Aktivitäten des GDI werden möglichst umfassend und transparent für interne und externe Zielgruppen dokumentiert und dargestellt.

Die Information der Mitarbeiterinnen und Mitarbeiter erfolgt auf unterschiedlichen Wegen. Informationen werden kontinuierlich per E-Mail, Intranet und Newsletter verteilt, dies beinhaltet auch Informationen zu den ITIL-Prozessen. Innerhalb des GDI-Gebäudes sind in allen Bereichen „schwarze Bretter“ mit aktuellen Informationen installiert, die außerdem die Mitarbeiterinnen und Mitarbeiter der Abteilungen mit Foto, Name und Funktion vorstellen.

Neben den schriftlichen Informationskanälen kommt den regelmäßigen Teamsitzungen in allen Abteilungen und Prozessen sowie der monatlichen Personalversammlung ein hoher Stellenwert zu. Der dortige Informationsaustausch wird als sehr wichtiger Faktor für eine transparente Prozessimplementation gesehen.

Im Rahmen der Sitzungen wurden die Ziele der ITIL-Implementation wiederholt dargestellt und mögliche Probleme, Widerstände etc. diskutiert.

Das Vorgehen und der aktuelle Stand der Prozessimplementation werden durchgängig dokumentiert und turnusmäßig aktualisiert. Die Prozesse sind in einheitlicher Form in Prozesshandbüchern beschrieben, hierzu wurde zu Beginn des Projektes ein Template durch das Qualitätsmanagement entwickelt. Sämtliche Dokumente sind für alle Mitarbeiterinnen und Mitarbeiter im Intranet einsehbar.

Externe Akteure (Kunden und Anwenderinnen und Anwender) erhalten ebenfalls kontinuierlich Informationen über die Entwicklungen im GDI. Neben dem Versand von Newslettern werden Kunden bei Besuchen vor Ort durch die Räumlichkeiten des GDI geführt. Das Service Level Management hält zudem direkten Kontakt zu Kunden und besucht diese regelmäßig.

Die angebotenen IT-Services sind in einem Servicekatalog dokumentiert, der in gedruckter und elektronischer Form öffentlich verfügbar ist (siehe Abb. 8.5). Neben der reinen Leistungsdokumentation werden darin auch Hintergründe und Ziele des GDI beschrieben, der Service Katalog wird gleichzeitig als Image-Broschüre verstanden.

8.2.4 Personalentwicklung und -ressourcen

Die Personalpolitik im GDI fokussiert auf eine möglichst nachhaltige Personalentwicklung. Es wird versucht, möglichst viele Stellen mit Personal aus dem GDI

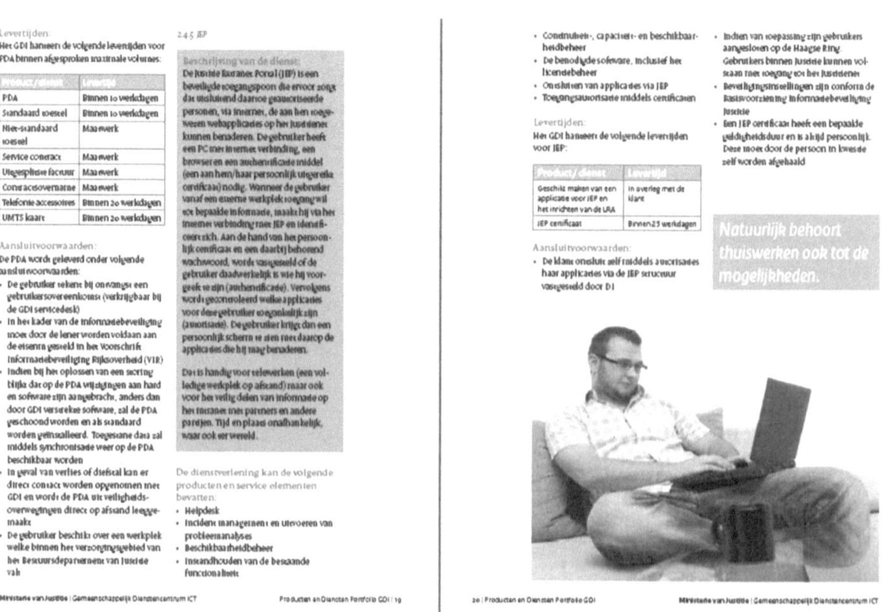

Levertijden:
Het GDI hanteert de volgende levertijden voor PDA binnen afgesproken maximale volumes:

Product/dienst	Levertijd
PDA	Binnen 10 werkdagen
Standaard toestel	Binnen 10 werkdagen
Niet-standaard toestel	Maatwerk
Service contract	Maatwerk
Uitgesplitste factuur	Maatwerk
Contractovername	Maatwerk
Telefonie accessoires	Binnen 20 werkdagen
UMTS kaart	Binnen 20 werkdagen

Aansluitvoorwaarden:
De PDA wordt geleverd onder volgende aansluitvoorwaarden:
- De gebruiker tekent bij ontvangst een gebruikersovereenkomst (verkrijgbaar bij de GDI servicedesk)
- In het kader van de informatiebeveiliging moet door de lener worden voldaan aan de eisen gesteld in het Voorschrift Informatiebeveiliging Rijksoverheid (VIR)
- Indien bij het oplossen van een storing blijkt dat op de PDA wijzigingen aan hard en software zijn aangebracht, anders dan door GDI verstrekte software, zal de PDA geschoond worden en als standaard worden geïnstalleerd. Toegestane data zal middels synchronisatie weer op de PDA beschikbaar worden
- In geval van verlies of diefstal kan er direct contact worden opgenomen met GDI en wordt de PDA uit veiligheidsoverwegingen direct op afstand leeggemaakt
- De gebruiker beschikt over een werkplek welke binnen het verzorgingsgebied van het Bestuursdepartement van Justitie valt

2.4.5 JEP

Beschrijving van de dienst:
De Justitie Extranet Portal (JEP) is een beveiligde toegangspoort die ervoor zorgt dat uitsluitend daartoe geautoriseerde personen, via internet, de aan hen toegewezen webapplicaties op het Justitienet kunnen benaderen. De gebruiker heeft een PC met internet verbinding, een browser en een authenticatie middel (een aan hem/haar persoonlijk uitgereikt certificaat) nodig. Wanneer de gebruiker vanaf een externe werkplek toegang wil tot bepaalde informatie, maakt hij via het internet verbinding met JEP en identificeert zich. Aan de hand van het persoonlijk certificaat en een daarbij behorend wachtwoord, wordt vastgesteld of de gebruiker daadwerkelijk is wie hij voorgeeft te zijn (authenticatie). Vervolgens wordt gecontroleerd welke applicaties voor deze gebruiker toegankelijk zijn (autorisatie). De gebruiker krijgt dan een persoonlijk scherm te zien met daarop de applicaties die hij mag benaderen.

Dat is handig voor telewerken (een volledige werkplek op afstand) maar ook voor het veilig delen van informatie op het Extranet met partners en andere partijen. Tijd en plaats onafhankelijk, waar ook ter wereld.

De dienstverlening kan de volgende producten en service elementen bevatten:
- Helpdesk
- Incident management en uitvoeren van probleemanalyses
- Beschikbaarheidbeheer
- Instandhouden van de bestaande functionaliteit

Ministerie van Justitie | Gemeenschappelijk Dienstencentrum ICT   Producten en Diensten Portfolio GDI | 19

- Continuïteit-, capaciteit- en beschikbaarheidbeheer
- De benodigde software, inclusief het licentiebeheer
- Ontsluiten van applicaties via JEP
- Toegangsautorisatie middels certificaten

Levertijden:
Het GDI hanteert de volgende levertijden voor JEP:

Product/dienst	Levertijd
Geschikt maken van een applicatie voor JEP en het inrichten van de LRA	In overleg met de klant
JEP certificaat	Binnen 25 werkdagen

Aansluitvoorwaarden:
- De klant ontsluit zelf middels autorisaties haar applicaties via de JEP structuur vastgesteld door DI
- Indien van toepassing zijn gebruikers aangesloten op de Haagse Ring. Gebruikers binnen Justitie kunnen volstaan met toegang tot het Justitienet
- Beveiligingsinstellingen zijn conform de Basisvoorziening Informatiebeveiliging Justitie
- Een JEP certificaat heeft een bepaalde geldigheidsduur en is altijd persoonlijk. Deze moet door de persoon in kwestie zelf worden afgehaald

Natuurlijk behoort thuiswerken ook tot de mogelijkheden.

20 | Producten en Diensten Portfolio GDI   Ministerie van Justitie | Gemeenschappelijk Dienstencentrum ICT

Abb. 8.5 Servicekatalog des GDI (Ausschnitt)

bzw. anderen öffentlichen Organisationen zu besetzen. So ist ein Großteil der Mitarbeiterinnen und Mitarbeiter bereits seit langem im GDI (bzw. in den Vorgängerorganisationen) tätig, die Fluktuation wird als relativ gering bezeichnet (ca. 5 % in 2009). Ziel des GDI ist es, gute Mitarbeiterinnen und Mitarbeiter im eigenen Unternehmen zu finden und diese entsprechend zu qualifizieren.

Der Qualifikation von Mitarbeiterinnen und Mitarbeitern wird dementsprechend ein sehr hoher Stellenwert eingeräumt, der Zugang zu Fortbildungen wird regelmäßig ermöglicht und es ist ein dediziertes Budget vorhanden.

Zur Unterstützung der Implementierung von Service-Prozessen werden alle Mitarbeiterinnen und Mitarbeiter in ITIL geschult (alle Mitarbeiterinnen und Mitarbeiter sollen die ITIL Foundation-Zertifizierung ablegen, einige Mitarbeiterinnen und Mitarbeiter haben die Qualifikation zum Service Manager bzw. ITIL Expert). Aufgrund des Status als Schulungszentrum für das Justizministerium kann hierfür großteils auf interne Angebote zurückgegriffen werden. Um darüber hinaus die Leistung des Managements in Relation zu anderen setzen zu können, ist die GDI-Leitung im Bereich IT-Governance ausgebildet und zertifiziert nach CGEIT (Certified in the Governance of Enterprise IT, einer von der ISACA (Information Systems Audit and Control Association) entwickelten Zertifizierung).

Das Vergütungssystem des GDI setzt auf einem Tarifvertrag der niederländischen Regierung auf, nach dem in den einzelnen Tarifgruppen unterschiedliche Gehaltstufen vorgesehen sind. Zusätzlicher Anreiz wird durch eine leistungsorientierte Vergütung mit Zuschüssen ermöglicht, sodass eine relativ flexible Vergütung möglich ist. Die Rekrutierung von Fachpersonal aus Wirtschaftsunternehmen ist nach eigenen Aussagen im Bedarfsfall relativ gut möglich, das Lohnniveau ist durchaus mit Unternehmen vergleichbar.

Die Arbeit in Teamstrukturen und die möglichst enge Kooperation von Mitarbeiterinnen und Mitarbeitern verschiedener Abteilungen und Hierarchiestufen hat im GDI einen sehr hohen Stellenwert. Nach eigener Einschätzung beeinflusst dies auch die erfolgreiche Implementierung von Service-Prozessen in hohem Maße positiv. Eine enge Zusammenarbeit zwischen Abteilungen wird im GDI „gelebt", Maßnahmen wie regelmäßige Team-Meetings, Job Rotation etc. (siehe z. B. Beschreibung des Service Desk bzw. Incident Management in Abschn. 8.3.2) fördern diese. Die Aufgaben der Mitarbeiterinnen und Mitarbeiter sind in „Streams" unterteilt, die im Idealfall die Aktivitäten verschiedener Rollen in einem Prozess beschreiben. Diese transparente Struktur vereinfacht den Wechsel der Positionen innerhalb der Organisation.

Unterstützt wird die gute teamorientierte Atmosphäre durch bauliche Gegebenheiten: Auf allen Ebenen sind Sitzmöglichkeiten mit Kaffee- und Getränkeautomaten vorhanden, die häufig zu kurzen Besprechungen genutzt werden. Dieser informelle Austausch ist oft effizienter als die Nutzung formeller Wege; eine solche Kultur kann ebenfalls als wichtiger Faktor für die gute Zusammenarbeit in den Prozessen gesehen werden.

Deutlich wird der Grundsatz der Mitarbeiterorientierung auch am Beispiel der Personalauswahl im Service Desk: Als ein wesentliches Auswahlkriterium wird die Motivation von Mitarbeiterinnen und Mitarbeitern genannt, da diese ein entscheidender Erfolgsfaktor für einen hohen Kundenfokus und guten Service am Service Desk ist. Fachliche Kenntnisse treten ggf. in den Hintergrund, diese werden durch Weiterbildung vermittelt. Hilfreich ist die Unterteilung in unterschiedliche „Berater-Level", die das langsame Lernen und die sukzessive Ausdehnung der Aufgabenbereiche ermöglichen.

Die 180 Mitarbeiterinnen und Mitarbeiter des GDI werden durch ca. 40 externe Mitarbeiterinnen und Mitarbeiter unterstützt. Für die Implementation der ITIL-Prozesse sind vier Mitarbeiterinnen und Mitarbeiter (vier VZÄ) für Projektkoordination, Prozessdefinition, Qualitätsmanagement etc. dediziert zugeordnet. Unterstützung erfolgt zusätzlich durch externe Berater.

8.2.5 Kontinuierlicher Verbesserungsprozess

Im GDI wurden seit der Fusion zahlreiche Maßnahmen zum Qualitätsmanagement etabliert. Gesteuert werden die Aktivitäten durch ein dediziertes Qualitätsmanagement- und Audit-Team, das mit zwei Personen besetzt ist. Organisationsweit ist ein formelles Qualitätsmanagementsystem installiert, das nach ISO 9001:2008 zertifiziert wurde. Der Fokus der Aktivitäten lag zum Erhebungszeitpunkt auf der Optimierung der Service-Prozesse. Die Verbesserungsmaßnahmen umfassen im Wesentlichen folgende Aktivitäten:

- Interne und externe Prozessaudits,
- regelmäßige Umfragen zur Kunden- und Mitarbeiterzufriedenheit,
- Evaluation der durchgeführter Schulungen und Projekte,
- strukturiertes Beschwerdemanagement,
- regelmäßige Teilnahme an externen Benchmarks.

Der Schwerpunkt der internen Prozessaudits liegt auf dem aktuellen Umsetzungsstand der Prozesse (Vergleich von Prozessdefinition und realer Implementation) und der Identifikation möglicher Verbesserungspotenziale. Diese Audits werden vollständig durch das interne Qualitätsmanagement ohne externe Unterstützung durchgeführt. Die Durchführung der Audits erfolgt anhand eines Leitfadens, der Ergebnisse vorheriger Audits und der Prozessdokumentation in Form von Interviews mit den Prozessverantwortlichen. Aus den Ergebnissen (identifizierte Handlungsfelder) werden konkrete Verbesserungsmaßnahmen (Perspektive: bis zu zwei Jahren) abgeleitet und zwischen Prozessverantwortlichen und Qualitätsmanagement abgestimmt. Beides wird in Form eines Protokolls dokumentiert und ist Basis für die Umsetzung der Verbesserungen. Jährlich werden ca. 20 interne Audits durchgeführt, sodass jeder Prozess alle zwei Jahre auditiert wird. Eine Ergänzung erfolgt durch zweimal jährlich stattfindende externe Prozessaudits.

Unterstützt werden diese langfristigen Aktivitäten durch regelmäßige Auswertung von Prozess-KPI , die dem Qualitätsmanagement eine schnelle Identifikation möglicher Probleme im Prozess ermöglichen. Primäres Ziel dieser Maßnahmen ist es, die Prozessmanager zu unterstützen.

Die Umfragen zur Kundenzufriedenheit werden durch ein externes Unternehmen durchgeführt. Die Untersuchung erfolgt in Form einer quantitativen Untersuchung (Fragebogen mit standardisierten und geschlossenen Fragen). Der Fragenkatalog bleibt im Kern gleich und wird jeweils um aktuelle Themen ergänzt, sodass ein Längsschnittvergleich möglich ist. Für die aggregierten Ergebnisse ist ein KPI mit Zielwert definiert (durchschnittliche Zufriedenheit), der mit den Vorjahren verglichen und als neuer Zielwert für das kommende Jahr definiert wird. Dies ist Teil der strategischen Steuerung.

Für die ITIL-Prozesse unterzieht sich das GDI zudem einem anonymen Benchmarking mit anderen Organisationen aus verschiedenen Bereichen (z. B. Finanzbereich, Bildungsbereich). Dafür werden quantitative Daten zu Serviceportfolio, Infrastruktur, Mitarbeiterquote und Kosten sowie qualitative Informationen zu einzelnen Prozessen (Prozessreife) erhoben und ausgewertet. Ziel ist es, die eigenen Leistungen besser einschätzen und sich mit anderen Organisationen unter objektiven Gesichtspunkten vergleichen zu können (siehe Abb. 8.6). Aufgrund der abweichenden Methodik ist kein direkter Vergleich mit den anderen Fallstudien möglich.

Alle Maßnahmen und Aktivitäten des Qualitätsmanagements werden in einem Jahresplan dokumentiert. Für die Leitungsebene erfolgt eine Aufbereitung in Form von monatlichen und jährlichen Management Review Reports.

KPI-Steuerung („Dashboard“)

Die Ergebnisse dieses Benchmarks sind ein wesentlicher Input für die strategische Weiterentwicklung des GDI, da so ein Marktvergleich möglich wird. Die strategische Steuerung wird durch den Einsatz einer Balanced Scorecard (BSC) unterstützt (s. Tabelle 8.1). Dabei werden vier Sichten unterschieden:

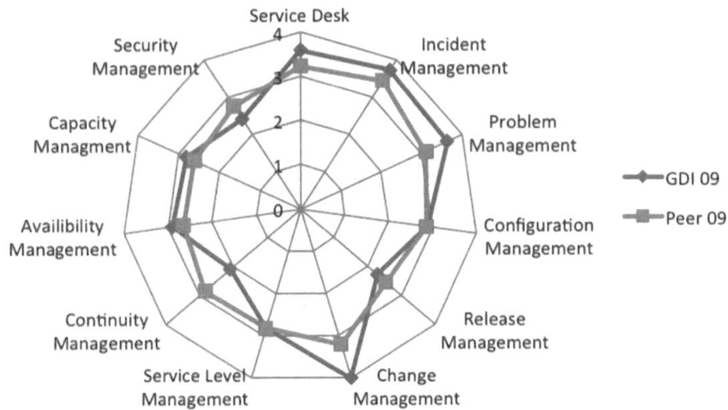

Abb. 8.6 Prozessreife beim GDI (Ergebnisse des externen Benchmarks, Quelle: GDI)

Tabelle 8.1 Balanced Scorecard des GDI (Quelle. GDI)

Critical succesfactor/ performance-indicator	Norm 2010	Norm jan-febr	Realisation 2010 (2M: Jan+Feb)	Signal ☺ 😐 ☹
1 Finances				
1.5 Extent externals cf scope	**€ x,1M (excl. transfer)**	€x,5M	€xM	☺
a Passed on external quotum (€)	> €x,1M	€0,2M	€0,6M	☹
b Proportion external on total hours	31%	31%	16%	☺
c Mean external tarif	€104	€104	€113	😐
2 Customer and services				
2.1 Turnover new customers and services	**€xM**	**€x,9M**	**-/-€x,6M**	😐
a Progress bundle BZK-ICT & SSC-I	NTB			😐
2.2 Actualisation PDP	**PDP 2010 april finished**		-	☺
2.3 Marktconform (benchmark)	Same as peers		-	☹
a Costs	Max. 2% more		-	😐
b Rates	To be determined		-	😐
2.4 Customersatisfaction	Mean 7,0	7	-	☹
a Maintenance service	7,0	7	-	😐
b Projects	7,0	7	-	😐
c Training	7,0	7	-	😐
d Complaints	Complaints: 20	3	6	☹
e Response customer day	> 150 participants	-	-	😐
3 Processes				
3.1 Sales & management in place	100% signed by 31 of March	50%	14%	☹
a SLA (DNO/DFA) timely signed	90% returned within 2 weeks	90%	32%	😐
b Offers timely signed	90% payed in 30 dagen	90%	86%	😐
c Payment behaviour	100% after 5ᵉ weekday/month	100%	91%	😐
d Responsibilty of hours worked complete	100% within 2 weeks	100%		
e Settle of complaints				
3.2 Maintenance Processes in place	100% in place	100%	29%	😐
a Processen compleet in MAVIM (opzet)	Processen adequate described	100%	-	😐
b Procesuitvoering is conform (werking)	Proces well executed 90%	90%	-	☹
c Continue procesimprovement	Improvement timely achieved	90%		☹
4 Innovation and personnel				
4.1 Extent innovation	100% investment conform yearplan	€x,3M	?	☹
a Investment	**€x,8M**	1.400	2.581	☹
b Internal project hours	8.000 hours			

- Finanzen,
- Kunden und Services,
- interne Prozesse,
- Innovation und Personal.

Insgesamt wurden ca. 25 KPI definiert, die regelmäßig (durch das Qualitätsmanagement) erfasst und ausgewertet werden. Die Ergebnisse der genannten Audits und Benchmark gehen jeweils direkt als KPI in die BSC ein.

8.3 Umsetzungsstand der ITIL-Prozesse

8.3.1 Übersicht: Stand der Prozessimplementierung

Zum Erhebungszeitpunkt (Ende 2009) waren 42 Prozesse (Prozesse des IT Service Managements, Projektmanagement und Management-Prozesse) formell definiert. Die ITIL-Prozesse waren zu Teilen in der Phase des Redesigns und basierten noch auf den Prozessdefinitionen der Vorgängerorganisationen. Im Rahmen der Fallstudie konnten Service Desk / Incident Management, Change Management und Prozesse zur Service-Definition und Steuerung genauer analysiert werden, diese werden im Folgenden beschrieben.

Rollenmodell

Prozessübergreifend werden im GDI grundsätzlich für jeden Prozess folgende Rollen beschrieben. Eine Ergänzung erfolgt jeweils durch prozessspezifische Rollen.

- Die Prozess-Owner sind für die strategische Steuerung des Prozesses verantwortlich. Die Besetzung erfolgt auf Ebene der Abteilungsleitung (Departmentleitung des Front Office und des Back Office).
- Die Prozess-Manager sind für die operative Steuerung des Prozesses verantwortlich. Eine Besetzung erfolgt auf Teamebene und somit auf gleicher hierarchischer Ebene mit den operativ tätigen Mitarbeiterinnen und Mitarbeitern im Prozess. Die Prozess-Manager sind fachlich innerhalb des Prozesses abteilungsübergreifend weisungsbefugt. Bei Konflikten zwischen Linien- und Prozessaufgaben erfolgt eine hierarchische Eskalation zur Teamleitung.
- Prozess-Koordinatoren sind für die Koordination der Prozessaktivitäten innerhalb einer Abteilung verantwortlich. Die Rolle ist i.d.R. mehrfach (entsprechend der beteiligten Organisationseinheiten) durch Mitarbeiterinnen und Mitarbeiter in den Abteilungen besetzt.

Die Besetzung dieser drei Rollen erfolgt für jeden Prozess grundsätzlich vor Beginn des Roll-outs, damit die Verantwortlichkeiten für die Implementationsphase klar definiert sind. Eine wesentliche Unterstützung bei Prozessdefinition, -steuerung und übergreifender Abstimmung kommt den Prozess-Managern durch das Qualitätsmanagement zu.

8.3.2 Service Desk und Incident Management

Vorfälle (Störungen, Anfragen, Aufträge) werden vom Service Desk entgegengenommen. Es werden zurzeit insgesamt 2.500 Endnutzer mit Full-Support (Arbeitsplatzdienste), 8.000 Anwenderinnen und Anwender im Bereich SAP und über 300 Power-User (SAP, Infrastrukturdienste und andere Anwendungen) betreut. Ein Kontakt ist telefonisch oder per E-Mail möglich. Der Service Desk ist werktags 7:30 bis 17:30 Uhr besetzt. Für IT-Services, für die eine 24/7-Verfügbarkeit zugesichert wird, ist in den übrigen Zeiten ein Kontakt (gesonderte Rufnummern) möglich. In 2009 wurden ca. 50.000 Anrufe entgegengenommen, es sind ca. zehn Mitarbeiterinnen und Mitarbeiter im operativen Teil des Service Desk tätig.

Der Service Desk ist für einen Großteil der bereitgestellten IT-Services als skilled Service Desk konzipiert, sodass eine sofortige Bearbeitung von Störungsmeldungen erfolgt. Wenn keine abschließende Bearbeitung im Service Desk möglich ist, findet eine funktionale Eskalation an den 2nd/3rd Level (im Back Office angesiedelt) statt.

Der Kontakt zu Anwenderinnen und Anwendern erfolgt auch aus dem 2nd/3rd Level direkt, da dies als effizienter angesehen wird als der grundsätzliche Weg über den Service Desk.

Anfragen zu Services, die nur durch nachgelagerte Support-Level unterstützt werden können, werden vollständig erfasst und an die zuständige Organisationseinheit weiter geleitet. Für diese Dienstleistungen (insb. SAP, ECM) ist im GDI ein abgestuftes Super-User-Konzept implementiert: In den Abteilungen der Ministerien bzw. Behörden sind lokale Super User etabliert, die Anwenderinnen und Anwendern im Störungsfall (auch bei fachlichen Fragen) erste Unterstützung leisten und eine Vorqualifikation vornehmen. Nur technische Störungen, die nicht durch die Super User behoben werden können, werden dem Service Desk gemeldet. Ein direkter Anwenderkontakt erfolgt in diesen Bereichen somit nicht.

Die Priorisierung der Bearbeitung erfolgt nach Dringlichkeit und Auswirkung, um eine Bearbeitung innerhalb der in den Service Levels zugesicherten Zeiten (s. Tabelle 8.2) gewährleisten zu können.

Tabelle 8.2 Priorisierung von Störungen (Quelle: GDI)

Dringlichkeit	Auswirkung		
	Betrifft das gesamte IT System (Geschäft steht still)	Betrifft einen Standort, eine Gruppe oder eine Abteilung (Geschäft steht teilweise still oder ist behindert)	Ein oder wenige Mitarbeiter sind betroffen (Geschäft unterliegt keiner Einschränkung)
Lösung so schnell wie möglich	Geschwindigkeit	hoch	normal
Lösung in angemessener Frist	hoch	normal	niedrig
nicht dringend	normal	niedrig	niedrig

Der Service Desk bleibt für alle Tickets grundsätzlich Ticket-Owner und ist bis zur Behebung der Störung für die Überwachung der Bearbeitung und den Abschluss des Tickets verantwortlich. Der Service Desk kann der Anwenderin bzw. dem Anwender jederzeit Auskunft über den Bearbeitungsstand geben. Bei Massenstörungen werden die Anwenderinnen und Anwender zudem proaktiv informiert.

Die Dokumentation und Steuerung der Tickets erfolgt über ein Ticketsystem, in dem auch alle anderen Prozesse abgebildet sind. Ein möglichst hochintegriertes Tool wird auch im GDI als ein kritischer Erfolgsfaktor für eine effiziente Prozesssteuerung gesehen. Vor der Fusion waren in den Vorgängerorganisationen unterschiedliche Tools im Einsatz, die als nicht leistungsfähig genug bewertet wurden. Zum Erhebungszeitpunkt war die Integration der beiden Systeme noch nicht vollständig abgeschlossen, wodurch noch Probleme in der Nutzung bestanden (teilweise redundante Erfassung in zwei Systemen). Eine Migration in ein neues umfassendes ITSM-Tool soll 2010 abgeschlossen werden.

Rollenmodell im Service Desk

Im Service Desk und im Incident Management sind folgende Rollen definiert:

- Service Desk und Incident Manager sind für die Organisation des Service Desk und des 1st Level verantwortlich.
- Die operativen Mitarbeiterinnen und Mitarbeiter haben in Abhängigkeit ihrer Erfahrungen einen unterschiedlichen Status (Junior, Medium oder Senior) und damit unterschiedliche Aufgabenbereiche. Durch die Senior-Mitarbeiterinnen und -Mitarbeiter erfolgt eine operative Steuerung des Service Desk (Lastverteilung, Ticket Controlling etc.).
- Ticket Owner sind verantwortlich für die Überwachung einzelner Tickets. Die Rolle wird für jedes Ticket durch die Mitarbeiterin bzw. den Mitarbeiter besetzt, der dieses aufgenommen hat.

Qualitätssicherung und Verbesserungsprozess

Zur Unterstützung der Bearbeitung werden im 1st und 2nd Level zahlreiche Checklisten und eine umfangreiche Lösungsdatenbank eingesetzt, für deren redaktionelle Pflege eine Mitarbeiterin bzw. ein Mitarbeiter verantwortlich ist. Um die Qualität der Störungs- und Lösungsdokumentationen sicherzustellen, werden zudem stichprobenartig Ticketeinträge kontrolliert. Insbesondere bei neuen Mitarbeiterinnen und Mitarbeitern findet eine regelmäßige Kontrolle der ausgehenden E-Mails statt, um die Qualität der Kommunikation mit der Anwenderin bzw. dem Anwender sicherzustellen.

Die Abstimmung zwischen 1st und 2nd Level wird durch wöchentliche gemeinsame Treffen unterstützt, bei denen ausgewählte Störungen besprochen werden (Ticket-Review). Zudem wechseln Mitarbeiterinnen und Mitarbeiter in einem rotierenden System tageweise zwischen Front- und Backoffice. Durch diese Maßnahme werden „gefühlte Barrieren“ zwischen den Abteilungen abgebaut und die Zusammenarbeit im Prozess verbessert.

Die Prozesssteuerung wird durch Auswertung von KPI unterstützt, neben den allgemeinen Service Levels sind z. B. folgende Zielwerte definiert:

- Anrufannahme in 80 % der Fälle innerhalb von 20 Sekunden („80/20“),
- Zeit zwischen zwei Anrufen je Mitarbeiterin bzw. Mitarbeiter: 8-10 Minuten,
- Beantwortung Request for Information innerhalb von 15 Werktagen,
- Erstlösungsquote 94 % (Standardstörungen, abweichende Quote bei bestimmten Services).

Zudem sind in Abhängigkeit der Service-Level Zielzeiten für die Bearbeitung innerhalb des Service Desk definiert, anhand derer Priorisierung und Kapazitätsplanung unterstützt werden (s. Tabelle 8.3).

Zur kontinuierlichen Verbesserung der Prozessabläufe sind alle Mitarbeiter im Team des Service Desks aufgefordert, eigene Verbesserungsvorschläge zu entwickeln. Soweit möglich können Änderungen auch (nach Absprache mit dem

Tabelle 8.3 Zielwerte zur Bearbeitung am Service Desk (Prozent aller Störungen, Quelle: GDI)

Priorität	Customized	Gold	Silber (Standard)	Bronze
Geschwindigkeit	Individuell	80 % / 1 Stunde 20 % / 1 Werktag	80 % / 2 Stunden 20 % / 1 Werktags	*(nicht zutreffend)*
hoch	Individuell	80 % / 1 Werktagen 20 % / 2 Werktagen	80 % / 2 Werktagen 20 % / 4 Werktagen	80 % / 4 Werktagen 20 % / 8 Werktagen
normal	Individuell	80 % / 2 Werktagen 20 % / 4 Werktagen	80 % / 4 Werktagen 20 % / 8 Werktagen	80 % / 8 Werktagen 20 % / 3 Wochen
niedrig	Individuell	100 % in Planungszeit	100 % in Planungszeit	100 % in Planungszeit
Lieferzeit	Service abhängig			

Service Desk Manager) eigenständig erprobt werden, sodass Mitarbeiter ein direktes Feedback erhalten und durch die sofortige Umsetzung motiviert werden, eigene Vorschläge zu entwickeln. Sollte sich eine Verbesserung ergeben, wird der neue Ablauf in den Prozess übernommen.

8.3.3 Change Management

Das Change Management ist im GDI abteilungsübergreifend für alle angebotenen IT-Services definiert. Im Folgenden werden kurz die nach Einschätzung des GDI wesentlichen Aspekte des Prozesses beschrieben.

Alle anstehenden Änderungen (Änderungsanforderungen von Kundenseite, Service-Anfragen durch Anwenderinnen und Anwender oder Änderungen, die sich aus technischen Erweiterungen, Updates etc. ergeben) werden als RfC zentral im Ticketsystem erfasst. Eine Klassifikation erfolgt nach einheitlich definierten Kriterien, für jeden Change wird eine Auswirkungsanalyse durchgeführt. Die Planung erfolgt an zentraler Stelle durch den Change Manager in Abstimmung mit den Change-Koordinatoren. Eine Dokumentation erfolgt im Change-Kalender im Ticketsystem.

In Abhängigkeit von der Auswirkung muss die Genehmigung unter Beteiligung unterschiedlicher Akteure erfolgen, Standard Changes (z. B. Bereitstellung genehmigter Services) sind vordefiniert.

Rollenmodell im Change Management

Im GDI sind im Change Management folgende Rollen implementiert:

- Der Change Manager ist für Prozesssteuerung und Planung der Changes verantwortlich.
- In jeder Abteilung ist die Rolle des Change-Koordinators besetzt. Dieser ist für die lokale Koordination und die Abstimmung der Planung verantwortlich.

- Der Change Owner wird für jeden Change bestimmt und ist für die gesamte Durchführung eines Changes und die Identifikation der zu beteiligenden Abteilungen verantwortlich.
- Die Besetzung erfolgt i.d.R. durch den Service-Owner (da diese zum Erhebungszeitpunkt noch nicht vollständig definiert waren, kann der Change Owner abweichend nach Verfügbarkeit und nach den für den Change erforderlichen Kenntnissen bestimmt werden).

Das Change Advisory Board (CAB) ist besetzt mit Change Manager, Service Level Manager, Security Manager, Kundenvertreter und einem Mitarbeiter jeder beteiligten Abteilung. Aufgrund der unterschiedlichen Service-Typen sind im GDI zwei unterschiedliche CABs (eines für die ERP-Lösungen und eines für die weiteren Services) etabliert. Im Falle der ERP-Services kommt dem Kundenvertreter eine wichtige Rolle zu, da kontingentierte personelle Ressourcen für Serviceerweiterungen vereinbart wurden und der Kunde diese Änderungen im CAB maßgeblich steuert. In beiden Fällen finden wöchentlich Treffen des CAB statt. Aus Sicht des GDI besteht Bedarf zur Verbesserung des Prozesses, insbesondere im Bereich der Auswirkungsanalysen. Zum Erhebungszeitpunkt waren die Service-Bäume noch nicht vollständig definiert, wodurch Abhängigkeiten teilweise nur aufgrund individuellen Wissens identifiziert werden konnten und Auswirkungsanalysen aufwändig waren. Des weiteren waren die Genehmigungsprozesse und Change-Klassifikationen noch nicht vollständig definiert.

8.3.4 Service-Definition und -Steuerung

Im GDI sind umfangreiche Aktivitäten zur Service-Definition und -Steuerung implementiert. Das gesamte Dienstleistungsportfolio ist für alle Kunden und Anwenderinnen und Anwender öffentlich zugänglich im Servicekatalog dokumentiert (siehe Absch. 8.2.3).

Die Servicequalität wird für alle Services mit jedem Kunden in SLA definiert. Es werden drei Service-Level-Klassen (Bronze, Silber, Gold) unterschieden, in denen Servicezeiten, Wartungsfenster, Ausfallzeiten und Wiederherstellungszeiten im Störungsfall variieren. Im Regelfall haben die Services die Klasse Silber. Alle Services können aber nach Kundenanforderung gegen Aufpreis auch in höherer Qualität bezogen werden. Für individuelle Anforderungen, die von den Standardklassen abweichen, können zudem individuelle Service Klassen vereinbart werden (s. Tabelle 8.4).

Steuerung der Services

Die Rolle des Kunden wird aus Sicht des GDI entsprechend der Vertragsbeziehungen abgegrenzt: Kunden sind das Justizministerium sowie die weiteren Ministerien, die mit IT-Services versorgt werden. Anwenderinnen und Anwender sind entsprechend alle Mitarbeiter der versorgten Organisationseinheiten.

Tabelle 8.4 Service Level des GDI (Quelle: GDI)

Service Element	Customized	Gold	Silber (Standard)	Bronze
Verfügbarkeit in den Servicezeiten	Individuell	99 %	98 %	96 %
Servicezeiten ohne Wartungsfenster	Individuell, bis zu 24∗7	an Werktagen von 7 bis 23 Uhr	an Werktagen von 7 bis 18 Uhr	an Werktagen von 7:30 bis 17:30 Uhr
Wartungsfenster	nach Absprache	außerhalb der Servicezeiten	außerhalb der Servicezeiten	außerhalb der Servicezeiten
Down time (in den Servicezeiten)	max. 4 Stunden zusammen-hängend	max. 4 Stunden zusammenhängend	max. 4 Stunden zusammenhängend	max. 8 Stunden zusammenhängend

Die Kundenbeziehungen werden auf mehreren Ebenen bedient. Auf strategischer Ebene erfolgt eine Abstimmung mit der Regierung und den Ministerien direkt durch die GDI-Leitung.

Das Service Level Management des GDI ist für die Abstimmung mit den Bestandskunden und die Überwachung der gelieferten Servicequalitäten verantwortlich. Dies umfasst folgende Aktivitäten:

- Kontakt zu Bestandskunden bei Fragen und Problem,
- Gestaltung von Verträgen und SLA ,
- Auswertung von KPI und monatliches Reporting an Kunden,
- GDI-internes Reporting (an Back Office und Qualitätsmanagement und an die Leitungsebene).

Alle Anfragen von potenziellen Neukunden werden durch das Account Management bearbeitet. Kontaktaufnahmen, die aus unterschiedlichen Kanälen stammen können (z. B. Kontakt Service Desk, zum Service Level Management, zur Direktion oder zum Account Management selbst) werden so kanalisiert und die Anforderungen in einheitlicher Form erfasst. Bei Anforderungen, die nicht mit dem bestehenden Portfolio bedient werden können, wird ein individuelles Angebot samt Preis erstellt. Vor Vertragsabschluss muss eine Genehmigung durch Kunde, Finanzen, Backoffice, Co-Direktor und Direktor erfolgen.

Die Rolle des Service Level Managers ist in der Abteilung Service Management besetzt. Aufgrund der strategischen Bedeutung findet eine sehr enge Abstimmung mit der GDI-Leitung und dem Business Development statt, bei der Überprüfung der Service Level erfolgt zudem ein enger Kontakt zum Qualitätsmanagement.

Abstimmung zwischen Kunden und Lieferanten: die Organisationseinheit „Regie"

Eingangs dargestellt wurde die Beziehung zwischen Ministerium und GDI: Das GDI ist mit unterschiedlichen Services der IT-Dienstleister für mehrere Ministerien (Kunden), diese wiederum beziehen ihre Dienstleistungen von unterschiedlichen Lieferanten. Aufgrund der Vielzahl der beteiligten Akteure gestaltet sich der Abstimmungsprozess entsprechend komplex und vielschichtig und ist mit hohem Aufwand verbunden. Die Zusammenführung von Anforderungen unterschiedlicher Kunden ist so nur sehr bedingt möglich, in der Folge ist die strategische Standardisierung von Services kaum leistbar.

Um diesem Umstand zu begegnen wurde Anfang 2009 eine neue Organisationseinheit auf Ministerieller Ebene etabliert, die sog. „Regie" (siehe Abb. 8.7 und Abb. 8.8). Deren Aufgabe ist die Bündelung von Anforderungen und die zentrale Steuerung zwischen Kunden und Lieferanten für sämtliche bezogene Dienstleistungen (neben IT z. B. Bau, Beschaffung, Archiv und Dokumentation, Post, Personal). Die dort implementierten Prozesse werden durch das Rahmenwerk der Business Information Services Library (BISL) beschrieben. BISL ist ein Rahmenwerk, das Standard Prozesse zur Steuerung des Bezugs von IT Services aus Perspektive der Abnehmer (Kundenseite) definiert und die Schnittstelle zwischen IT- und Geschäftsprozessen bildet (vgl. www.aslbislfoundation.org). Es stellt damit ein Pendant zu ITIL auf Lieferantenseite dar. Gemeinsam mit Kunden und Lieferanten werden durch die Regie die gelieferten Services definiert. Seit Etablierung der Regie konnten für das GDI die angebotenen Services bereits reduziert und die Standardisierung voran getrieben werden. Ziel ist es, die Anzahl der IT Services von ehemals 350 auf ca. 80 zu reduzieren. Durch diese Organisation ergeben sich für die beteiligten Organisationen folgende Vorteile:

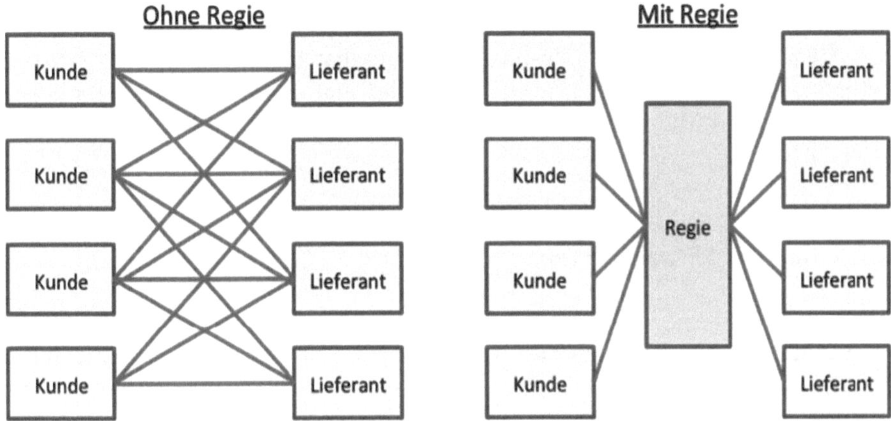

Abb. 8.7 Steuerung der Lieferanten- und Kundenbeziehung mit der Organisationseinheit Regie (eigene Übersetzung)

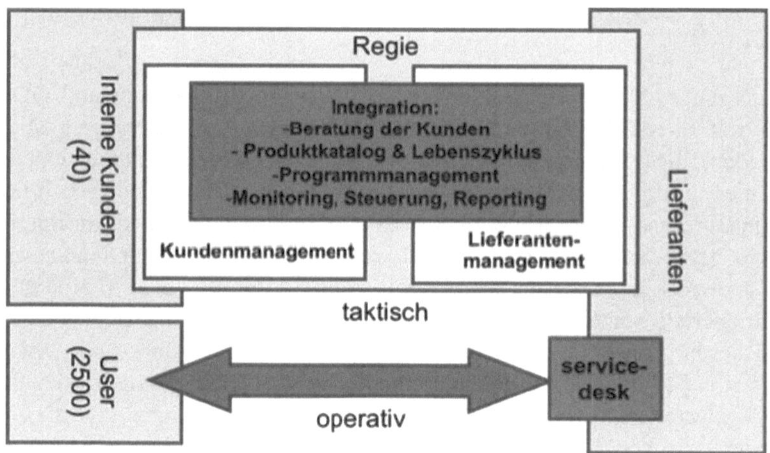

Abb. 8.8 Organisation der Regie (eigene Übersetzung)

- Kunden erhalten ein anforderungsgerechtes Angebot von Standard Services, zudem im Falle abweichender Anforderungen Unterstützung bei der Suche alternativer Angebote und bei der formalen Abwicklung (Lieferantensteuerung, formelle Verfahren, Bezahlung).
- Lieferanten (Service Provider) erhalten Unterstützung bei Kundenkontakt, Bedarfsanalysen und Bündelung von Kundenbedarfen, so dass die Standardisierung von IT-Services voran getrieben wird.
- Der Auftraggeber (Ministerium) kann die Lieferanten effizienter und effektiver steuern und erhält durch das einheitliche Reporting (Zufriedenheit, Kosten, Benchmarks etc.) vergleichbare Daten, die eine Unterstützung für die strategische Steuerung sind.

Aus Sicht des GDI und des Justizministeriums hat die Regie schnell zu einer Verbesserung der Abstimmungsprozesse geführt und die Bestrebungen zur Standardisierung und Verbesserungen der Servicequalitäten im GDI in hohem Maße unterstützt.

8.3.5 Security Management

Das Sicherheitsmanagement hat im niederländischen Justizministerium einen sehr hohen Stellenwert. Um diesem Rechnung zu tragen, ist eine Sicherheitsrichtlinie für das gesamte Ministerium definiert. Aus dieser hat das Security Management des GDI eine Informationssicherheitsrichtlinie für das GDI abgeleitet. Grundlage sind europäische Standards der Informationssicherheit. In 2010 strebt das GDI eine Zertifizierung nach ISO 27001 an. Die definierte Richtlinie dient als Grundlage für die Risikoanalyse, auf deren Basis wiederum Sicherheitsstandards formuliert werden.

Wie diese Standards im GDI implementiert werden, wird in einem Implementierungsleitfaden festgelegt. Die Umsetzung dieses Leitfadens wird evaluiert und in Form von Reports und Audits an das Management kommuniziert.

Zurzeit ist die Sicherheit im Justizministerium auf verschiedene „Silos" (vertikale Organisationseinheiten) beschränkt, die isoliert sehr hohe Sicherheitsanforderungen haben und keine Schnittstellen zu parallelen Organisationseinheiten zulassen. Dadurch werden in Teilbereichen Sicherheitsanforderungen realisiert, die weit über die wirklichen Anforderungen hinaus reichen. Ziel des GDI ist es, die Sicherheitsanforderungen neu zu definieren und unterschiedliche Levels zu etablieren, die in allen Organisationseinheiten gleichermaßen zum Einsatz kommen.

Im GDI ist die Rolle des Security Managers mit zwei Personen (zwei VZÄ) besetzt, die die technische und die taktische Ebene fokussieren. Der Security Manager der taktischen Ebene arbeitet eng mit der Direktion des GDI zusammen und ist Teil des Change Advisory Boards.

8.3.6 Financial Management

Im GDI wurde nach der Fusion eine Vollkostenrechnung in allen Bereichen etabliert. Im Kostenmodell werden die Kosten zunächst nach Bereichen aufgeschlüsselt (Personal in den Prozessen, Server gemäß Nutzung, Prozesskosten wie z. B. Call-Aufkommen am Service Desk etc.) und den Services gemäß anteiliger Nutzung zugeordnet. Diese Aufschlüsselung erfolgt soweit möglich auf Basis von Prozesskostenbetrachtungen oder auf Basis von Schätzungen (z. B. Servernutzung), insbesondere durch die fortschreitende Virtualisierung ist die Verrechnung von Hardware als Einzelkosten nur bedingt möglich. Des weiteren werden die Ergebnisse des Benchmarkings als Orientierung zu Grunde gelegt, um zu marktgängigen Preisen anbieten zu können. Kosten für Weiterentwicklungen im Rahmen von großen Projekten (insgesamt ca. 30 % des Jahresbudgets) werden je nach Kundenanforderungen als Einzelkosten verrechnet oder aufgeschlüsselt. Den so ermittelten Selbstkosten werden Gemeinkosten sowie ein Zuschlag für Geschäftsentwicklung in Höhe von drei Prozent hinzu gerechnet. Dieser Zuschlag ermöglicht dem GDI auf ausreichende Ressourcen für die Weiterentwicklung und Verbesserung des Service Portfolios zurückgreifen zu können.

Als Verrechnungsgröße werden den Kunden grundsätzlich IT-Services verrechnet. Diese stehen in einer Übersicht für jeden Kunden dem Leiter des GDI zur Verfügung.

Der Großteil der angebotenen Services wird somit auf Basis von Realkosten bepreist und den Kunden in Rechnung gestellt. So ist es möglich, die durch unterschiedliche Service Level bzw. individuelle Anforderungen entstehenden Kosten vollständig zu decken und aufwandsgemäß zu verrechnen. Lediglich die Services, die an das gesamte Justizministerium geliefert werden (z. B. E-Mail, Web-Entry), werden direkt über den Generalsekretär und nicht mit jedem einzelnen Kunden abgerechnet. Beratungsleistungen werden individuell angeboten und auf Basis von Festpreisen oder nach Aufwand abgerechnet. Eventuell erwirtschaftete

Abb. 8.9 Übersicht von Kunden, Services und Kosten beim GDI (eigenes Foto)

Jahresüberschüsse müssen (exklusive eines Einbehalts i.H.v. fünf Prozent) an das Justizministerium zurückerstattet werden.

Die Verrechnung von IT-Services seit Gründung des GDI stellt ein Novum in der niederländischen Verwaltung dar und wurde von vielen Kunden zunächst nur schwer akzeptiert. Das GDI ist diesem Problem von Beginn an mit einer sehr hohen Transparenz bei der Preisgestaltung begegnet. Das Kostenmodell und alle Kosten sind vollständig transparent, auch die Notwendigkeit der Erhebung eines Entwicklungszuschlags wurde von Beginn offen dargestellt. Deutlich wird dies bei einem Besuch des GDI: im Büro der Direktion ist die gesamte Kostenberechnung mit allen Kostenstellen in ausgedruckter Form (ca. 4x1m) für alle Kunden transparent einsehbar und kann in allen Einzelpositionen erläutert werden (siehe Abb. 8.9).

Nach Aussagen des GDI hat diese „offensive" und vollständig transparente Darstellung der Kostenberechnung schnell zu weitestgehender Akzeptanz der Service-Verrechnung auf Kundenseite geführt. Möglich wurde dies natürlich nur, da als Gegenleistung qualitativ hochwertige Services angeboten und (u.a. durch das Reporting im Service Level Management) nachgewiesen werden können.

8.4 Bewertung der Fallstudie

Das GDI als öffentlicher Dienstleister der niederländischen Regierung weist insgesamt eine hohe **Prozessreife** auf. Aufgrund der Ergebnisse des externen Benchmarkings lassen sich auch die gelieferten Services als hochwertig und im Vergleich zum Markt als kostengünstig bewerten. Eine Besonderheit gegenüber anderen untersuchten Fallstudien stellt der kurze Implementationszeitraum dar, in dem die relativ hohe Prozessreife erreicht werden konnte. Die Neugründung des GDI und die in den Vorgängerorganisationen bereits vorhandenen Prozesse stellen sicher einen begünstigenden Faktor dar. Somit lagen **Vorerfahrungen** im Bereich der Prozess- und Dienstleistungsorientierung vor, was sich auch in der **Qualifikation** der Mitarbeiterinnen und Mitarbeiter widerspiegelt. Das Vorhaben zur Implementierung von ITIL Prozessen ist somit ebenfalls als sehr erfolgreich zu bewerten. Diese Einschätzung wird aus Sicht des GDI gestützt, da die geplanten Ziele zu großen Teilen erreicht werden können. Nach eigener Einschätzung haben sich durch die im Rahmen der Fusion stattgefundene Konsolidierung sowohl die Qualität der Prozesse und damit die Effizienz als auch die Servicequalität verbessert. Das **Serviceportfolio** ist umfassend mit einheitlicher Beschreibung aller Prozesse durch den Einsatz eines Templates definiert, so dass hierauf basierend flexibel **SLA** für unterschiedliche Kunden und deren Anforderungen entwickelt werden und auf dieser Basis die Dienstleistungen verrechnet werden können. Das GDI setzt derzeit zwei **Ticketsysteme** ein, da bei der Zusammenlegung der beiden Vorgängerinstitutionen die Migration bzw. Fusion noch nicht möglich war. Das **Projektmanagement** während der Zusammenlegung und bei der Implementierung der Serviceprozesse war stark ausgeprägt und wurde auch durch **externe Berater** unterstützt.

Als wesentliche Stütze des Reorganisationsprozesses lassen sich die Einbeziehung der Mitarbeiterinnen und Mitarbeiter (u.a. durch intensive interne Kommunikation) sowie die **Anbindung an bestehende Organisationsentwicklungsmaßnahmen** (ISO 9000) identifizieren. Die **Personalentwicklung** umfasst auch eine sorgfältige Auswahl und Schulung der Personen in den Prozessrollen, insbesondere der Prozess Manager, denen eine Schlüsselrolle bei der Umsetzung zukommt. Dazu wurde ein intensives internes und externes Marketing der angebotenen Dienstleistungen aufgesetzt. Das **Management Commitment** der Führungsebene im GDI ist klar erkennbar, ebenso die Beteiligung des mittleren Managements zur kritischen Reflexion und Entscheidungsfindung in Bezug auf die **Vision**. Durch den engen Kontakt in das Justizministerium ist die Unterstützung aus der Hausspitze gegeben, muss allerdings auch kontinuierlich gepflegt werden. Es wurden explizit **Ressourcen** für die Prozesseinführung bereitgestellt. Durch die Gründung des Bereichs Qualitätsmanagement konnte zudem von Anfang an der Fokus auf die kontinuierliche Prozessverbesserung gelegt werden. Auch wenn die Fortschritte aufgrund des Tagesgeschäfts nicht immer sehr groß ausfallen, müssen nach Ansicht des GDI die Vorteile des Prozessmanagements immer wieder herausgestellt werden, da eine dauerhaft erfolgreiche Implementation einen langen **Zeitraum** in Anspruch nimmt.

Auf der Governance-Ebene ist es gelungen, die **Kundenorientierung** durch eine strategische Abstimmung zwischen den beteiligten Dienstleistern und den unterschiedlichen Kunden auf ministerieller Ebene zu realisieren. Die sogenannte „Regie“ ermöglichte eine zentrale Bündelung von Anforderungen aus den unterschiedlichen Ministerien (für verschiedene Dienstleistungen auch außerhalb der IT). Dieses Konstrukt erscheint gut geeignet, Abstimmungsverfahren effizienter zu gestalten und damit auch die strategische Weiterentwicklung und Standardisierung der IT-Services übergreifend zu steuern. Die Verrechnung der Services auf Basis einer Vollkostenrechnung ist bisher im öffentlichen Sektor nur selten in dieser Konsequenz vorzufinden. Das dargestellte Vorgehen macht deutlich, dass die Einführung einer solchen Verrechnung möglich ist, aber einen Kulturwandel darstellt, dem mit einer sehr hohen Transparenz und Information der Kunden begegnet werden kann. Damit wird auch das **IT-Business-Alignment** verdeutlicht, da bereits im Selbstverständnis des GDI als Dienstleister die Orientierung an den Geschäfts- bzw. Verwaltungsprozessen der Kunden explizit gegeben ist. Hierbei spielt aufgrund der Verankerung im Justizbereich das Management der **Informationssicherheit** eine herausragende Rolle, was auch durch eine Zertifizierung nach ISO 27001 zum Ausdruck kommt. Der **kontinuierliche Verbesserungsprozess** erfolgt durch den Bereich Qualitätsmanagement sowie durch interne und externe Audits. Insbesondere die Beteiligung an einem internationalen Benchmarking wird als positiv und motivierend erachtet.

Die genannten Erfolgsfaktoren der ITIL Implementierung wurden teilweise bereits in anderen Fällen sichtbar. Der hohe Fokus auf die Prozesse und die aktive Steuerung und Verbesserung (insb. durch das Qualitätsmanagement) sind sicher sehr wesentliche Faktoren zur schnellen Implementation. Begünstigt wird das gesamte Vorgehen durch die ausreichend gute Personaldecke. Während des Besuches im GDI wurde aber insbesondere ein Aspekt immer wieder sichtbar, nämlich die Bedeutung von Kommunikation, Transparenz und dem eigenen Personal: „people are still the most important ingredient. . ." (Präsentation des GDI).

Kapitel 9
Vergleichende Analyse

Als Verfahren für die vergleichende Analyse wurde eine komparative Fallstudien-Methodik ausgewählt, wie sie bspw. in der Politikwissenschaft (vgl. Ragin et al., 1996: 751) und in der englischsprachigen Wirtschaftsinformatikforschung (Information Systems Research) mittlerweile weit verbreitet ist (Cavaye, 1996; Myers, 1997; Myers & Avison, 2002; Trauth, 2001). Die Ergebnisse aus den Fallstudien wurden anhand der Kategorisierung aus dem theoretischen Bezugsrahmen analysiert und werden in zwei chronologisch orientierten Abschnitten dargestellt: (1) Projektinitiierung und Rahmenbedingungen und (2) Projektumsetzung und Prozessreife.

9.1 Projektinitiierung und Rahmenbedingungen

Der Stand der betrachteten Vorhaben zur Implementierung von ITIL Prozessen war sehr unterschiedlich, was einen Vergleich nur auf Basis übergreifender und verallgemeinerbarer Faktoren erlaubt. So wurden Projekte in die Untersuchung einbezogen, in denen einige wenige Basisprozesse (insbesondere im Bereich Service Support) implementiert waren (München), in denen sich konsequent nach ITIL ausgerichtet wurde (HZD) bis hin zu vollständig umgesetzten, zertifizierten (ISO 9000 bzw. ISO 20000) Dienstleistern (GDI, ETHZ-ID), die eine hohe **Prozessreife** erreicht haben. Insbesondere die enge Kopplung an Qualitätsmanagementvorhaben bzw. **Vorerfahrungen** bei Veränderungsprozessen war in zwei der weit fortgeschrittenen Fälle (ETHZ-ID und GDI) zu beobachten. Wenn die Vorerfahrungen nicht vorliegen, so kann der Einführungsprozess dadurch unterstützt werden, dass ein offenes Kommunikations- und Kooperationsklima herrscht. Die Bedeutung regelmäßiger Gespräche und der Aufbau eines gegenseitigen Verständnisses über die Zielvorstellungen wirkte in vielen Fällen (ZIB, München) als Katalysator für den Veränderungsprozess.

Dies lässt sich auch anhand der vorhandenen **Prozessdokumentation** nachzeichnen. So variierten die Fälle zwischen einer minimalen Dokumentation über erste Prozesslandkarten und Handbücher über Betriebshandbücher bis hin zu detaillierten Dokumentationen (inklusive Prozessziele, Rollenmatrix), die im Rahmen des

A. Breiter, A. Fischer, *Implementierung von IT Service-Management*, Xpert.press, DOI 10.1007/978-3-642-18477-2_9, © Springer-Verlag Berlin Heidelberg 2011

Qualitätsmanagements erforderlich sind. Auf dieser Basis ließen sich dann auch die implementierten Prozesse in unterschiedlichen Detaillierungsgraden untersuchen. Allerdings reicht die bloße Existenz dieser Dokumentation nicht aus, um die Kultur der Organisation zu verändern. So gab es in mehreren Fällen eine Diskrepanz zwischen den beschriebenen Prozessen und ihrer realen Implementierung. Durchgehend zeigt sich somit, dass eine Definition und Dokumentation der Prozesse unabdingbar ist, für die erfolgreiche Implementierung aber nur ein (langwieriger) Umsetzungsprozess mit Partizipation aller Akteure in den Prozessen erfolgreich sein kann!

Ein anderer relevanter Einflussfaktor bezieht sich auf die Verankerung der ITIL-Implementierung als internes Projekt und die dafür bereitgestellten Ressourcen. So variierten die Fallstudien zwischen der Initiative Einzelner ohne nennenswerte Ressourcen bis hin zu einem umfangreichen Projektauftrag mit Zielsetzung, Ressourcen und einer komplexen Projektsteuerung über ein Projektbüro (ETHZ-Bib, GDI).

Eine besondere Bedeutung kommt auch der personellen Besetzung der **Prozessrollen** und deren Verankerung innerhalb der Aufbauorganisation zu. Insbesondere die Besetzung der Rollen der Prozess Owner und Prozess Manager stellt einen kritischen Erfolgsfaktor dar. In den Fallstudien waren diese nicht durchgehend besetzt und nicht gleichermaßen scharf abgegrenzt. Oftmals werden zunächst nur die Rollen der Prozessmanager besetzt und zu einem späteren Zeitpunkt zusätzlich die Rollen der Prozess Owner. Dieses Vorgehen ist durchaus auch außerhalb der öffentlichen Verwaltung zu finden, mit zunehmendem Reifegrad der ITIL Prozesse wird dann die Erfordernis weiterer Rollen sichtbar. In kleineren Organisationseinheiten wird zudem teilweise gänzlich auf die Rolle des Prozess Owners verzichtet (z. B. ETHZ-Bib, ETHZ-ID), da aufgrund der geringen Anzahl der Mitarbeiterinnen und Mitarbeiter sonst die Gefahr der „Rollenüberladung“ besteht.

In den Fallstudien wurde deutlich, dass die Prozess Manager innerhalb der Organisationsstruktur Stellen zugeordnet werden sollten, die eine gewisse (und relativ hohe) hierarchische Ebene haben. Meist erfolgt die Besetzung auf der Ebene von Gruppen- und Abteilungsleitungen innerhalb der Bereiche, in denen ein Großteil der Prozessarbeit angesiedelt ist (z. B. Incident Management im Bereich Kundenservice). Eine grundlegend andere Möglichkeit der Besetzung stellt die Bildung einer gesonderten Abteilung dar, die für die Prozesssteuerung verantwortlich ist (z. B. Betriebszentrale mit Querschnittsfunktion der HZD, ETHZ-ID als Stabsstelle). Teilweise gingen die Rollendefinitionen für die Prozessverantwortlichen aber ausschließlich von der bestehenden Hierarchie aus, so dass der Leitung des Dienstleisters alle „Management“-Rollen zukamen. Dies führt zu unnötigen Abstimmungsprobleme und entspricht nicht der ursprünglichen Idee von Rollen.

Grund für diese Besetzungen innerhalb der Hierarchie ist die Unterstützung der „Durchsetzungskraft“ bei der Prozesssteuerung. Die Abstimmung von Prozess- und Linienaufgaben ist bei Prozessimplementierungen auch außerhalb von ITIL bei allen Formen von Prozess-, Matrix- und Projektorganisationen (vgl. Schreyögg, 2008) eine wesentliche Herausforderung. Stellen, die aus der Aufbauorganisation heraus bereits fachliche und disziplinarische Weisungsbefugnis haben, können die Aufgaben eines Prozessmanagers im Eskalationsfall vielfach einfacher durchsetzen, da Führungskräften aus anderen Bereichen „auf Augenhöhe“ begegnet werden kann. Dies erscheint insbesondere in Organisationen hilfreich, in deren Kultur die Grundsätze der Bürokratie (und damit u.a. der Linienorganisation) noch tief verankert sind. Selbst bei Organisationen mit hoher Prozessreife verbleibt die disziplinarische Weisungsbefugnis meist in der Linie – ein Aspekt, dem im Eskalationsfall eine besondere Bedeutung zukommt. Allerdings zeigt das Fallbeispiel der niedersächsischen Justiz auch deutlich, wie wichtig eine Verankerung eines zentralen Dienstleisters in der bestehenden Organisationskultur ist. Insbesondere sensible Organisationen mit einer spezifischen Aufbau- und Ablauforganisation (wie Justiz oder Universität) brauchen IT-Dienstleister mit „Stallgeruch“, sonst leidet die Glaubwürdigkeit der Diensterbringung darunter.

Gleichermaßen scheint eine Besetzung der Rolle der Prozess Manager auf einer zu hohen (bspw. obersten) Führungsebene zumindest bei großen Organisationen kritisch zu sein, dies war in keiner großen untersuchten Organisation der Fall. Da für das Prozessmanagement insbesondere operative Aufgaben zur Prozessdefintion und -steuerung wahrgenommen werden müssen, würde eine Besetzung auf Leitungsebene zu einem hohen Arbeitsaufwand in diesem Bereich führen. Bei großen Organisationen ist eine Umsetzung der Prozesse durch einzelne Prozess Manager bereits schwer zu leisten, wenn diese auf Leitungsebene oder in gesonderten Abteilungen besetzt werden (und entsprechende zeitliche Ressourcen haben). Hier scheint die Einführung weiterer (Nicht-ITIL) Rollen, die eine Prozesskoordination auf lokaler bzw. fachlicher Ebene vornehmen, ein probates Instrument.

Für die Besetzung der Rollen der Prozess Owner kann aus den Fallstudien kein klares Bild abgeleitet werden, da diese nicht durchgehend besetzt bzw. gegenüber der Rolle der Prozess Manager abgegrenzt wurden. In jedem Fall ist eine Besetzung in einer höheren Hierarchieebene als die der Prozess Manager erforderlich, um die relevanten Aufgaben (übergreifende Prozessabstimmung, Entscheidung und Bereitstellung von Ressourcen etc.) ausfüllen zu können. In Hinblick auf die Abstimmung zwischen Prozessen und die Etablierung neuer Prozesse erscheint auch die „kommissarische“ Besetzung auf Stabsebene (Bsp. Stabsstelle Qualitätsmanagement der ETHZ-ID bzw. Abteilung im GDI) ein guter Weg.

Im deutschen öffentlichen Dienst sind für die Rollenbesetzung auch die Vorgaben der Gehaltseinstufung (nach den entsprechenden Tarifverträgen TV-L bzw. TVöD) zu berücksichtigen. Da durch die Aufgabenstellung (fachliche) Führungsaufgaben und die Stellenbeschreibungen entsprechend anzupassen sind, entstehen Konsequenzen für die Eingruppierung. Dies führt dazu, dass die Prozessmanager oftmals nur durch entsprechend hohe Entgeltgruppen abgedeckt werden. Das kann bei der Implementation in der Praxis zu Konflikten führen, wenn die Besetzung nicht ohnehin auf entsprechender Hierarchieebene erfolgt (und dadurch die Eingruppierung bereits entsprechend hoch ist). Dies wurde auch in einer praxisorientierten Publikation des IT Service Management Forum in 2010 zur Rollendefinition in der öffentlichen Verwaltung deutlich herausgestellt (ITSMF, 2010). In den außerhalb Deutschlands betrachteten Fällen (ETHZ, GDI) sind die Vorgaben durch Tarifstrukturen deutlich geringer, wodurch eine deutlich flexiblere Personalbesetzung und -entlohnung möglich ist. In beiden Fällen wurde sehr deutlich sichtbar, dass dies ein deutlicher Vorteil für die Serviceorientierung und Neuausrichtung der Organisationen sein kann, da die Rekrutierung von Fachpersonal einfacher möglich ist.

Im Rahmen der Fallstudienuntersuchung wurde deutlich, dass die Ausgangslage in den betrachteten Fällen sehr unterschiedlich war. Da es sich um Projekte handelt, die weder zur gleichen Zeit, mit den gleichen Personen und/oder Ressourcen noch mit den gleichen Interessen gestartet wurden, schien die Motivation zur Reorganisation bzw. Prozessimplementierung ein wichtiges Kriterium für den Vergleich.

Eine wesentliche Triebkraft für die Projektinitiierung war die Entwicklung und Vorgabe einer langfristigen Zielvorstellung. Wenn immer das Projekt zur Einführung von IT Service Management eine **strategische Dimension** bei der Leitung der Institution hatte, wurde das Projekt mit den entsprechenden Ressourcen versorgt. Dies deckt sich mit den meisten Untersuchungen zur ITIL-Einführung, die immer wieder die strategische Ausrichtung betonen (Kashanchi & Toland, 2006; Nitzschke & Zarnekow, 2009; Victor & Günther, 2004; Zarnekow & Nitzschke, 2008). Die Bedeutung für das IT-Business-Alignment, wie dies in der unternehmensbezogenen Wirtschaftsinformatik herausgestellt wird, lässt sich auch auf die öffentliche Verwaltung übertragen, auch wenn das Verständnis von Geschäftsprozessen entsprechend modifiziert werden muss (vgl. Bayer et al., 2010). In allen betrachteten Fällen wurde dies von Seiten des IT-Dienstleisters klar hervorgehoben. Auf Seiten der Kunden bzw. anderer Dienststellen ist eine weitere Schärfung der Wechselwirkung zwischen IT und den eigenen Geschäftsprozessen erforderlich.

Die Projekte unterschieden sich einerseits dahingehend, mit welcher Zielsetzung sie erfolgten und andererseits in welchem Kontext zur **Organisationsentwicklung** der gesamten Institution sie standen. So wurde das Implementierungsprojekt als Teil einer Organisationsreform angesehen (ETHZ-Bib) bzw. als konsequente Weiterentwicklung der IT-Organisation zu einem internen Dienstleister mit starken Kundenorientierung (Bsp. ETH-ID) oder es war Teil einer Fusion verschiedener bestehender Dienstleister (GDI). Als Motivation wurde neben einer Kostenreduzierung (München) auch die Verbesserung der Leistungsfähigkeit aufgrund wachsender Anforderungen der Organisationseinheiten genannt. Insbesondere Verwaltungseinheiten, bei denen eine Rezentralisierung durch eine übergeordnete Einrichtung relevant wurde, haben sich von der Prozessimplementation einen Startvorteil gegenüber anderen Behörden versprochen. Die Sonderstellung der Universität in den Fallstudien kann dadurch unterstrichen werden, dass es sich um eine strategische Entwicklungsmaßnahme zum Ausbau der Exzellenzforschung handelte. Zentrales Element eines jeden Organisationsentwicklungsprozesses ist die Beteiligung der Mitarbeiterinnen und Mitarbeiter. In den betrachteten Fallstudien wurde sehr viel Wert auf die Schulung gelegt. Dies hatte neben der notwendigen Kompetenzerweiterung und der damit verbundenen Anerkennung im Bereich des IT Service Managements noch einen zweiten wichtigen Nebeneffekt: durch die Einstiegsschulungen zum ITIL-Framework wurde ein gemeinsames Verständnis basierend auf dem ITIL-Vokabular geschaffen. Darauf konnte dann im weiteren Prozessverlauf aufgesetzt werden. Daneben zeigt sich, dass die ergänzende Durchführung von Trainings zur Prozessorientierung (z. B. die Durchführung von speziellen Prozesssimulationen) sehr hilfreich ist, da hierdurch die Bedeutung von effizienten Prozessen und die Erfordernis einer (abteilungsübergreifenden) Prozessorganisation praktisch sichtbar werden – ITIL wird nicht nur als trockene Theorie sichtbar. Gleichzeitig werden durch solche Maßnahmen Teamgeist und Zusammenarbeit gefördert, wodurch letztendlich ITIL-Implementationsprojekte profitieren. Fast alle Interviewpartner in Leitungspositionen verwiesen auf die große Bedeutung der Qualifizierungsmaßnahmen.

Die Unterstützung und das Selbstverständnis auf der Führungsebene (**Management Commitment**) sind wesentliche Erfolgskriterien für die Umsetzung eines komplexen Projektvorhabens. Da es sich bei der Einführung von IT Service Management um einen aufwändigen Organisationsentwicklungsprozess handelt, der an die Grundfesten der Organisationskultur rüttelt, ist die Rolle der Führungsebene ein wesentlicher Erfolgsfaktor. Auch hier konnten sehr unterschiedliche Ausprägungen identifiziert werden. Während in einem Fall (München) die Initiative und auch die Überzeugungsarbeit durch das mittlere Management erfolgten (was für die öffentliche Verwaltung und ihre oftmals aus politischen Überlegungen heraus erfolgte Besetzung von Leitungsstellen nicht ungewöhnlich ist), war bei den IT-Dienstleistern von Anfang an eine starke Unterstützung durch die Führungsebene gegeben. Damit verbunden war auch die Einführung einer stärkeren Kundenorientierung, die sich aufgrund des Wettbewerbs auf der einen Seite (keine Festlegung für die Dienststellen in Bezug auf die Wahl des Dienstleisters, HZD) ergab. Hier wurde am Beispiel des ZIB deutlich, dass eine Unterstützung durch das Ministerium für den zentralen Dienstleister eine notwendige Voraussetzung für dessen Akzeptanz in den nachgeordneten (und dennoch stark unabhängigen) Organisationseinheiten war. Auf der anderen Seite (ETHZ-ID) war die Überzeugung ausschlaggebend, dass die IT ohnehin nur der „Enabler“ für die exzellente Forschungsleistung sein kann, über die sich das Renommee der Institution aufbaut.

Dies erklärt auch die unterschiedlichen Maßnahmen für das **Marketing**. In allen untersuchten Fällen spielten interne Werbemaßnahmen zur Bekanntmachung der veränderten Serviceorganisation eine wichtige Rolle. Hierbei wurden unterschiedliche Methoden eingesetzt. Sie reichten von jährlichen „Tagen der offenen Tür“, sogenannten „Kundenzirkeln“ über Broschüren zum Serviceportfolio bis hin zu Flyern und „Give-aways“. Am Beispiel des ZIB wurde deutlich wie wichtig eine Transparenz gegenüber den Kunden und Anwenderinnen und Anwendern bei der Veränderung von bestehenden Abläufen ist. Es wurden spezielle Informationsveranstaltungen für die Leitungen der dezentralen Einheiten durchgeführt, um sie rechtzeitig und möglichst umfassend über die Vorhaben zu informieren. Besonders im öffentlichen Sektor zeigt das Beispiel in Niedersachsen, dass eine frühzeitige Einbeziehung von Personalvertretungen mögliche Schwierigkeiten in der späteren Umsetzungen aus dem Weg räumt. Der Service präsentiert sich im Intranet sogar durch ein professionell erstelltes Video, in dem der Ablauf eines Support-Gespräches nachgestellt wird – der Service Desk bekommt „ein Gesicht“.

Die **bestehende Organisationsstruktur** einer streng hierarchisch gegliederten, oftmals Einlinien-Struktur steht einer prozessorientierten Arbeitsweise mit definierten Rollen und Verantwortlichkeiten sowie Input- und Outputdefinitionen entgegen. Obwohl das ITIL-Rahmenmodell ursprünglich aus der öffentlichen Zentralverwaltung Großbritanniens stammte, lassen sich organisationskulturelle Prägungen nur langsam verändern (ITSMF, 2010). Die Umsetzung einer Denkweise in Prozessen und die Orientierung an Kundenerwartungen ist eine langfristige Aufgabe, die in allen Fällen eine große Herausforderung war. Je nach Umsetzungsstand war dieses Grundverständnis schon mehr oder weniger weit in die Organisation diffundiert. Zum Teil gab es auch noch erhebliche Auseinandersetzung mit anderen Abteilungen oder Dienststellen im gleichen Ministerium oder Verwaltungsbereich, sofern dort noch keine Umstellung in dieser Richtung erfolgt war (z. B. GDI, MJ, München). Somit dient die Einführung von Prozessen des IT Service Managements indirekt zur Motivation einer gesamten öffentlichen Behörde, sich mit Dienstleistungen im Kundeninteresse zu beschäftigen. Dies stellt einen sehr bedeutsamen Nebeneffekt der ITIL-Einführungen dar, der sicherlich so nie intendiert war.

Ein Schlüsselaspekt unserer Untersuchung war die Identifikation von Unterschieden bzw. Gemeinsamkeiten im Hinblick auf die Verteilung von Aufgaben und die **Abstimmung zwischen zentralen und dezentralen Organisationseinheiten**. Insbesondere die Forschungsuniversität hat hier aufgrund der langen Tradition im Hochschulbereich eine Gratwanderung zu bewältigen. Bereits in den 1970er Jahren wurden Hochschulen als lose gekoppelte Systeme teilautonomer Einheiten beschrieben (vgl. Cohen, March, & Olsen, 1972; Weick, 1976), bei denen eine „formierte Anarchie" (Pellert & Welan, 1995) als grundlegendes Merkmal der Aufbau- und Ablauforganisation festzustellen war. Dies hat sich bis heute durchgesetzt und wurde im Bereich des IT-Betriebs trotz aller Zentralisierungstendenzen aufrecht erhalten (vgl. auch Breiter, Fischer, & Kubicek, 2005; Fischer & Breiter, 2006). An der ETH Zürich wird ein gemischtes Modell zentraler und dezentraler Bereitstellung von IT-Services verfolgt.

So sind auf der einen Seite zentrale Basisdienste festgelegt, zu denen im Umlageverfahren auch die Fakultäten finanziell beitragen. Zum zweiten bestehen kostenpflichtige Zusatzdienste auf freiwilliger Basis und zum dritten haben die Fakultäten selbst die Möglichkeit, ihre IT-Services zu erbringen bzw. auch einzukaufen. Diese Mischform erlaubt eine hohe Verfügbarkeit und Erreichbarkeit der vitalen Basisdienste und gibt den starken dezentralen Organisationseinheiten ausreichend Gestaltungsmöglichkeiten. Die Verwendung von schriftlich fixierten Kontrakten bzw. Servicevereinbarungen zur Abgrenzung der jeweiligen Services ist allerdings noch in der Entwicklungsphase.

Für die Abstimmung zwischen den dezentralen Organisationseinheiten und dem zentralen Dienstleister wurden in einigen Fällen spezifische Gremien gebildet (Regie beim GDI; IT-Board beim ZIB). Dies hatte den Vorteil, dass der Kunde seine Bedarfe direkt an den Dienstleiser artikulieren kann und gleichzeitig die steuernde Stelle (in beiden Fällen das Ministerium) vermittelnd einwirken kann. Vor dem gleichen Problem stehen große Städte mit einer Vielzahl von Fachämtern. So hat bspw. die Stadt München vor drei Jahren ein Großprojekt zur Reorganisation des gesamten IT-Betriebs für alle Referate (d. h. Fachämter) in der Stadt gestartet. Ziel war es, zu einem konsolidierten IT-Betrieb unter Verwendung entsprechender

Rahmenwerke wie ITIL zu kommen. Dabei wurde als Ausgangspunkt eine Servicelandkarte erstellt, auf deren Basis dann die weitere Zuordnung erfolgen sollte. Ähnlich wie bei der Forschungsuniversität galt es hierbei die spezifischen Bedürfnisse der dezentralen Organisationseinheiten zu berücksichtigen. Daraufhin wurden einige Fachbereiche (wie Schule, Feuerwehr und Verkehrsleittechnik) zu Sonderbereichen erklärt, für die eigene Lösungen gefunden werden müssten. In unserer Fallstudie, dem Kreisverwaltungsamt München, liegt die Abstimmung zwischen der zentralen und dezentralen Serviceerbringung auf zwei Ebenen: einerseits geht es um die Überzeugung der in der Stadt geografisch verteilte Ämter sowie der internen Fachabteilungen, die zentralen Dienste des Referates zu nutzen und andererseits muss sich das KVR in der Reorganisation der stadtweiten IT-Dienste positionieren. Dies soll in Zukunft über Servicevereinbarungen erfolgen. Somit kommt dem Service Level Management eine wesentliche Rolle zu, die bisher noch nicht ausgefüllt wurde. Da es sich um ein komplexes Zusammenspiel aus Organisationsfragen der öffentlichen Verwaltung und verschiedenen technischen Betriebsmodellen handelt, sind hier noch offene Fragen zu klären. Ähnliche Herausforderungen in Hinblick auf die Abstimmungsprozesse zwischen Zentrale und Dezentrale können auch bei IT-Dienstleistern entstehen, die von Anfang in dieser Form konzipiert waren. Sichtbar wird dies am Beispiel der HZD, deren Geschichte auf die Frühphasen der Landesrechenzentren zurückgeht. Die Festlegung des erbrachten Dienstleistungsumfangs war zwar von jeher geregelt, jedoch oftmals implizit, da insbesondere im frühen Rechenzentrumsbetrieb eine klare Aufgabenabgrenzung einfach möglich war. In der Entwicklung vom Rechenzentrum zur Service Organisation kommt den Abstimmungsprozessen zwischen Zentrale und Dezentrale eine neue Qualität zu. Die Diskussion von Dienstleistungsumfang und -qualitäten und die Vereinbarung von SLA ist auch in diesem Beispiel ein Novum, die nicht den bisherigen Gewohnheiten entspricht, die Erfordernis wird oftmals nicht gesehen („ging doch bisher auch ohne"). Es ist daher auch in diesem Beispiel sowohl bei Abnehmern (Landesministerien und Behörden) als auch beim Dienstleister ein Lernprozess erforderlich, um sukzessive ein effektives Service-Level-Management aufbauen zu können.

Wesentlich leichter im Hinblick auf die Abstimmungsprozesse zwischen Zentrale und Dezentrale fällt es dem untersuchten zentralen IT-Dienstleister GDI, da er von Anfang an in dieser Form konzipiert war. Das GDI wurde durch die Fusion zu dem einzigen IT-Dienstleister für die Verwaltung der niederländischen Justiz. Allerdings existieren im letzteren Fall auch noch zwei weitere IT-Dienstleister die für die Justizvollzugsanstalten und die Gerichte verantwortlich sind. Insofern muss sich auch dieser Dienstleister immer wieder mit der Frage auseinandersetzen, welchen Mehrwert die von ihnen erbrachten zentralen Services gegenüber einer dezentral verstreuten Serviceerbringung erreichen. Daher kommt der Verrechnung der Services im Sinne des Financial Managements als auch der Vergleichbarkeit der Services durch ein etabliertes Service Level Management eine wesentliche Bedeutung zu.

In (deutschen) öffentlichen Einrichtungen entsteht in der Personalentwicklung im Rahmen von IT-Projekten oft das Problem entsprechend qualifizierte Fachkräfte zu gewinnen und zu behalten, da die öffentliche Verwaltung als (vermeintlich) unattraktiver Arbeitgeber gesehen wird und die Bezahlung oft als zu unflexibel und nicht mit den Unternehmen konkurrenzfähig erscheint. Dieses Problem hatten weder die ETH Zürich noch der zentrale Dienstleister der niederländische Justiz. Dort wurde stattdessen entweder auf den guten Ruf der Institutionen oder auch auf eine konkurrenzfähige Bezahlung in einem attraktiven Umfeld verwiesen. So konnten beim GDI für die Leitungspositionen im Service Level Management sowie im Qualitätsmanagement erfahrene Manager aus Unternehmen gewonnen werden.

Intensive Schulungen in den Grundlagen des ITIL-Rahmenwerks wurden in allen Fällen den Mitarbeiterinnen und Mitarbeitern angeboten. Hinzu kamen spezifische Trainee-Programme für Hochschulabsolventinnen und -absolventen (HZD) oder ein Patenkonzept zur Einarbeitung neuer Mitarbeiterinnen und Mitarbeiter (München). Leistungsanreize in Form von Zusatzzahlungen sind im öffentlichen Dienst kaum erprobt, dennoch wurde in einigen Fällen die Dienstleistungsorientierung in den Zielvereinbarungen festgehalten.

9.2 Projektumsetzung

Die Einbindung der Einführung von IT Serviceprozessen in zentrale Reorganisationsvorhaben der Verwaltungseinrichtungen konnte in den betrachteten Fällen zumeist identifiziert werden. So hatten einige Fallstudien (GDI, ETHZ-ID, HZD) bereits eine ISO 9000/9001 Zertifizierung durchführen lassen, bevor sie in IT-spezifische Prozessoptimierungen eingestiegen sind. Dies muss sicherlich als starker motivatorischer Vorteil für das mittlere Management angesehen werden, das dadurch bereits mit Qualitätsmanagementprozessen vertraut war. Diese Kombination hat sich aus Sicht der verantwortlichen Projektmanager als sehr gute Basis herauskristallisiert, zudem die neue ITIL Version 3 eine explizite Integration in den kontinuierlichen Verbesserungsprozess bereits enthält.

Für den erfolgreichen Start eines Projektes im öffentlichen Bereich hat sich seit einiger Zeit eine Projekteinsetzungsverfügung – in Form eines Auftrages mit definierten Ressourcen – durchgesetzt. Diese findet sich in den meisten untersuchten Projekten wieder. Allerdings ist explizit herauszustellen, dass der Projektleiter bzw. die Projektleiterin auch mit den entsprechenden Befugnissen ausgestattet werden muss. Da sich Projektorganisationen erst langsam auch in der öffentlichen Verwaltung etablieren, gab es hier erhebliche Unterschiede. So gab es in allen Fallbeispielen zwar eine definierte Rolle eines Projektmanagers, aber die Ansiedlung innerhalb der Organisation variierte zwischen direkter Unterstellung auf der Leitungsebene und klassischer Linienverantwortung. Zumindest für die eigenen Prozesse waren die Prozessmanager (nach dem ITIL-Rollenmodell) fachlich weisungsbefugt, was teilweise im Widerspruch zu den gewohnten Kommunikations- und Weisungsstrukturen in den Verwaltungen stand. Zu diesem Aspekt kommt der oben beschriebenen Besetzung der Prozessrollen eine besondere Bedeutung zu.

Für die dauerhafte Etablierung von Prozessen innerhalb der Aufbauorganisation gilt es, die entsprechenden Regelungen zu dokumentieren und verbindlich in Kraft zu setzen. Bei rein informellen Regelungen besteht im Eskalationsfall gegenüber eine detaillierten Dokumentation nur geringe Aussicht, eine effektive Abstimmung zwischen „Prozess und Linie" zu erreichen. Ein gutes Beispiel stellt hier das bei der HZD etablierte Verfahren dar: die abgestimmten Prozesse werden in Prozesshandbüchern vollständig dokumentiert und werden nach Verabschiedung durch ein Gremium verbindlich in Kraft gesetzt, indem sie den Status einer Dienstanweisung erhalten. Gleichermaßen sollten die Aufgaben, die aus der Besetzung von Prozessrollen für einzelne Stellen resultieren (z. B. der Prozess Manager), formell bekräftigt werden, z. B. indem die Rollenbeschreibung Teil der Stellenbeschreibung und/oder Zielvereinbarung der betreffenden Person werden. Im ZIB wurde bspw. ebenso wie beim GDI ein Prozessbüro eingerichtet, das für die Aufnahme, Definition und regelmäßigen Kontrolle der Prozessimplementierung verantwortlich ist. Damit wird eine interne Organisationseinheit geschaffen, die für den kontinuierlichen Verbesserungsprozess unabdingbar ist. In jedem Verbesserungsprozess ist es entscheidend, den Prozess „am Laufen" zu halten und die Einzelaktivitäten übergreifend zu koordinieren und aktiv voran zu treiben. Ohne eine explizite Stelle scheint dies in größeren Organisationen kaum leistbar.

In der Bibliothek der ETH Zürich wird die vollständige Dokumentation und deren Bereitstellung für alle Zielgruppen als ein wesentlicher Erfolgsfaktor für die Prozessimplementierung angesehen. Dies lässt sich sicherlich auch mit dem Selbstverständnis von Bibliothekarinnen und Bibliothekaren und deren starker Kundenorientierung erklären.

Allerdings gibt die gewählte Methode des punktuellen Fallstudiendesigns nicht die Möglichkeit, die Entwicklung im Sinne einer Längsschnittstudie über einen längeren Zeitraum zu verfolgen. Somit kann in Bezug auf die Prozessimplementierung und die Wahrnehmung der Prozessverantwortung in den einzelnen Fachabteilungen auch eine Diskrepanz zwischen dem wirklichen Implementierungsgrad und der Darstellung nach außen entstanden sein. Diese Form der Innen- und Außenkommunikation ist bei Organisationsveränderungen nicht ungewöhnlich. So unterscheidet die neo-institutionalistische Organisationstheorie (siehe J. W. Meyer & Scott, 1992; Powell & DiMaggio, 1991) zwischen der Formalstruktur und der Aktivitätsstruktur. Die Formalstruktur repräsentiert die Anpassung der Organisation an die Umwelterwartungen und sichert ihr somit den Fortbestand und die materiellen Ressourcen. Die Aktivitätsstruktur, in der Regel unabhängig von der Formalstruktur, umfasst die interne Aufbau- und Ablauforganisation, die oftmals trotz Veränderungen bei den äußeren Rahmenbedingungen gleich bleibt. Somit wird bei ITIL-Projekten teilweise nur die Formalstruktur verändert.

Entscheidend ist, den passenden **Detaillierungsgrad** und Umfang der Regelungen im Prozess zu finden. Hierbei bewegt sich jede Organisation zwischen den beiden Extrema der Über- und der Unterorganisation – eine Abweichung vom Optimum führt zwingend zu Effizienzverlusten. Insbesondere bei der initialen Einführung von Prozessen ist es wichtig (und aufgrund fehlender Erfahrungen schwierig), den richtigen Regelungsumfang zu finden: eine zu grobe Prozessdefinition, bei der lediglich grundsätzliche Verantwortlichkeiten für wesentliche Prozessaktivitäten abgegrenzt werden, ist nur bedingt hilfreich, da zu wenig konkrete Hilfestellungen für die Arbeit im Prozess gegeben werden. Eine zu fein granulierte Prozessdefinition mit detaillierten Regelungen kann ebenfalls hinderlich sein: zum Einen entstehen sehr hohe Aufwände für die Definition von Arbeitsschritten, die ggf. nur sehr selten angewendet werden. Zum anderen können bei der Prozessdefinition durch zu detaillierte Regelungen sogar Effizienzverluste entstehen, wenn die definierten Schritte nicht vollständig der gewohnten Praxis entsprechend oder in zu viele Einzelschritte zerlegt sind. Hindernisse können zudem durch eine nicht Aufgaben angemessene Abbildung im Ticketsystem entstehen (z. B. wenn das Anlegen von Tickets zu kompliziert und die explizite Bestätigung eines jeden einzelnen Arbeitsschrittes erforderlich ist).

In den betrachteten Fällen konnten einzelne Prozesse nicht im Detail analysiert werden, so dass für dieses Phänomen keine konkreten Beispiele dokumentiert wurden. In vielen Fällen wurden jedoch entsprechende Aspekte als Erfolgsfaktor sichtbar. Als Beispiel für zu wenige Regelungen kann das Problem der Abstimmung zwischen Zentrale und dezentralen Einheiten der HZD genannt werden: fehlende dezentrale Regelungen führen zu geringer Verlässlichkeit der Prozesse. Bei der HZD wurde hingegen für das Change Management berichtet, dass die explizite Einhaltung und detaillierter Arbeitsschritte (und deren Bestätigung im Tool) teilweise zu Akzeptanzproblemen geführt hat – letztendlich führte dies jedoch zu einer hohen Prozessreife und -qualität. Dieses Dilemma zwischen Unter- und Überorganisation wird seit langem in der Organisationstheorie behandelt (siehe Abbildung 9.1). Grundsätzlich kann auf das Substitutionsgesetz von Gutenberg zurückgegriffen werden, das bereits in der ersten Hälfte des 20. Jahrhunderts im Kontext der Industrialisierung formuliert wurde. Für jegliche Arbeitsprozesse gilt demnach, fallweise durch generelle Regelungen zu ersetzen, wenn diese wiederholt auftreten und die

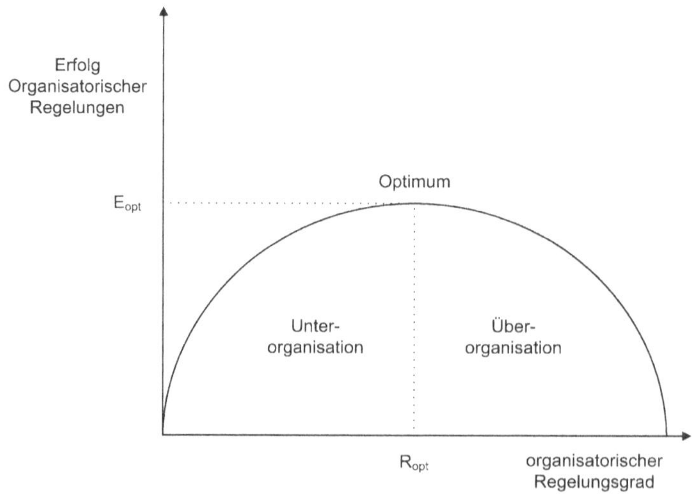

Abb. 9.1 Erklärung von Über-/Unterorganisation mit dem Substitutionsgesetz von Gutenberg (Schreyögg, 2008)

Regelung zu einem Effizienzgewinn führt (Schreyögg, 2008). Für ITIL-Prozesse gilt es entsprechend ein Mindestmaß an Regelung zu definieren und den Umfang der Regelungen mit zunehmender Prozessreife zu steigern.

9.3 Prozessreife

Im Folgenden werden die in den Fallstudien betrachteten Prozesse anhand ihres Reifegrades nach den Reifestufen des PMF (Process Maturity Framework) beschrieben. Dabei wurden nur die zentralen Prozesse betrachtet, die in allen betrachteten Fallstudien implementiert sind. Weitergehende Informationen zu den Reifegraden finden sich in den einzelnen Kapiteln.

Das **Incident Management** und der **Service Desk** gehört in allen Fällen zu den Prozessen (bzw. Funktionen), die am weitesten etabliert sind. Im Kreisverwaltungsreferat München standen das Incident Management und die Einrichtung eines zentralen Service Desks im Fokus des Reorganisationsprozesses. Somit werden auch alle Störungen über den Service Desk als Single Point of Contact (SPoC) angenommen und als solche klassifiziert. Dafür wurden die entsprechenden Strukturen und die Rolle eines Incident Managers geschaffen. Parallel zur Einführung des Service Desk fand ein langwieriges Auswahlverfahren für ein entsprechendes Ticketsystem statt, damit alle Störungen in einer Datenbank festgehalten werden. Dazu wurden die Prozesse von der Eröffnung bis zur Schließung eines Tickets angeschoben. Eine weitergehende Verknüpfung zu anderen Prozessen ist bislang noch nicht erfolgt. Der Reifegrad lässt sich somit als definierter, teilweise standardisierter Prozess sehen.

Einen anderen Weg hat die Bibliothek der ETH Zürich eingeschlagen. So sind die Prozesse des Incident Management jeweils in Bezug auf die verschiedenen angebotenen Dienste definiert worden. Der Reifegrad lässt sich ähnlich einordnen wie in München, mit dem wesentlichen Unterschied, dass einzelne Services unterschiedlich weit durch den Prozess abgedeckt werden (eine strenge Betrachtung, die hier nicht weiter erfolgen soll, würde daher zu einem heterogenen und in Summe niedrigeren Reifegrad führen). Deutlich fortgeschritten sind die Informatik-Dienste der ETH Zürich in Bezug auf die Störungs- und Problembehandlung bei den Basisdiensten. Die Prozesse sind mit Hilfe von Kennzahlen gesteuert. Hier dient der Service Desk ebenfalls als SPoC. Allerdings werden zahlreiche Anfragen auch noch dezentral bearbeitet, da die Departments ihre Eigenständigkeit erhalten wollen. Dennoch zeigt sich eine zunehmende Gewöhnung der Kunden an eine zentrale Anlaufstelle aufgrund der Qualität der dahinter liegenden Prozesse, was zu einer schrittweisen Veränderung der Organisationskultur der Hochschule geführt hat. Die Prozessreife in den zentralen Prozessen kann daher hoch bewertet werden (vorhersehbar bis optimiert), in den dezentralen Prozessen sind teilweise erst initiale Ansätze zu sehen. Aufgrund der Größe der zu betreuenden IT-Infrastruktur gestaltet sich der Incident Prozess in der HZD ebenfalls weit fortgeschritten. So werden sämtliche Störungen im Ticketsystem ausgewertet und für die weitere Bearbeitung zu Verfügung gestellt. Die zentralen Kennzahlen werden aufbereitet und dienen zur Steuerung der Störungsbehandlung. Eine Besonderheit ist der Service Desk, der ausgelagert worden ist. Das GDI hat sämtliche Schnittstellen zu den anderen Prozessen definiert und somit einen vollständigen Workflow aufgebaut. Darüber hinaus wird auf Basis von Kennzahlen der Incident Prozess gesteuert und kontinuierlich zusammen mit dem Qualitätsmanagement verbessert. Der Prozess kann ebenfalls mindestens als standardisiert eingestuft werden.

Die zweite Prozessfamilie, die in allen Fallstudien Berücksichtigung gefunden hat, sind das **Change Management** und das **Release Management**. Auch hier findet sich eine vergleichbare Situation im Kreisverwaltungsreferat München und bei den Bibliotheksdiensten der ETH Zürich. So sind im letztgenannten Fall Pilotservices definiert worden und werden auch bei zentralen Veränderungen im Rahmen der Change- bzw. Release-Prozesse umgesetzt, die einer Reife von definierten bis standardisierten Prozessen entsprechen. In München findet darüber hinaus eine enge Abstimmung mit den Veränderungsvorhaben der stadtweiten IT-Dienstleistungen statt – in Zukunft durch deren Neuorganisation in fortgeschrittener Art und Weise. Daher wurde darauf bei der internen Reorganisation noch nicht so viel Wert gelegt, zumal die meisten größeren Veränderungen stadtweit stattfinden, der Prozess ist initial bis definiert ausgeprägt. Deutlich weiter ist die HZD, die ein sehr intensives Change Management etabliert hat. Die Arbeitsschritte sind sehr detailliert beschrieben und es findet eine kontinuierliche Überwachung durch entsprechende Kennzahlen statt, der Prozess kann als vorhersehbar mit Elementen der Optimierung gesehen werden. Das Release Management wird analog umgesetzt, auch wenn es keine dezidierte Rollendifferenzierung gibt und nach eigener Aussage noch eine einheitliche Qualität in der Umsetzung erreicht werden muss. Ebenso gut etabliert sind die Prozesse bei den Informatikdiensten der ETH Zürich, wobei auch hier der Fokus auf den zentralen Basisservices liegt. Eine Berücksichtigung von Veränderungen in den dezentralen Departements würde die Komplexität des Abstimmungsprozesses deutlich steigern, daher bleiben dortige Veränderungen und auch das Roll-out unberücksichtigt. Die Prozessreife kann bei den zentralen ID daher ebenfalls als standardisiert eingestuft werden, in den dezentralen Einheiten jedoch deutlich geringer. Für das GDI sind Veränderungen klar kategorisiert und werden ausschließlich nach den vordefinierten Verfahren umgesetzt. Mit Hilfe verschiedener Metriken werden die Prozesse gemessen und gesteuert. Die Rollendefinition des Change Managers ist je nach Bedeutung des Changes abgestuft. Der Prozess hat daher ebenfalls den Reifegrad „vorhersehbar“.

Aus Sicht der Fallstudien und ihrer Übertragbarkeit auf andere öffentliche Institutionen stellt das **Service-Level-Management** die größte Herausforderung dar. Aufgrund der spezifischen Organisationskultur und der rechtlichen Rahmenbedingungen sind Abstimmungsprozesse und verbindliche vertragliche Verabredungen zwischen Kunden und Dienstleister erst langsam im Entstehen. So hat das Kreisverwaltungsreferat München als einen ersten Schritt eine Übersicht über die Dienste und deren Qualität entwickelt. Im engeren Verständnis von ITIL kann dies noch nicht als Servicekatalog bezeichnet werden, aber aufgrund der spezifischen Situation ist das ein großer Schritt in Richtung einer Transparenz der Dienstleistungen.

Zudem ist eine Übernahme von garantierten Diensten nur sehr begrenzt möglich, weil die Abhängigkeit zu den zentralen stadtweiten Diensten zu groß ist (insbesondere Netz). Daher sind auch keine SLA vorhanden. Der Prozess des Service Level Managements ist zumindest initial vorhanden. Die HZD hat für Teilbereiche ihrer Dienste SLA mit den Kunden abgeschlossen und ist dabei, sukzessive weitere Dienste in dieser Form zu beschreiben. Die Prozessreife ist daher unterschiedlich, kann aber zumindest für die mit SLA unterlegten Services als definiert gesehen werden. Die bisherigen SLA bei den Informatikdiensten der ETH Zürich sind ein hervorragendes Beispiel dafür, wie in gemischten zentralen-dezentralen Strukturen ohne unmittelbare Kunden-Dienstleister-Beziehung und trotz der Abhängigkeit von Dritten dennoch Servicevereinbarungen abgeschlossen werden können. So wurden die SLA-Ziele eher weich in Form eines Korridors definiert, so dass die Zielerreichung realistisch ist und dennoch messbar bleibt (Prozess definiert bis standardisiert). Die Bibliotheksdienste der ETH Zürich sind aus ihrer Tradition heraus stark kundenorientiert, weshalb die Beschreibung der Dienste und ihrer Qualität anhand der jeweiligen Dienste erfolgt ist. Damit gibt es zwar keinen übergeordneten Servicekatalog, aber eine detaillierte Beschreibung der einzelnen Dienste. Das GDI hat durch die Neugründung bzw. Zusammenlegung und die bereits auf Ziel- und Leistungsrechnung ausgerichtete niederländische Verwaltung von Anfang an mit einem umfangreichen Servicekatalog gearbeitet. SLA sind etabliert und werden als strategisches Instrument im Rahmen der jährlichen Verabredungen der Dienstleistungen sowie bei der unterjährigen Übernahme neuer Aufgaben verwendet. Die Prozessreife liegt analog zu den ersten beiden Prozessgruppen bei vorhersehbar bis optimiert. In einigen Fällen (ETH-Bib und KVR München) wurde bisher auf die Verabredung von SLA verzichtet, weil dies nicht in die bestehende Organisationskultur passe. So seien einklagbare und abrechenbare Verabredungen bislang nicht möglich, weil die Handlungsmöglichkeiten nicht bestünden und auch die Behördenspitze kein Interesse an einer strengen Umsetzung habe.

Im Hochschulumfeld besteht bei der initialen SLA-Entwicklung aufgrund der Organisationsstruktur zudem oft Unklarheit bzgl. des Rollenverständnisses zwischen Dienstleister, Kunde und Anwenderinnen und Anwender. Sind dies die Fachbereiche bzw. Fakultäten, die Studerenden (über ihre Vertretungen), die Hochschullehrenden oder die Verwaltung? Wer handelt mit wem die Bedingungen aus? Dies hat Auswirkungen auf den Aushandlungsprozess, da vom „Kunden" zunächst wenig spezifische Anforderungen an die Servicequalität formuliert und diese auch nicht überprüft werden können (vgl. Breiter, 2008; Breiter & Fischer, 2006).

Besonders auffällig war der Aufbau einer **übergreifenden Prozesssteuerung** z. B. in Form eines Prozessbüros in allen Fallstudien – mit unterschiedlicher Intensität. So hat das Servicemanagement des Kreisverwaltungsreferats in München von Anfang an in der stadtweiten Planungsgruppe bei der Neudefinition der Prozesse mitgewirkt und dadurch den Überblick über die zu etablierenden Prozesse und ihre Schnittstellen gehabt. An der ETH Zürich wird bei den Informatikdiensten die übergreifende Prozesssteuerung als Stabsstelle mit einem Prozessbüro beim Qualitätsmanagement verankert und damit auch mit entsprechendem Gewicht versehen. Die Neuorganisation bei den dortigen Bibliotheksdiensten hin zu einer

Serviceorientierung verdeutlicht die Relevanz einer Dienste-übergreifenden Steuerung. Die HZD hat eine eigene Prozessabteilung und im GDI wird die Prozesssteuerung über das Qualitätsmanagement realisiert.

Die Reifegrade der Prozesse in den Fallstudien spiegeln im Wesentlichen den aktuellen Implementierungsstand unter Berücksichtigung der Rahmenbedingungen wider. Auch wenn ein Benchmarking in dieser Form nicht möglich ist, illustrieren die Ergebnisse aber den Stand der Implementierungsvorhaben und erlauben überhaupt erst, in eine Diskussion über das Verbesserungspotenzial zu gelangen.

Eine **Verrechnung von Kosten der Services** im Sinne des Financial Management ist bisher in keinem Fall durchgehend etabliert worden. In zwei Fällen wurde ein festes Budget vereinbart (zumeist auf vorherigen Abschätzungen), in einem Fall besteht bereits ein Produkthaushalt, der aber noch keine Verrechnung von IT-Kosten beinhaltet. Nur in den Niederlanden beim GDI können die Kosten für jeden Service pro Kunde berechnet werden und es erfolgt eine transparente Kostenaufschlüsselung auf deren Basis die Verhandlungen mit den Dienststellen durchgeführt werden. Dieses Zielszenario bricht mit einer langen Tradition in der öffentlichen Verwaltung und hat auch auf Seiten der Abnehmer nicht nur positive Wirkungen, da sie erstmals mit den realen Kosten ihrer angeforderten Dienstleistungen konfrontiert sind. Hier ergibt sich das bekannte Phänomen, dass bei fehlenden Marktpreisen künstliche Indikatorenpreise (z. B. durch Leistungsmetriken oder KPI) erzeugt werden müssen, die als Preise wirken. Diese müssen aber erst produziert werden und entstehen nicht emergent wie Marktpreise. Dies führt zu dem Dilemma, dass die Indikatorenpreise häufig wenig reliabel oder nur sehr aufwändig zu erzeugen sind. Somit entsprechen die künstlich kalkulierten Preise nicht unbedingt der Marktsituation, wodurch sich eine Vergleichbarkeit mit externen Dienstleistern kaum herstellen lässt.

Bis auf eine haben alle Fallstudien bei der Umsetzung der IT Serviceprozesse auf **externe Unterstützung** durch Beratungsunternehmen zurückgegriffen. Sofern die Ressourcen dies erlauben ist der externe Blick auf die internen Veränderungsprozesse sicherlich hilfreich, da zum einen Know-how in die Organisation fließt und zum anderen bestimmte Veränderungen durch Hilfe Externer überhaupt erst thematisiert werden können. Die so erreichte Einbringung von Praxiserfahrungen kann die Prozesseinführung sehr beschleunigen und letztlich rechnen, auch wenn in den Fallstudien keine entsprechenden vollständigen Wirtschaftlichkeitsbetrachtungen durchgeführt wurden (zumal methodisch schwierig), wurden teilweise entsprechende Abschätzungen vorgenommen.

Schwierigkeiten bestanden in allen Fallstudien bei der **prozessübergreifenden Betrachtung**. Selbst die am weitesten fortgeschrittenen Dienstleister mit hohen Prozessreifegraden betonten in den Interviews, dass eine umfassende, alle Prozesse und ihre Schnittstellen betreffende Perspektive noch nicht erreicht worden sei. Dies wird bei den Selbstbewertungsverfahren zur Bestimmung der Prozessreife nur in Teilen abgefragt und auch eine ISO-Zertifizierung setzt eine durchgehende prozessübergreifende Betrachtungsweise nicht voraus. Hier ist demnach noch Optimierungspotenzial in allen Fallstudien zu erkennen.

Kapitel 10
Fazit

Die komparative Analyse von vier höchst unterschiedlichen Fällen stellt eine methodologische Herausforderung dar. Bereits der Stand der Prozessimplementierung unterschied sich so weit, dass eine valide und verlässliche Überprüfung der Gemeinsamkeiten und Unterschiede nur sehr schwer möglich war.

Dennoch eröffneten die Fallstudien reichhaltige Möglichkeiten, die aktuellen Entwicklungen im Bereich des IT Service Managements in öffentlichen Verwaltungen zu untersuchen. Entgegen der Annahme, dass in einem Feld mit sehr schnellen Innovationszyklen die öffentlichen IT-Dienstleister immer im Nachteil gegenüber ihren kommerziellen, auf dem Markt agierenden „Schwesterorganisationen" sind, konnten die hier betrachteten Fälle eine große Durchdringung mit Methoden des IT Service Managements zeigen. Insbesondere an der Forschungsuniversität und im europäischen Ausland ist die Qualität der Services und die Etablierung eines kontinuierlichen Verbesserungsprozesses bereits sehr weit fortgeschritten und kann mit denen kommerzieller IT-Dienstleister ohne Weiteres verglichen werden. Darüber hinaus muss immer wieder die Sondersituation der öffentlichen IT-Dienstleister hervorgehoben werden, die sich aufgrund der Personalstruktur, der Verrechnungsformen und auch der rechtlichen Vorgaben in bezug auf das Verwaltungshandeln nur bedingt mit anderen IT-Dienstleistern messen lassen können. Auch der oftmals sehr spezielle Fokus mit klaren Vorgaben für das zu erbringende Serviceportfolio (weitestgehende Vorgaben der erforderlichen IT-Produkte) und die nur bedingt steuerbaren Abhängigkeiten zu anderen Institutionen (z. B. bei Entwicklungen in Länderverbünden) schaffen oftmals sehr komplexe organisatorische Rahmenbedingungen. Insofern sind die hier dargestellten Fälle Beispiele guter Praxis.

Die Grenzen der Untersuchung sind bereits aufgrund der ausgewählten Fälle leicht erkennbar. Sowohl eine Erweiterung der Fallzahl als auch eine Verbreiterung der inhaltlichen Aufgabenfelder kann unter Umständen andere Ergebnisse hervorbringen. Es ist anzunehmen, dass die beteiligten Institutionen nicht nur ein Eigeninteresse an der Untersuchung hatten, sondern auch selbstbewusst sich dem impliziten Vergleich stellen konnten. Dies ist sicherlich nicht für alle IT-Dienstleister im öffentlichen Bereich in Deutschland der Fall. Dennoch hat die vergleichende Fallstudie gezeigt, wie sich fortgeschrittene Einrichtungen dem

A. Breiter, A. Fischer, *Implementierung von IT Service-Management*, Xpert.press,
DOI 10.1007/978-3-642-18477-2_10,

Innovationsmanagement stellen und eine grundlegende Neuorientierung im Sinne einer verstärkten Kunden-Dienstleister-Perspektive nicht scheuen.

Die hier zusammen getragenen Fallstudien stellen eine sehr gute Basis für weitere Forschungsarbeiten aber auch für die Diskussion unter den Praktikern in den Ministerien, den Kommunen und bei den IT-Dienstleistern dar. Ohne das Aufkommen des prozessorientierten IT Service Managements auf Basis der IT Infrastructure Library (ITIL) wäre ein solcher Vergleich nicht nur sehr schwierig geworden, sondern wäre schon an der fehlenden Vergleichbarkeit der Prozessbeschreibungen gescheitert. Insofern hat ITIL auch einen positiven Nebeneffekt auf die Forschungsarbeit und die daraus resultierende Vergleichskriterien gehabt.

Für die zukünftige Entwicklung lässt sich aufgrund der kürzer werdenden Innovationszyklen und dem gegenwärtigen Trend zu Industrialisierung der IT eine verstärkte Zentralisierung der IT-Dienstleistungen erwarten. Dies erfordert dann fast zwangsläufig aufgrund der zunehmenden Komplexität eine systematische, prozessorientierte Vorgehensweise ohne die eine effektive, effiziente und wirtschaftliche Leistungserbringung auch in der öffentlichen Verwaltung gar nicht mehr möglich ist. Die Dienststellen werden ihre Erwartungen entsprechend formulieren und so wird sukzessive eine Verhältnis zwischen Dienstleister und Kunden entstehen, das mit Hilfe von Servicevereinbarungen und Kostenverrechnungen gesteuert wird. Der Nachweis einer hohen und verlässlichen Servicequalität wird zunehmend erforderlich, die Bedeutung von effizienten und effektiven Serviceprozessen wird daher ebenfalls weiter zunehmen. Damit werden auch Zertifizierungen nach standardisierten Normen (ISO 20000), wie sie an der ETH Zürich bereits durchgeführt wurde, für öffentliche Dienstleister in den kommenden Jahren an Bedeutung gewinnen. Auch am Beispiel des niederländischen IT-Dienstleisters für das Justizministerium konnte bereits nachvollzogen werden, welche Veränderungsprozesse deutsche IT-Dienstleister im öffentlichen Bereich noch vor sich haben. Es lässt sich sicher sagen, dass sich die betrachteten Organisationen mit der Service-Orientierung auf den richtigen Weg begeben haben.

Die vorliegenden Fallstudien eröffnen damit nicht nur den Blick auf die konkreten Umsetzungen in fortgeschrittenen öffentlichen Institutionen im In- und Ausland, sondern sie zeigen auch die Perspektive auf, die sich für IT-Dienstleister für die Zukunft ergeben wird. In Carrs provokativ visionärem Buch „The Big Switch“ (Carr, 2008) werden die klassischen IT-Abteilungen als verschwindende Dinosaurier beschrieben, die aufgrund der Dominanz von Cloud Computing durch externe große Rechenzentren abgelöst werden. Die IT-Versorgung werde zu einer allgemein verfügbaren Ware, eine Investition erziele keinen Wettbewerbsvorteil mehr und daher würden sich die Aufgaben verlagern: IT-Management würde daher langweilig werden. Die Fallstudien haben gezeigt, dass in Forschung und Praxis noch zahlreiche Herausforderungen bestehen, die das Thema ganz und gar nicht langweilig werden lassen.

Literaturverzeichnis

Ahern, D. M., Clouse, A., & Turner, R. (2001). *CMMI Distilled*. Reading, MA: Addison-Wesley.

Bayer, H., Billion, E., Bonk, M., Job, G., Kirchhoff, U., Sendrowski, J., & Stolpmann, B. E. (2010). *Service Level Management in der Öffentlichen Verwaltung. Diagnose, Planung, Umsetzung*. Düsseldorf: Symposion Publishing.

Benavent, F. B., Ros, S. C., & Moreno-Luzon, M. (2005). A model of quality management self-assessment: an exploratory research. *International Journal of Quality & Reliability Management, 22*(5), 432–451.

Bender, K. (2004). Wertorientierte Kritik von ITIL-Prozesseinführungen. *Information Management & Consulting, 19*, 36–38.

Besner, C., & Hobbs, B. (2006). The perceived value and potential contribution of project management practices to project success. *Project Management Journal, 37*(3), 37–48.

Bogner, A., Littig, B., & Menz, W. (Hrsg.). (2005). *Das Experteninterview. Theorie, Methode, Anwendung* (2. Aufl. ed.). Wiesbaden: VS Verlag für Sozialwissenschaften.

Böhmann, T., & Krcmar, H. (2004). Grundlagen und Entwicklungstrends im IT-Servicemanagement. *HMD - Praxis der Wirtschaftsinformatik, 237*, 7–21.

Breiter, A. (2008). ITIL in Hochschulen – Fluch oder Segen? In K. Wannemacher, H. Moog, & B. Kleimann (Hrsg.), *ITIL goes University?* (S. 21–35). Hannover: Hochschul-Informations-System.

Breiter, A., & Fischer, A. (2006). E-learning service level management in Hochschulen. In M. Mühlhauser, G. Rößling, & R. Steinmetz (Hrsg.), *DelFI 2006: 4. e-Learning Fachtagung Informatik* (S. 377–378). Bonn: GI Lecture Notes in Informatics.

Breiter, A., Fischer, A., & Kubicek, H. (2005). E-Learning braucht E-Administration. Organisatorische Einbettung digitaler Medien in Hochschulen. *Das Hochschulwesen, 53*(5), 175–180.

Breiter, A., Fischer, A., & Stolpmann, B. E. (2006). IT-Service-Management – neue Herausforderungen für kommunale Schulträger. In M. Wind & D. Kröger (Hrsg.), *Handbuch IT in der Verwaltung* (S. 254–274). Berlin: Springer.

BSI. (2005). ITIL und Informationssicherheit. Möglichkeiten und Chancen des Zusammenwirkens von IT-Sicherheit und IT-Service-Management. Bonn: Bundesamt für Sicherheit in der Informationstechnik.

Carr, N. G. (2003, May). IT doesn't matter. *Harvard Business Review, 81*, 41–49.

Carr, N. G. (2004). *Does it matter?: Information technology and the corrosion of competitive advantage*. Cambridge, MA: Harvard Business School Press.

Carr, N. G. (2008). *The big switch: Rewiring the world, from Edison to Google*. New York: W. W. Norton.

Cater-Steel, A. (2009). IT service departments struggle to adopt a service-oriented philosophy. *International Journal of Information Systems in the Service Sector, 1*(2), 69–77.

Cavaye, A. L. M. (1996). Case study research: A multi-faceted research approach for IS. *Information Systems Journal, 6*(3), 227–242.

A. Breiter, A. Fischer, *Implementierung von IT Service-Management*, Xpert.press,
DOI 10.1007/978-3-642-18477-2, © Springer-Verlag Berlin Heidelberg 2011

Cohen, M. D., March, J. G., & Olsen, J. P. (1972). A garbage can model of organizational choice. *Administrative Science Quarterly, 17*, 1–25.

De Vries, E. J. (2005, May 25–28, 2005). *Epistemology and Methodology in Case Research: A Comparison between European and American IS Journals*. Paper presented at the 13th European Conference of Information Systems, Regensburg.

DiMaggio, P. J., & Powell, W. W. (1983). The iron cage revisited: Institutional isomorphism and collective rationality in organizational fields. *American Sociology Review, 61*, 147–160.

Dubé, L., & Paré, G. (2003). Rigor in information systems positivist case research: Current practices, trends, and recommendations. *MIS Quarterly, 27*(4), 597–636.

Ebel, N. (2007). *PRINCE2 – Projektmanagement mit Methode*. München: Addison-Wesley.

ETHZ. (2003). Informations- und Kommunikations-Technologiekonzept (ICT-Konzept) der ETH Zürich 2003 – 2007. Zürich: ETH Zürich.

EU. (2006). Richtlinie 2006/123/EG des Europäischen Parlaments und des Rates über Dienstleistungen im Binnenmarkt. Abgerufen 23.03.2010, von http://www.dienstleisten-leicht-gemacht.de/

Fischer, A., & Breiter, A. (2006). Prozessorientiertes IT Service Management an Hochschulen. In E. Seiler Schiedt, S. Kälin, & C. Sengstag (Hrsg.), *E-Learning - Alltagstaugliche Innovation?* (S. 58–67). Münster: Waxmann.

Goltsche, W. (2006). *COBIT kompakt und verständlich: Der Standard zur IT Governance - So gewinnen Sie Kontrolle über Ihre IT - So steuern Sie Ihre IT und erreichen Ihr Ziele*: Friedr.Vieweg & Sohn Verlag | GWV Fachverlage GmbH, Wiesbaden.

Henderson, C., & Venkatraman, N. (1999). Strategic alignment: Leveraging information technology for transforming organizations. *IBM Systems Journal, 38*(2&3), 472–484.

Hochstein, A., Zarnekow, R., & Märzhäuser, K. (2004). Fallstudie über die Ausrichtung der Stadt Köln an dem Best-Practice „IT Infrastructure Library“ (ITIL). *Information Management & Consulting, 19*(1), 47–51.

ITEK. (2002). Strategiepapier der ITEK zu IT-Sicherheit an der ETH Zürich. Zürich: IT-Expertenkommission der ETH Zürich.

ITSMF (Hrsg.). (2007). *ITIL in der Öffentlichen Verwaltung. Planung, Einführung und Steuerung von IT-Service-Prozessen*. Heidelberg: Symposion.

ITSMF (Hrsg.). (2010). *Organisationsmodell für die IT in der Öffentlichen Verwaltung. Ein Ausweg aus dem Organisations-Dilemma*. Heidelberg: Symposion.

Jahn, D. (2006). *Einführung in die vergleichende Politikwissenschaft* (1. Aufl. ed.). Wiesbaden: VS, Verlag für Sozialwissenschaften.

Janssen, M., & Joha, A. (2006). Motives for establishing shared service centers in public administrations. *International Journal of Information Management, 26*(2), 102–115.

Kashanchi, R., & Toland, J. (2006). Can ITIL contribute to IT/business alignment? An initial investigation. *Wirtschaftsinformatik, 48*(5), 340–348.

Kaye, M. M., & Dyason, M. D. (1999). Achieving a competitive focus through self- assessment. *Total Quality Management, 10*(3), 373–390.

Krcmar, H. (2009). *Informationsmanagement. 5., vollst. überarb. und erw. Aufl.* Berlin: Springer.

March, J. G., & Olsen, J. P. (1986). Garbage can models of decision making in organizations. In J. G. March & R. Weissinger-Baylon (Hrsg.), Ambiguity and command (S. 11–35). Marshfield, MA: Pitman.

Melville, N., Kraemer, K., & Gurbaxani, V. (2004). Review: Information technology and organizational performance: An integrative model of IT business value. *MIS Quarterly, 28*(2), 283–322.

Meuser, M., & Nagel, U. (1991). Experteninterviews vielfach erprobt, wenig bedacht. Ein Beitrag zur qualitativen Methodendiskussion. In D. Garz & K. Kraimer (Hrsg.), *Qualitativ-empirische Sozialforschung. Konzepte, Methoden, Analysen* (S. 441–471). Opladen: Westdeutscher Studienverlag.

Meyer, J. W., & Scott, W. R. (1992). *Institutional environments and organizations*. Thousand Oaks, CA: Sage.

Meyer, M., Zarnekow, R., & Kolbe, L. M. (2003). IT-governance - Begriff, Status quo und Bedeutung. *Wirtschaftsinformatik, 5*(4), 445–448.

Meyer, N. D. (2004). Systemic IS governance: An introduction. *Information Systems Management, 21*(4), 23–34.

Myers, M. D. (1997). Qualitative research in information systems. *MIS Quarterly, 21*(2), 241–242.

Myers, M. D., & Avison, D. (Hrsg.). (2002). *Qualitative research in information systems: A reader*. London: Sage.

Nitzschke, V., & Zarnekow, R. (2009). Herausforderung IT-Service-Management: Erfolgsfaktoren bei IT-Infrastruktur-Library-Projekten. *Controller Magazin*, 40–43.

Nohlen, D., & Kriz, J. (1994). *Politikwissenschaftliche Methoden*. München: Beck.

OGC. (1999). Security management. Norwich: Office of government commerce. The stationery office.

OGC. (2002). Planning to implement service management. Norwich: Office of government commerce. Her majesty's stationery office.

OGC. (2007a). Continual service improvement. Norwich: Office of government commerce. The stationery office.

OGC. (2007b). Service design. Norwich: Office of government commerce. The stationery office.

OGC. (2007c). Service operation. Norwich: Office of government commerce. The stationery office.

OGC. (2007d). Service strategy. Norwich: Office of government commerce. The stationery office.

OGC. (2007e). Service transition. Norwich: Office of government commerce. The stationery office.

Orlikowski, W. J., & Barley, S., R. (2001). Technology and institutions: What can research on information technology and research on organizations learn from each other? *MIS Quarterly, 25*(2), 145–165.

Pellert, A., & Welan, M. (1995). *Die formierte Anarchie: die Herausforderung der Universitätsorganisation*. Wien: WUV-Univ.-Verl.

Peters, B. G. (1998). *Comparative politics: Theory and methods*. New York: New York University Press.

Peterson, R. (2004). Crafting information technology governance. *Information Systems Management, 21*(4), 7–22.

Polsby, N. A. (1984). *Political innovation in America: The politics of policy innovation*. Berkeley, CA: University of California Press.

Powell, W. W., & DiMaggio, P. J. (Hrsg.). (1991). *The new institutionalism in organizational analysis*. Chicago: Chicago University Press.

Ragin, C. C., Berg-Schlosser, D., & de Meur, G. (1996). Political methodology: Qualitative methods. In R. Goodin & H. D. Klingemann (Hrsg.), *A new handbook of political science* (S. 749–768). Oxford: Oxford University Press.

Rose, R. (1991). Comparing forms of comparative analysis. *Political Studies, 39*(446–462).

Rüter, A., Schröder, J., & Göldner, A. (2006). *IT-Governance in der Praxis. Erfolgreiche Positionierung der IT im Unternehmen. Anleitung zur erfolgreichen Umsetzung regulatorischer und wettbewerbsbedingter Anforderungen*. Berlin: Springer.

Sambamurthy, V., & Zmud, R. W. (1999). Arrangements for information technology governance: A theory of multiple contingencies. *MIS Quarterly, 23*, 261–288.

Samuelsson, P., & Nilsson, L.-E. (2002). Self-assessment practices in large organisations. Experiences from using the EFQM excellence model. *International Journal of Quality & Reliability Management, 19*(1), 10–23.

Schein, E. H. (2004). *Organizational culture and leadership* (3. Auflage ed.). San Francisco: Jossey-Bass.

Schreyögg, G. (2008). *Organisation: Grundlagen moderner Organisationsgestaltung* (5., vollständig überarbeitete und erweiterte Auflage ed.). Wiesbaden: Gabler.

Schwabe, G. (2008). IT-Governance an Universitäten in Deutschland, Schweiz und Österreich *Arbeitspapier* Zürich: Universität Zürich, Lehrstuhl für Informationsmanagement.

Schwabe, G., & Majer, A. (2006). Eine IT-Strategie für die öffentliche Verwaltung. In M. Wind & D. Kröger (Hrsg.), *Handbuch IT in der Verwaltung* (S. 147–167). Berlin: Springer.

Schwertsik, A. R., Wolf, P., & Krcmar, H. (2010). Entscheidungsstrukturen der IT-Governance in der öffentlichen Verwaltung: Ergebnisse einer Fallstudie. In M. Wimmer, U. Brinkhoff, S. Kaiser, D. Lück-Schneider, E. Schweighofer, & A. Wiebe (Hrsg.), *Vernetzte IT für einen effektiven Staat - Gemeinsame Fachtagung Verwaltungsinformatik (FTVI) und Fachtagung Rechtsinformatik (FTRI)* (S. 207–218). Koblenz: Springer.

Senge, P. M. (1996). *Die fünfte Disziplin: Kunst und Praxis der lernenden Organisation*. Stuttgart: Klett-Cotta.

Stake, R. E. (2000). Case studies. In N. Denzin & Y. Lincoln (Hrsg.), *Handbook of qualitative research* (S. 435–454). London: Sage.

Trauth, E. M. (Hrsg.). (2001). *Qualitative research in IS: Issues and trends*. Hershey, PA: IDEA.

van Bon, J. (2005). *IT governance - Basierend auf COBIT, 1. Auflage*. Zaltbommel: Van Haren.

Van Grembergen, W. (2003). *Strategies for information technology governance, 1. Edition*. Hershey, PA: Idea Group Publishing.

VanWynsberghe, R., & Khan, S. (2007). Redefining case study. *International Journal of Qualitative Methods, 6*(2), retrieved: https://ejournals.library.ualberta.ca/index.php/IJQM/article/view/542/2495.

Victor, F., & Günther, H. (2004). *Optimiertes IT-Management mit ITIL*. Wiesbaden: Vieweg.

Weick, K. E. (1976). Educational organizations as loosely coupled systems. *Administrative Science Quarterly, 21*, 1–19.

Weill, P., & Ross, J. W. (2004). IT Governance. How Top Performers Manage IT Decision Rights for Superior Results. Boston, MA: Harvard Business School Press.

Wilde, T., & Hess, T. (2007). Forschungsmethoden der Wirtschaftsinformatik - Eine empirische Untersuchung. *Wirtschaftsinformatik, 49*(4), 280–287.

Yin, R. K. (1994). *Case study research: Design and methods, 2nd edition*. Newbury Park, CA: Sage.

Zarnekow, R. (2007). *Produktionsmanagement von IT-Dienstleistungen: Grundlagen, Aufgaben und Prozesse*. Berlin, Heidelberg: Springer-Verlag.

Zarnekow, R., & Erek, K. (2008). *Nachhaltiges IT-Servicemanagement - Grundlagen, Vorgehensmodell und Managementinstrumente*.

Zarnekow, R., & Nitzschke, V. (2008). Worauf es bei ITIL-Projekten ankommt. *ntz Fachzeitschrift für Informations- und Kommunikationstechnik*, 42–43.

Sachverzeichnis